日本哲学与思想研究 2020—2021 卷

林美茂　李红军　编著

延边大学出版社

图书在版编目（CIP）数据

日本哲学与思想研究. 2020—2021 卷 / 林美茂，李
红军编著. -- 延吉：延边大学出版社，2022.11
ISBN 978-7-230-04179-9

Ⅰ. ①日… Ⅱ. ①林… ②李… Ⅲ. ①哲学思想－日
本－文集 Ⅳ. ①B313-53

中国版本图书馆 CIP 数据核字(2022)第 206811 号

日本哲学与思想研究 2020—2021 卷

编　　著：林美茂　李红军
责任编辑：孟凡现
封面设计：正合文化
出版发行：延边大学出版社
社　　址：吉林省延吉市公园路 977 号　　　　邮　　编：133002
网　　址：http://www.ydcbs.com　　　　E-mail：ydcbs@ydcbs.com
电　　话：0433-2732435　　　　传　　真：0433-2732434
印　　刷：天津市天玺印务有限公司
开　　本：710×1000　1/16
印　　张：16.5
字　　数：240 千字
版　　次：2022 年 11 月 第 1 版
印　　次：2024 年 6 月 第 2 次印刷
书　　号：ISBN 978-7-230-04179-9

定价：78.00 元

目　　录

哲学研究前沿

东亚公德私德论视阈下的儒学评价问题
——以福泽谕吉、井上哲次郎、梁启超为例*

东南大学　全定旺

摘要：在东亚近代思想史中，福泽谕吉和井上哲次郎的公德私德论展现出共同的特征，即都将积极性和消极性作为区分公德和私德的重要标准，并在此标准下将儒学评价为消极性的私德。梁启超在这一问题上基本延续了他们的观点，依然重视儒学的消极性作用。从《论公德》到《论私德》，梁启超言论活动的重心虽然从公德转向私德，但他的思想结构并没有变化，始终从消极性私德的意义上阐述儒学的价值。

关键词：公德私德论；儒学价值；福泽谕吉；井上哲次郎；梁启超

作为日本近代思想史上具有重要影响的思想家，福泽谕吉和井上哲次郎受到学界的广泛关注。不过就公德私德论而言，虽然福泽谕吉是最早使用公德与私德概念的思想家，井上哲次郎也有不少关于公德与私德的论述，但学界对于他们公德私德论的研究并不多见，从已经掌握的资料来看，仅有苅部直[①]、藤

---

* 基金项目：本文为国家社会科学基金重大项目："日本朱子学文献编纂与研究"（项目号：17ZDA012）阶段性成果。

① 苅部直：《福澤諭吉における「公德」：『文明論之概略』第六章をめぐって》，《福沢諭吉年鑑》第 38 号，2011 年。

井隆[①]两位学者的专题研究。与此相对，梁启超作为中国最早用公德与私德概念分析道德问题的思想家，他的公德私德论成为中国学界研究的焦点问题，已有的研究或是对其公德和私德的内涵与外延进行解读、评判[②]，或是探讨其私德论对传统儒学的认同[③]，或是分析《论公德》到《论私德》的转变[④]。值得注意的是，《文史哲》杂志在 2020 年连续几期刊登的陈来、蔡祥元、肖群忠、任剑涛、陈乔见、唐文明等学者围绕公德私德进行论争的文章，基本都涉及梁启超的公德与私德思想。从总体上看，这些研究大多限于梁启超思想自身，或者是限于中国思想史内部。实际上，梁启超对公德与私德概念的使用受到了福泽谕吉等日本近代思想家的影响，所以理解其思想需要一个更广阔的东亚视阈作为补充。同时，福泽谕吉、井上哲次郎与梁启超的公德私德论又有一个共同的主题，即在公德私德二分的框架下对儒学进行评价。鉴于此，本文以东亚近代公德私德论的演变为背景，对他们三人公德私德思想的结构特质及异同作简要论述，并考察这一结构下的儒学评价问题。

---

① 藤井隆：《明治の「公德」「私德」論瞥見：福沢諭吉と井上哲次郎》，《修道法学》第 41 号，2019 年。

② 廖申白：《论公民伦理——兼谈梁启超的"公德"、"私德"问题》，《中国人民大学学报》2005 年第 3 期。

③ 张灏：《梁启超与中国思想的过渡（1890—1907）》，崔志海、葛夫平译，江苏人民出版社，1995 年。

④ 陈乔见：《儒学与现代公德观念的建构——兼评梁启超与李泽厚的儒家公私道德论》，《国际儒学研究》第 20 辑；黄建跃：《走向公德养成论——以梁启超〈新民说〉为起点》，《现代哲学》2012 年第 5 期。

一

　　福泽谕吉是作为日本启蒙主义的代表人物而被人们熟知的。他的早期著作《西洋事情》《劝学篇》《文明论概略》等，主要体现了文明主义的思想，随后的《通俗国权论》《时事小言》《帝室论》等则体现出他的思想渐趋保守。对公德与私德的区分首次出现在他的启蒙期著作《文明论概略》（1875 年出版）中，他在书中将文明化视为必然的趋势，而文明化则体现为人类智德的进步。出于对推动社会智德进步的思考，福泽继续论述了智德的含义以及公德与私德的关系，并在公德私德论的分析框架下对儒学进行了评价。

　　福泽首先将道德区分为公德与私德，认为凡是属于内心活动的，比如笃实、纯洁、谦逊、严肃等品质都可以称为私德，公德则是与外界接触而从社交行为中表现出的廉耻、公平、正直、勇敢等品质。同时，他又将智慧区分为公智与私智，认为探索事物的道理并能顺应这个道理的才能便是私智，具有公智则是能区分轻重缓急，具有观察事物的时间性和空间性的才能[①]。这四者中，福泽最看重的是公智，认为如果没有公智，就不可能把私德、私智发展为公德、公智。

　　在公德与私德相区分的背景下，福泽认为包含儒学在内的、自古以来支配日本人民的道德几乎都是私德，即这些道德都是存于内而不是形于外的。他引用 passive 这一单词进一步说明，"这就是指对于事物不是采取主动，而是采取被动的意思，这似乎只把排除私心一事作为要图"[②]。福泽认为正是因为儒学等传统道德偏重于消极性的私德，所以日本人民对道德的理解非常狭隘，一度将"聪明睿智"等才能排除在道德的字义之外。顾及当时社会上一般人对于道德字义的理解，福泽才决定在行文中将"聪明睿智"纳入智慧之内，而对一般意义上的道德，就不得不缩小其字义的范围，只将其限定在消极性的私德上。他的言外之意是说，"聪明睿智"本身可以被视为道德，但与消极性的私德不

---

① 福泽谕吉：《文明论概略》，北京编译社译，商务印书馆，1982 年，第 73 页。
② 同上书，第 75 页。

同，它应该属于公德的一部分。所以，尽管福泽对于公德内涵的说明存在不清晰之处，但与消极性的私德相对照来看，他所理解的公德是一种积极性的道德。

儒学被认为主要是私德，并被当成一种消极性的道德，同时把公德作为一种积极性的道德，这本来并不涉及价值判断。不过，福泽引入了文明史观理论，将人类文明分为三个阶段，即野蛮、半开化和文明，并认为人类社会是逐渐从野蛮进步到文明的，社会文明化的一个重要特征，就是人与人的关系不断复杂化。福泽认为在未开化的环境下，用儒学等私德教化人民是普遍现象，但是随着文明的进步，社会交往越来越频繁，仅仅用私德来支配人类世界是不够的。基于处理复杂的人际关系以及解决社会问题的需要，他指出在提倡私德的同时，必须强调积极性的公德的重要性。虽然福泽并没有直接贬低作为私德的儒学的价值，但是从其将儒学视为半开化社会的道德来说，其中价值判断的意味是很明显的。

可见，福泽公德私德论的基本逻辑是坚持文明化的立场，其将道德的发展视为从私德到公德、从内到外、从消极到积极的过程。如果仅从表面上来理解，儒学显然并不仅包括内在的、消极性的道德。比如，儒学五伦中的朋友、君臣二伦涉及家庭之外的伦理关系；另如，孟子在论恻隐、羞恶、辞让、是非四端时说道："凡有四端于我者，知皆扩而充之矣，若火之始然，泉之始达。苟能充之，足以保四海；苟不充之，不足以事父母。"（《孟子·公孙丑上》）福泽自身也认为孟子这里的言论指的是要把私德扩大为公德，那么他所谓儒学几乎都是消极性私德的意味到底是指什么？

就《文明论概略》的文本来说，可以从两个角度来理解。第一，在文明化背景下，仅依靠儒学等私德的扩充无法应对复杂的社会关系。福泽举了一个例子，他说如果乡村里有一个人出身旧藩士族，平时事君忠，事亲孝，夫妇有别，长幼有序，举债必还，交友必谨，然而他的智慧却是完全空虚的，除自己家园以外不知有日本，除日本以外不知有外国，那么随着文明进程的加快，这样的人不可能通过扩充自己的私德而了解国内的形势并懂得外交①。由此可知，福泽是基于儒学道德的扩充无法应对文明化带来的复杂的社会关系，而将其视为消极性私德的。第二，相对于公德，儒学等私德不能直接推动文明的进步。福泽认为儒学的五伦是圣人所定教义的大纲领，几千年来从未改变。自古以来，虽然盛德的士君子辈出，但他们只不过是对这个大纲领加以注释，并未能另外增加一项，即使是宋儒也没能变五伦为六伦②。也就是说，儒学的五伦虽然不完全是内在的，但是就其具有的停滞性特点来说，它不能推动文明的进步，所以仍然是一种消极性的道德。与之相对，积极性的公德并不仅仅是一种外在性的道德，而是可以通过智慧的作用，起到推动文明进步的作用。从福泽将儒学作为私德的举动来看，相对于内与外，消极性与积极性是他区分公德与私德更重要的标准。

二

相较于福泽基于文明史观的立场来论述公德与私德，井上哲次郎对公德与私德进行了更详细的区分，同时也在这一框架下对儒学进行了评价。井上是作为国家主义的道德论者而被人们熟知，他留学回到日本后不久，发布了带有国家主义色彩的《教育敕语》，他受当时的文部大臣芳川显正的委托执笔敕语的衍义书，开始与日本的道德教育产生联系。其后，他又执笔了多种伦理教科书，对日本的道德教育产生不少的影响。

井上对公德与私德作出的较为明确的界定，体现在他与高山林次郎依循《教育敕语》精神而共同执笔的《伦理教科书·新编》中。在"总论"部分他将道德区分为"一身的道德""一家的道德""社会的道德"和"对国家君主的道德"。他认为身体健康，在学业上自我勉励、成就德器，是"一身的道德"；

---

① 参见福泽谕吉《文明论概略》，北京编译社译，商务印书馆，1982年，第97页。
② 同上书，第81页。

孝敬父母、友于兄弟，是"一家的道德"；笃守"公义公德"，为一般人民谋利益，是"社会的道德"；忠君爱国，是"对国家君主的道德"。①不同于福泽的《文明论概略》将道德直接区分为公德与私德，井上把道德分为四类，并将公义与公德作为"社会的道德"的共同组成部分。按照井上的理解，社会的道德不同于个人和家庭的道德，比如在个人和家庭的道德中，"孝"是特定个人之间交往需要遵守的道德，而社会的道德并不是针对特定个人，而是针对普通民众或社会全体的道德。对于组成社会道德的公义与公德，井上认为公义指不侵害他人的权利，或者说是不做坏事的义务，而公德是"博爱慈善的积极性道德"②。从井上对公德的界定可以看出，他将福泽所使用的公德概念明确化，但是仍然延续了福泽将公德视为一种积极性道德的认识。

井上认为公德是社会的道德中具有积极性的部分，而公义就像他用"不做坏事的义务"所表述的那样，自然是社会的道德中具有消极性的部分。井上虽然并不否认儒学涉及社会的道德，但是他认为这部分儒学道德只是公义，而不是公德。他指出，"己所不欲，勿施于人"只是消极地限制人们的行为，并没有积极地推动人们的行为；只是避免人们做坏事，并没有劝勉人们去做善事③。井上在这里应当并非有意忽视孔子的另一句话"己欲立而立人，己欲达而达人"，因为他自己在此前的一篇文章《对社会的德义》里，曾像福泽一样，基于文明的进步、社会交际的复杂化来思考道德发展的趋势。因此，他所谓"推动我们的行为""做善事"，不仅仅是依靠个人道德扩充善行，还是依靠才能实在地为社会带来利益，推动社会的进步。

作为社会道德的一部分的公德，是井上对公德狭义的理解，在广义上他认为对国家的义务也是公德。那么相对地，私德就是除"对国家君主的道德"和

---

① 参见井上哲次郎、高山林次郎《倫理教科書：新編》（首卷），金港堂，1897 年，第 2-3 页。

② 参见井上哲次郎、高山林次郎：《倫理教科書：新編》（卷三），金港堂，1897 年，第 7-8 页。

③ 同上书，第 10-11 页。

"社会的道德"中积极性的部分之外的道德，它包括"一身的道德"与"一家的道德"，同时广义上也包括"社会的道德"中消极性的部分。基于此，井上于1899 年在哲学会的讲演中指出，儒学在讨论私德方面虽然有很多有价值的东西，但是"缺乏公共精神，不讲关于国家或民族繁荣发达方面的伦理，相对而言，在社会性伦理上有不足之处，如其所说的君臣、父子、夫妇、兄弟、朋友的关系，虽是社会性伦理的开端，但也仅仅止于开端，对社会的德义之大者有所不及"①。如果我们根据前文井上的理论框架来理解这一言论，那么他所谓儒学就有可以称为社会性伦理开端的内容，即把儒学作为社会的道德的一部分，正因为它是社会的道德中消极性的那部分，所以它"仅仅止于开端"，对"社会的德义之大者有所不及"，即既不能推动社会的进步，也不能对国家或民族繁荣发达有所贡献。

从福泽和井上的公德私德论来看，虽然他们对于公德与私德的界定不尽相同，但是他们评价儒学为公德还是私德的标准是一致的，即都将积极性与消极性作为区分的主要依据，从而将儒学主要视为一种消极性的私德。然而，从他们的具体论述中，仍可以看出他们思想倾向的差异性，福泽认为儒学之所以是一种消极性私德，是因为它无法应对复杂的社会关系，无法推动文明的进步，即主要从社会角度和文明角度进行讨论。井上的论述虽没有完全脱离福泽的这两个角度，但相对于福泽的文明主义的立场，井上更偏向于国家主义的立场，即更重视儒学是否能推动国家与民族的繁荣进步。

---

① 井上哲次郎：《巽軒論文初集》，合资会社富山房，1899 年，第 219 页。

三

梁启超流亡日本后，广泛阅读日本语文献，其中包括福泽谕吉和井上哲次郎的论著。学界对于梁启超受他们二人的影响程度已有一些研究①，但对于其公德私德论与福泽和井上的关联，尚无充分的探讨。

梁启超明确区分公德与私德始于《论公德》（1902）一文，他在该文开篇便指出"我国民所最缺者，公德其一端也"，这体现了其与福泽和井上相近的结论，即都不将儒学视为一种公德。至于公德的内涵，按照《论公德》的定义，指"人人相善其群者"②。此外，梁启超在同年的另一篇文章《乐利主义泰斗边沁之学说》中则将公德定义为"乐利关于一群之总员者"③。两种定义共同指明了公德的对象是"群"，"群"的内涵则可以从梁启超关于公德作用的论述中得到说明，他认为无公德则无以为国，国家之所以能成立依赖于公德，故这里的"群"主要指国家。就这一点来说，梁启超与井上都不同于福泽的文明主义立场，而偏向于将公德的对象限定为国家。同时，他在文中主要从两个角度论述私德，其一是指个人的"独善其身"，其二是指一私人与其他私人交涉的道德。第一个角度与福泽《文明论概略》相近，即从内在性的角度界定私德。第二个角度则存在模糊性，按照井上的分类，个人与特定个人之间的道德属于私德，但是个人与不特定个人或普通民众之间的道德属于社会道德。若按照梁启超的这一区分，大部分社会道德，即个人与不特定个人之间的道德似乎也被包含于私德之内。所以，不同于井上的是，梁启超所指的公德几乎不涉及对社会的道

---

① 如石川祯浩的《梁启超与文明的视点》与末冈宏的《梁启超与日本的中国哲学研究》（收入狭间直树编《梁启超·明治日本·西方》，社会科学文献出版社，2001 年）等。

② 梁启超：《论公德》，载《梁启超全集》第二集，中国人民大学出版社，2018 年，第539 页。

③ 梁启超：《乐利主义泰斗边沁之学说》，载《梁启超全集》第三集，中国人民大学出版社，2018 年，第 616 页。

德，就像陈来教授指出的，梁启超所推崇的公德重点不是对社会的道德，而是对国家的政治道德①。从上述公德与私德的界定出发，梁启超讨论了儒学的私德特质。

首先，梁启超认为从养成私人之资格，即培养一个人不与他人交涉时的道德来说，儒学是完备的，然而也几乎仅限于此。他指出《论语》《孟子》诸书，"吾国民之木铎，而道德所从出者也"，然其中所教，"私德居十之九，而公德不及其一焉"。并举出了儒学经典的道德条目作为例证，如《皋陶谟》的九德，《洪范》的三德，《论语》的"温良恭俭让""克己复礼""忠信笃敬""寡尤寡悔""刚毅木讷""知命知言"，《大学》的"知止慎独"，《中庸》的"戒慎恐惧""致曲"，《孟子》的"存心养性""反身强恕"，等等。其次，他认为儒学伦理所重视的君臣、父子、兄弟、夫妇、朋友五伦均为一私人对于一私人之事，都是一种私德。比如，五伦中的君臣虽涉及国家伦理，但是君臣之间的关系全属于私人之间的感恩效力，"于大体无关"，而"大体"自然和国家的利益有关，故君臣伦理仍属于私德的范围②。

陈来教授对梁启超将儒学视为私德的观点进行了反思，他重新明确社会的道德是公德更重要的一部分，并认为儒学不仅能发展出社会的道德，而且从不同方向"益群、固群、理群"③。在此基础上，本文提出一点补充，即将梁启超的公德私德论放在近代东亚公德私德论的延长线上来讨论，以此去寻找他将儒学视为私德的原因。基于这种视点，我们发现梁启超所论述的作为国家道德的公德，就其实质而言与福泽和井上的理解是一脉相承的，即都将公德理解为一种积极性的道德。比如，他在文中指出若放弃"报群报国之义务"者，"无论其私德上为善人、为恶人，而皆为群与国之蟊贼"，而那些仅仅满足于"独善其身"的人，可以用公德对其进行审判，即使判他们"对于本群而犯大逆不道之

① 参见陈来《中国近代以来重公德轻私德的偏向与流弊》，《文史哲》2020 年 1 期。

② 参见梁启超《论公德》，载《梁启超全集》第二集，中国人民大学出版社，2018 年，第 539-540 页。

③ 参见陈来《中国近代以来重公德轻私德的偏向于流弊》，《文史哲》2020 年 1 期。

罪"，也并不过分①。由此可知，梁启超所理解的公德，不仅仅指其对象主要为国家，还强调必须通过积极性的行动为国家带来利益。那么，儒学既然不直接具有"报群报国"的作用，自然就被视为积极性的公德的对立面，而被作为一种消极性的私德。

梁启超虽然将儒学视为一种私德，但是他在文中仍然肯定儒学的价值，认为公德与私德并行不悖，私德是公德的前提，无私德则无以为国。这实际上可以从积极性道德与功利主义的区别中得到解释。梁启超在解说边沁思想时指出，"边沁常言，人道最善之动机，在于自利。又常言最大多数之最大幸福，边沁常言人道最善之动机，在于自利。又常言最大多数之最大幸福"②。也就是说，功利主义所讨论的"最大多数之最大幸福"是以人的自利本性为前提的。而梁启超所讨论的积极性的公德，并非基于人的自利本性。《论公德》将"报群报国"的义务视为"有血气者"所必备的东西，这还只是强调公德对个人的普遍必要性。但是当其分析个人"报群报国"的可能性时，就显示出了与功利主义的不同，他以父母与子女之间的恩情来类比，认为国家对于国民，其恩情与父母相同，所以个人对国家的这种积极性的道德是一种报恩，而非自利。甚至如他在同年发表的其他论著中所说的，是出于"无利害，无毁誉，无苦乐，无成败"③的纯粹的无目的之心。这也是梁启超不同于福泽的公德论的地方，福泽重视智慧的作用，而梁启超仍重视道德感情在公德中的作用，同时这种道德感情作用的发挥则有赖于私德的培育。

《论公德》发表的 1902 年，一般被认为是梁启超思想最激进的时期。然而，他在 1903 年访美以后，思想主张有了逐渐后退的倾向，并发表了体现其

---

① 参见梁启超《论公德》，载《梁启超全集》第二集，中国人民大学出版社，2018 年，第 541 页。

② 梁启超：《乐利主义泰斗边沁之学说》，载《梁启超全集》第三集，中国人民大学出版社，2018 年，第 621 页。

③ 梁启超：《意大利建国三杰传》，载《梁启超全集》第三集，中国人民大学出版社，2018 年，第 531 页。

转向保守的《论私德》（1903）一文。相较于《论公德》强调发明一种新道德，他在该文中则认为欲铸就国民，必以培养个人的私德为第一义，并极力提倡作为私德的儒学道德。但是，如果我们将视线从两篇文章的结论性文字上挪开，聚焦于梁启超公德私德论的构造本身，就会发现其思想的转向仅限于从提倡公德到强调私德的转变，并没有改变对儒学性质的认识。

梁启超强调私德的一个事实性背景是国内外的思想、言论和行动都超过了他的预期。这时他意识到，对于在《论公德》上为了打破思想界的停滞状态而发表的诸多过激言论，不仅没有出现适当的批判者，反而使其言论进一步激进化。他在从美国回来后指出："一年以来，东京学界之杂志，彬彬辈起，突飞进步。然迹其趣旨，似专以鼓气为唯一法门。此倾向日甚一日，其发论之太轶于常轨者，往往有焉矣。"①也就是说，梁启超所提倡的各种价值虽然正在被广泛接受，但是也出现了各种各样的弊病。比如他曾经宣传有条件的破坏主义，然而实际形势是无条件的破坏主义盛行，他在《论私德》中指出"今之言破坏者，动曰一切破坏"，这必然会"并社会而亦破坏之"，由此使得道德之制裁无可复施，那么社会也将归于灭亡②。出于匡正时弊的考虑，他提出唯有依靠"吾祖宗遗传固有之旧道德"，等到国民教育大兴以后再同时提倡新道德，这样才能维持社会秩序。可见，梁启超仍将儒学视为一种消极性道德，即将其作为一种过渡阶段的道德，以此防止无条件的破坏主义等过激言论与行动将社会引向灭亡。

随着对私德与儒学的重视，《论公德》所体现的与功利主义的差异，这时演化为对功利的明确批判。他在文中引用王阳明的"拔本塞源论"批判功利的部分，并指出"同一事也，有所为而为之，与无所为而为之，其外形虽同，而其性质及其结果乃大异"，并举爱国为例，认为"爱国者，绝对者也，纯洁者也。

---

① 梁启超：《答飞生》，载《梁启超全集》第二集，中国人民大学出版社，2018 年，第 161-162 页。

② 参见梁启超《论私德》，载《梁启超全集》第二集，中国人民大学出版社，2018 年，第 643 页。

若称名借号于爱国，以济其私而满其欲，则诚不如不知爱国、不谈爱国者之为犹愈矣"①，从而对王阳明的非功利之论表示认同。即使是从功利主义角度研究梁启超道德思想的小林武教授也认为，梁在这里的言论是不承认与国家利益对立的个人功利的，但是他认为这不是梁误解功利主义的层面，而是涉及围绕个人和国家的更根本的中国文化问题②。本文认为这不仅是文化问题，还是梁启超公德私德论与功利主义的根本差异问题，如《论公德》时期所展现的，他所强调的对国家的公德不是基于个人的自利本性，而是出于纯粹的无目的之心，那么《论私德》对个人功利明确的排斥，就不是他思想的转变，而是《论公德》时期思想自然推演的结论。正是基于其思想自身的逻辑发展，他进一步将道德之本体视为"良心之自由"，并论说"道德之感情"在公德与私德中的作用，同时提出以儒学为代表的旧道德不足以范围今后之人心。

因此在近代东亚公德私德论视阈下，梁启超对儒学的评价并没有完全脱离福泽谕吉和井上哲次郎的思想框架，即在以公德为积极性道德的同时，还将儒学看成消极性的私德。然而在梁启超那里，作为私德的儒学又有不可忽视的作用，因为对公德具有补充性作用的道德感情，是在私德中培育出来的。那么，从《论公德》到《论私德》的所谓"回归传统"，主要体现的就是梁启超态度的转变，而不是思想结构的转换。或者说，《论私德》是其思想结构的彻底化，即将其公德论中具有重要作用的道德感情，进一步以"良心之自由"的用语确立为道德的本体。同时，这种道德感情并非积极性的建构，如梁启超所言"任事者，最易漓汩人之德性"，唯有道德感情深者，才能避免德性的堕落，所以它主要地发挥了一种消极性的防范作用。

---

① 梁启超：《论私德》，载《梁启超全集》第二集，中国人民大学出版社，2018 年，第 649 页。
② 参见小林武《清末における utility と功利観》，《京都産業大学論集・人文科学系列》第 41 号，2010 年。

从"粹"到偶然性问题

——九鬼周造偶然性的内在化问题探究

北京建筑大学　耿子洁

摘要：相较于个体性问题，偶然性问题是九鬼周造更关切的根本问题，因为偶然性唯有在一者与他者的二元邂逅中才存立，个体性与二元性的关系问题就是"粹"的结构表现的自他关系问题与偶然性的内在化问题，这也是九鬼周造旨在解决的哲学实践问题。本文梳理了从《"粹"的本质》到《"粹"的结构》的方法论变迁问题，阐明可以将《"粹"的结构》的方法论问题作为"偶然性问题"之方法论加以考察，"粹"的相关研究实质上具有"前偶然性哲学"的性质。从"粹"的结构到"偶然性问题"的相关研究来看，九鬼周造哲学一以贯之的是一种区别于近代西方个人主义的、自他二元邂逅的实践哲学。

关键词：九鬼周造；粹；偶然性；二元邂逅；偶然性的内在化问题

九鬼周造（1888—1941），是日本一位独具特色的"京都学派"思想家，其代表性著作有《"粹"的结构》（1930）与《偶然性的问题》（1935）等。其思想的独特性主要体现在两个方面：一是其自身的人生际遇颇具传奇色彩；二是其长年旅居、游学欧洲使得其思想背景具有东西方融汇性、复杂性。九鬼周造的思想主要有四部分内容，即偶然性哲学、"粹"的结构、时间论以及押韵论，这四部分内容是具有内在联系的。九鬼周造的哲学被称为"偶然性哲学"，因为偶然论能够融汇以上四部分内容。"粹"（日文粋　いき）是九鬼周造早期思想中最重要的概念，偶然性问题是伴随着从《"粹"的本质》（1926）到《"粹"的结构》这一演变提出的。经过旅欧期间的多年思考与回国后的修订，1930年发表的最终稿《"粹"的结构》已经开始显露出偶然性哲学的基本雏形，可以作为九鬼周造哲学中处于"前偶然性哲学"阶段的思想。

一、从《"粹"的本质》到《"粹"的结构》

《"粹"的结构》这部作品的创作不是一蹴而就的，九鬼周造留下的最早的关于"粹"的思考痕迹，出现于《九鬼周造全集》之《别卷》中的《关于"粹"》（日文原名＜「いき」に就いて＞）一文。这是一篇没有标注日期的草稿、思考笔记，作为对属于"粹"的各类现象的分门别类，尚停留在初步的经验性思考阶段，未形成系统的理性准则。1926 年 12 月，九鬼周造（38 岁）在巴黎初步写就《"粹"的本质》（藤田正胜称之为"巴黎草稿"）。1929 年 1 月，他留学归国，同年 10 月在大谷大学作了题为《偶然性》的演讲。1930 年，《"粹"的本质》大幅修改后更名为《"粹"的结构》，发表于《思想》杂志 92、93 期（1930 年 1、2 月号）（藤田正胜称之为《思想》稿）；同年 11 月，增补修改后由岩波书店出版发行《"粹"的结构》单行本（藤田正胜称之为《岩波》稿）。整理上述时间线索可知，九鬼周造正式提出偶然性问题的标志性事件是他在留学期间撰写了《"粹"的本质》（1926 年的"巴黎草稿"）到归国后经修改定稿为《"粹"的结构》（1930 年出版，分为《思想》稿与《岩波》稿）之间。在此，我们需要追问的是，从《"粹"的本质》到《"粹"的结构》的思想倾向的转变，为偶然性问题的提出奠定了怎样的思想基础？《"粹"的结构》自身的思想内容又为《偶然性的问题》做了哪些铺垫？

从《"粹"的本质》到《"粹"的结构》，"本质"实质上就是指胡塞尔（Edmund Gustav Albrecht Husserl）的"本质直观"。从 1926 年到 1930 年，九鬼周造处理"粹"的方法论立场，由胡塞尔的"本质直观"立场过渡到海德格尔的诠释学立场，这是一个方法论立场从混乱、模糊、不统一，到自觉地将方法论问题作为"先决问题"处理的过程。在《"粹"的本质》初步完成时，九鬼周造已经通过田边元在《现象学中的新转向——海德格尔的生命的现象学》中的介绍，对于胡塞尔以及海德格尔的方法论问题有了初步的了解。当然这与日后他面见胡塞尔与海德格尔，并且参与课程学习、讨论，特别是研读《存在与时间》（1927）之后对二者思想的深刻领悟不可同日而语。藤田正胜认为，《"粹"的本质》在方法论上存在不统一的现象，大体上在胡塞尔的现象学影响下构思的《"粹"的本质》，还杂糅了田边元所介绍的海德格尔的"现实意识的现象学"理论。据他推测，在"巴黎草稿"写作阶段，九鬼周造在方法论立场上是摇摆不定的，后来借由 1927 年出版的海德格尔《存在与时间》中记述的诠释学才明确了自身的方法论立场。①

《"粹"的本质》的方法论立场是分析意识构造获得观念化的抽象类概念的"本质直观"，而《"粹"的结构》的方法论立场是以存在领悟的形式体会丰富具体的意义体验。从《"粹"的本质》到《"粹"的结构》的大致演变过程与最终稿确立的方法论及课题目标的变化可以看出九鬼周造对于海德格尔的继承以及对胡塞尔的批判。他指出，"在西洋文化中探寻'粹'类似的意义，并借由形式化的抽象来找出某些共通点，并不是不可能的。但是要理解被视为民族存在样态的文化现象，这不是适当的方法论态度。即使自由地变换带有民族性色彩的现象，并且在可能的领域中进行所谓的本质直观，我们所能得到的，不过只是包含该现象的抽象性类概念而已。理解文化现象的真谛，必须不损害其作为事实的具体性，在其原封不动活生生的形态中进行掌握。不可以是抽象性的'观念化'（Ideation），必须是具体性、事实性的'存在领悟'。"②这里纲领性地否定了胡塞尔的"本质直观"，认为由此只能获得抽象性类概念，转而在方法论上尊崇海德格尔的存在论。虽然这里从抵达研究目标的角度提示了方法论转向的必然性，但是只有逐条、精细对比《"粹"的本质》与《"粹"的结构》，才能领悟九鬼周造自身思想逐渐成熟的过程："我们不能将'粹'单纯地视为

---

① 九鬼周造著《"粹"的构造》，藤田正胜原文注，黄锦荣、黄文宏、内田康译注，联经出版事业股份有限公司，2009 年，第 135 页。

② 同上书，第 18-19 页。

种概念来处理，不可追求的'本质直观'，它是以观向出涵盖种概念的类概念其抽象的普遍性为目的。要理解意义体验的'粹'，就必须是具体性的、事实性的与特殊的'存在领悟'。在询问'粹'的'本质'（essentia）之前，我们应该先询问'粹'的'存在'（existentia）。一言以蔽之，'粹'的研究不能是'形相性的'，而应该是'诠释性的'。"①九鬼周造《"粹"的结构》定稿的方法论立场明显与海德格尔的主张一脉相承，可以将之与之前"巴黎草稿"的第四章《'粹'与民族性》（对应于单行本岩波稿的第六章《结论》）作对比。在巴黎草稿第四章中，九鬼周造引用了胡塞尔 1925 年于弗赖堡大学使用的《现象学的心理学》讲稿："民族之特殊的体验……并不是经由概念的分析就可以完整地被捕捉到。能够经由分析而完全捕捉到的是 ειδοϛ（本质）。如果将体验的本质视为ογδια（实体）看待时，它只能借由直观才能充分（adequate）地被目击。看来似乎是自相矛盾的话，但我们必须承认，的确只有借由直观才能捕捉到本质的概念。[E. Husserl, Ideation, aus den Vorlesungen über "Phänomenologische Psychologie", 1925,S.23]（《九鬼周造全集》第一卷，页 102-103）。"②可见，"巴黎草稿"时期《"粹"的本质》阶段，抽象性的"观念化""本质""直观""实体"等概念，还没有被批判、置换为《"粹"的结构》中所追求的具体性的、事实性的"存在领悟"，还未明确继承海德格尔"存在先于本质"的立场。转变是如何实现的？研究者所选取的方法、道路往往是由最终要实现的目标决定的，九鬼周造在《"粹"的结构》（1930）开宗明义地提出"活的哲学必须是能够理解现实的哲学……将现实原封不动地掌握，并将应该玩味理解的体验，逻辑性地表达出来，正是本书所追求的课题"③。因此，九鬼周造要实现的活的哲学（生きた哲学），旨在通达、把握活的现实，进而还要逻辑性地表达这些体验。这决定了他必须由通达抽象类概念的本质直观立场转变为存在先于本质的诠释学立场。

---

① 九鬼周造著《"粹"的构造》，藤田正胜原文注，黄锦荣、黄文宏、内田康译注，联经出版事业股份有限公司，2009 年，第 20-22 页。

② 同上书，第 132 页。

③ 同上书，第 9 页。

那么，从《"粹"的本质》到《"粹"的结构》的思想倾向的转变，为偶然性问题的提出提供了怎样的思想背景？《"粹"的结构》自身的思想内容又与《偶然性的问题》具有哪些内在联系？

九鬼周造继承海德格尔的诠释学路径希望通达的是具体性、存在性的现实，现实性恰好就是偶然性所对应的模态范畴，因为偶然的时间图式是"今"，偶然性是根源性的、最初的事实。因此，九鬼周造对于把通达作为事实具体性的，在原封不动的形态中体验"粹"的方法进行了探索。他努力超越传统主客二分（主体 subject 对于客体 object）的认知方式："首先把'粹'的客观性表现当作研究对象，探索其范围内的一般性特征，只是一直去研究'粹'相关的客观性表现的话，要掌握'粹'的民族的特殊性终将失败。此外，认为借着客观性表现的理解，就可以直接领悟意识现象，也将导致意识现象的'粹'，在说明上流于抽象性与形相性，而无法将历史性、民族性所界定的存在样态，具体性地、诠释性地加以阐明。"[1]这些《"粹"的结构》的方法论导向都与九鬼周造偶然性哲学见地的形成具有内在一致性，因为偶然性就是探索"粹"的结构问题的方法论努力抵达的涌动着的活生生的现实。在九鬼周造的偶然性哲学视域内，真正发生着的只有在"一点"之中现存的偶然性而已，"在体验的直接性中，偶然作为'正视态'、作为'直态'，占据着'现在'之位。就此而言，偶然在时间性上具有优势地位，所谓偶然，正是作为瞬间的'永远的现在'的鼓动"[2]。因此，在某种意义上，《"粹"的结构》的方法论问题可以作为"偶然性的问题"之方法论加以考察。

---

① 九鬼周造著《"粹"的构造》，藤田正胜原文注，黄锦荣、黄文宏、内田康译注，联经出版事业股份有限公司，2009 年，第 23 页。

② 九鬼周造、「九鬼周造全集」第二卷、東京、岩波書店、1990 年（第二刷）、第 212 頁。

二、作为"前偶然性哲学"的《"粹"的结构》

关于《"粹"的结构》自身的思想内容与《偶然性的问题》具有的内在联系:"粹"的结构内涵的三个要素,媚态—骨气—死心之成立无一例外是以二元性关系为前提的,"偶然"的"偶"在日文里与"遇"同音且近义,"偶"与"遇"都有遭遇、偶然之义。九鬼周造将"偶然"界定为"现在之中的邂逅","偶然邂逅"的前提就是二元关系的存在,一元体无从谈起"邂逅与相遇",因为"(偶然性)其根本意义在于针对作为一者的必然性来规定他者。必然性无非就是同一性,即一者的样相。偶然性只在具有一者和他者的二元性的时候才存在。"[1]可见,九鬼周造对于"偶然"的"现在之中的邂逅"界定,以"邂逅"指涉了"粹"的结构内设的二元性关系前提。除此以外,他还暗示了"粹"与"偶然"的另一层关联:"媚态"作为二元可能性的紧张关系,"死心"作为对命运必然性的卓然超脱,恰巧分别指涉了与"偶然性"关系最为密切的两种模态范畴,前者暗合了"可能性",后者指涉了"必然性"。可能性、必然性与偶然性的关系是什么?依据《偶然性的问题》,偶然性具有的三种规定性又可分为两类:一类是在体验的直接性中规定的,作为正视态、作为直态、占据"现在"之位的偶然,是我们切身原初直接体验的具体现实事态;另一类是在脱离了体验直接性的逻辑领域中,"作为必然性的否定者被规定的偶然性"与"作为可能性的相关者被规定的偶然性"。[2]关于"偶然性"与"必然性"的"否定"关系:偶然性是必然性的他在(其他存在方式),偶然性是必然性的自我否定态,因此偶然与必然是一体两面的,既有绝对分离、分裂之意,同时又有相即不离、绝对结合的关系。至于可能性与偶然性的关联性:偶然性与可能性之间

---

① 九鬼周造:《九鬼周造著作精粹》,彭曦、汪丽影、顾长江译,南京大学出版社,2017年,第218页。

② 九鬼周造、「九鬼周造全集」第二巻、東京、岩波書店、1990年(第二刷)、第211-212頁。

具有类似性，二者常被视为同一个模态，例如亚里士多德（Aristotle）、斯宾诺莎（Benedictus Spinoza）都将二者视为同一的或极接近的范畴。九鬼周造认为人们之所以将偶然性与可能性视为极其类似的模态，是因为"我们可以将偶然性和可能性视为同必然之'确证的完善性'相对立的模态，此时它们只能被视为'存疑的不完善'的存在……存在是可能的，这同时意味着非存在也是可能的。因为'存在是可能的'同'存在是必然的'二者的相异处恰好在于对于前者而言，非存在也是可能的。"①这里偶然性模态与可能性模态所共同具有的"存疑的不完善"特征指的是"存在的成疑性"，即存在是可能的，非存在也是可能的。前者提示了"可能性"模态，后者又隐含了"不可能性"模态。也就是说，偶然性与不可能性也具有接近关系，因为偶然是介于"有"与"无"、"存在"与"非存在"的交界处的存在。"媚态"作为二元可能性关系，诠释的存在境遇不也正是"有"与"无"、"存在"与"非存在"之间的动态紧张、若有似无的性状吗？只不过"骨气"这种对一元化"合同"的抗拒力，这种与他人较劲儿不服输的劲儿头，维持了可能性作为可能性的持久，才使得"永远不断移动、永远不会相交的平行线"成了"粹"在视觉上的最纯粹的客观表现，这明显区别于"偶然"处于"交界面"或"切点"的视觉客观表现，毕竟"可能性""不可能性"只是类似或接近于"偶然性"，但终究是不同的模态范畴。无论如何，"媚态"作为"粹"的结构之基础，作为二元动态可能性的紧张关系，与类似于"偶然性"模态的"可能性"模态，或接近于"偶然性"模态的"不可能性"模态之间所具有的相关性，提供了从"模态系统"角度理解《"粹"的结构》的新视角，为《偶然性的问题》的确立作了思想铺垫。

总而言之，从《"粹"的本质》到《"粹"的结构》，九鬼周造处理"粹"的方法论立场，由胡塞尔的"本质直观"过渡到海德格尔的诠释学。由于偶然性所对应的模态范畴正好就是现实性，偶然性是根源性的最初的事实，因此《"粹"的结构》的方法论变迁，可以作为"偶然性问题"之方法论加以研究。此外，

---

① 九鬼周造、「九鬼周造全集」第二卷、東京、岩波書店、1990 年（第二刷）、第 167 頁。

《"粹"的结构》之"媚态""死心"所牵涉的"可能性""必然性"模态，与"作为可能性的相关者的偶然性"与"作为必然性的否定者的偶然性"这两种偶然性在逻辑领域的规定性具有内在联系。

九鬼周造正式提出偶然性问题是 1929 年在大谷大学发表的题为《偶然性》的演讲，这发生在初步写就《"粹"的本质》与大量修改后更名为《"粹"的结构》之间，因此偶然性问题是伴随着从《"粹"的本质》到《"粹"的结构》这一演变提出的。经过旅欧期间的多年思考与回国后的修订，1930 年发表的最终稿《"粹"的结构》已经显露出偶然性哲学的基本雏形，可以作为九鬼周造哲学中处于"前偶然性哲学"阶段的思想：第一，以"存在领悟"代替"本质直观"的方法论转向，是以具体性、事实性、特殊性的存在领悟代替作为抽象普遍性的种概念、类概念，这实质上就是偶然性的第一种样态——"定言的偶然"所表现的超出一般概念规定的"个物以及个别事象"，例如"四叶的三叶草"就属于这种特殊的例子。第二，作为"粹"的质料因、奠定其原初基调的媚态二元性，由"绝对的二元关系"修订为"动态的二元可能性"，并将媚态的要诀规定为无限趋近却永不能达到合一的极限关系，这种既同时保有存在与非存在的可能性，又承认无限趋近的可变动极限思想，正是《偶然性的问题》中九鬼周造推演出的第三种模态体系中可能性无限趋近于必然，偶然性无限趋近于不可能性的有、无交互运动的一种具体表现。第三，「いき」作为一个日语词汇，其词源意义是行为方式（行き方）或生存方式（生き方），九鬼周造的《"粹"的结构》研究的是日本民族的特殊存在方式，而"粹"最原初的存在样态是异性间的二元关系，后经诠释拓展到自他二元关系，"媚态—骨气—死心"都是以二元关系为前提的意识现象，偶然性问题的根本意义就是针对作为一者的必然性来规定他者，因为必然性在本质上就是一者的同一性，偶然性却是一者与他者的二元邂逅。

总之，"粹"的相关思想是九鬼周造基于"哲学见地"与其对于"民族性"问题的理解进行的理论实践，既是他学习西方哲学尤其是胡塞尔、海德格尔现象学方法论后进行的一次东方式哲思，又为他展开自身偶然性哲学建构提供了思想铺垫与前期准备，因而《"粹"的结构》是具有"前偶然性哲学"性质的思想。

三、九鬼周造旨在解决的哲学实践问题

徐金凤曾指出，在《"粹"的结构》中，单从内容上来看，从头至尾都没有出现过"偶然"的概念，在《偶然性的问题》中也没有论及"粹"的审美意识。但在《"粹"的结构》和《偶然性的问题》中所表现出来的对自他关系、生命认识的人生观和思想观念是互相呼应的。① 她认为解决个体实存的存在方式是九鬼周造哲学思想的主线，"粹"始于与异性他者的相遇，偶然性哲学也是关于"邂逅"的哲学。② 事实上，相较于个体性问题，偶然性问题是九鬼周造更关切的根本问题，因为偶然性唯有在一者与他者的二元邂逅中才存立，个体性与二元性的关系问题就是"粹"的结构表现的自他关系问题与偶然性的内在化问题，这也是九鬼周造旨在解决的哲学实践问题。"偶然性"的"偶"在日文是"遇"，相遇、邂逅之意，"偶然是现在之中的邂逅"，偶然性只有在"一"与"他"二元邂逅时才存在。九鬼周造的偶然性哲学在实践领域的道德律令是"观佛本愿力，遇无空过者"，"遇"——二元邂逅是一切的根基。偶然性的内在化不是爱利亚学派抽象的形式逻辑的同一律，而是存在逻辑学上的实践性同化。将邂逅的"你"深化到"我"，将外在的"你"具体地同一化于"我"，是"偶然性"的实践的内在化。

对于"二元性问题"，《"粹"的本质》里认为媚态的二元性是绝对的，"二元关系脱离相对性，而处于绝对性之中"③，以此为前提，"骨气""死心"与

---

① 徐金凤：《九鬼周造的哲学思想研究——以自他关系为主线》，社会科学文献出版社，2012年，第28页。

② 同上书，第141页。

③ 九鬼周造：《九鬼周造著作精粹》，彭曦、汪丽影、顾长江译，南京大学出版社，2017年，第54页。

"媚态"三者的关系是:"武士道的'意气'积极地、全面地反映了'娇态'的本质,而佛教的'达观'则消极地、全面地反映了'娇态'的本质。'粹'是娇态的极致,它从积极以及消极两个方面将其二元性绝对化了。"①这个关系之所以能够成立,是因为骨气、不服输、较劲儿的紧张感从正向维持了二元性,使其不沦为一元性,同时媚态永远不能达成其一元性的目的,一旦实现媚态就不复存在,在此意义上通过否定的肯定,达观、死心从反向突出了媚态永远不会实现"恋情"所执着追求的合一的现实性。但是,到了《"粹"的结构》阶段,"绝对的二元关系"转变为"能动的二元可能性",由强调绝对性转而突出其动态性。虽然在《"粹"的本质》中也仅有地提及了一次"媚态的动态二元性",在《"粹"的结构》中也言明"大抵上,所谓媚态在其完整的形式上,必须是异性间二元性动态的可能性来继续维持其可能性,而且要被绝对化才行"②,但是相较于《"粹"的本质》阶段强调的二元绝对性,在突出二元动态可能性的《"粹"的结构》中,契机间的"正—反—合"的辩证关系更加明晰了。

"媚态"是第一个契机,奠定了思考的基调,其原初界定即二元可能性。媚态是对异性的媚态,"粹"最原初的存在样态是异性间的关系,"媚态是一元性的自己对自己设定异性,以便让自己与异性间构成的可能关系所采取之二元性态度"③。虽然媚态以征服异性为假想目的,伴随目的实现媚态就会消失,但是媚态的强度会随着异性间距离无限趋近而增强,所以为了维持二元性关系,将可能性作为可能性,不陷入异性结合合一后"倦怠、绝望、嫌恶"的疲乏,"媚态的要诀就是尽可能让距离更接近,又不让距离的差距达到极限"。④可能性的媚态其实是一种动态的可能性,一种无限趋近而又永远维持其自身作为可

① 九鬼周造:《九鬼周造著作精粹》,彭曦、汪丽影、顾长江译,南京大学出版社,2017年,第56页。
② 九鬼周造著《"粹"的构造》,藤田正胜原文注,黄锦荣、黄文宏、内田康译注,联经出版事业股份有限公司,2009年,第31页。
③ 同上书,第30页。
④ 同上书,第31页。

能性的二元性结构。奠定原初基调的"媚态"（媚態）是"粹"内涵性结构的"正"的第一个阶段。"骨气"（意気地）立足于日本武士道理想主义，表现的是"粹"的民族性特色。异性间二元动态的可能性要想维持，就必须贯彻"骨气"（意気地）这种与他人赌气、较劲儿、不退让的气概。"骨气"作为对异性反抗的强势意识，是媚态二元可能性的深层紧张与持久力，媚态作为异性间的二元可能性关系，背后始终受到"性欲"一元化合一的压力压迫，只有通过"骨气"反抗，才能使媚态始终作为可能性，保持其"欢乐"的真谛，并从欲望的泥潭中区隔出来，让一元化始终是"假想的目的"，使"媚态"（媚態）避免陷落恋情的认真与虚妄执着，维持其审美趣味，因此"骨气"（意気地）正是"粹"内涵性结构的"反"的第二个阶段。"死心"（諦め）立足于对命运的达观，是饱经尘世洗练之后的淡然洒脱，命运缘法的脆弱无常，人心的善变难测，因此"'粹'里的'死心'也就是'漠不关心'，是一种经历过难以生存下去的、薄情的俗世洗礼后的畅快老练脱俗的心情，是远离对现实独断的执着后，潇洒、没有留恋、恬淡无碍的心情"①。"死心"（諦め）界定了"粹"的历史性色彩，更准确而言是对人世历史现实的超越性色彩。佛教主张明心见性，以证悟超脱生死轮回的无常假相，这种真理观、时间观决定了其对"历史"现实采取一种悬置的疏离态度，佛教非现实性的宗教人生观为"粹"提供了超越恋爱现实必然性束缚的自由可能性契机，因为"'粹'无视廉价的现实定律，对实际的生活施加大胆的括弧，一边超然地吸收调和的空气，一边进行无目的且漠不关心的自律性游戏。一言以蔽之，它是为媚态而媚态。恋情的认真与虚妄执着，会因为其现实性和非可能性，而与'粹'的存在相悖离。'粹'必须是超越恋情束缚的一种自由的风流心。"②因此，"死心"（諦め）正是"粹"内涵性结构的"合"的第三个阶段。"死心"就是对世事无常的释然、洒脱与豁达，是指因超脱了

---

① 九鬼周造著《"粹"的构造》，藤田正胜原文注，黄锦荣、黄文宏、内田康译注，联经出版事业股份有限公司，2009 年，第 35-36 页。

② 同上书，第 39-40 页。

"恋的必然性"诉求与"粹的可能性"审美而导致的人间情爱幻灭的痛苦与执着。总之,"媚态与死心的结合,意味着被命运强求下对自由的归依,以及其可能性的设定也被其必然性界定,即来自否定的肯定"。① "来自否定的肯定"就是一种"扬弃",是辩证法"合"的契机的核心特质,"命运强求"指的是恋爱现实性追寻一元化欲求的执着,而被强求归依于自由,是因为只有维持动态可能的二元性才能保有"媚态"这种"粹"的唯美,面对这种"恋的必然"与"粹的美感"之内在张力,只能以"死心"的豁达来超脱"命运",归于个体的自由。相较于《"粹"的本质》阶段从积极、消极两个角度实现"骨气""死心"与"媚态"的内在调和,《"粹"的结构》中三个契机间的"正—反—合"辩证关系是思考深化的整合结果。②

徐金凤指出,《"粹"的结构》剖析了艺妓在男女自他二元不断变化的动态关系中的生存方式,《偶然性的问题》则揭示了命运与偶然——整个人类个体实存的生命哲学问题,个体实存本身的偶然与"他者"邂逅又改变了个体的命运。③其实,"粹"的结构不限于男女关系,如果保持自他关系永远的二元平行是"粹"的根本,以平行线构成的竖条纹和横纹在视觉上表现"粹"的无关心性、无目的性,那么如何理解二元平行永不相交与"邂逅""偶遇"之间的张力?偶然性的内在化问题是比自他关系更复杂的问题,因为如果没有"他者",

---

① 九鬼周造著《"粹"的构造》,藤田正胜原文注,黄锦荣、黄文宏、内田康译注,联经出版事业股份有限公司,2009 年,第 38 页。

② 在《"粹"的结构》中有明确的关于"正—反—合"思维框架的直接依据,体现在关于"涩味"的一条注释中。九鬼周造指出,"关于涩味,也可以认为是采取正、反、合形式的辩证法来进行的。'莺啼生涩而朴实,离巢小野春晓时'的生涩是滞涩的意思,表示'正'的第一阶段。相对于此,甘味形成了'反'的第二阶段。然后'表面单色、里面有花样'的涩味,也就是视为品味的涩味,是扬弃了甘味的味道,显示出第三个'合'的阶段"。(参见九鬼周造著《"粹"的构造》,藤田正胜原文注,黄锦荣、黄文宏、内田康译注,联经出版事业股份有限公司,2009 年,58 页。)

③ 徐金凤:《九鬼周造的哲学思想研究——以自他关系为主线》,社会科学文献出版社,2012 年,第 220 页。

九鬼周造的偶然性哲学就会陷入海德格尔的"道德空场"问题。九鬼周造的道德律令是"观佛本愿力，遇无空过者"，在与他者邂逅的空间问题上，他以"方位""《周易》与偶然"等内容作了阐释。

对于海德格尔哲学中是否存在伦理学，《存在与时间》中的"源始的伦理学"是不是伦理学等问题，学界已争论很久。张志伟认为，海德格尔哲学中有存在论而没有伦理学，"源始的伦理学"是"基础存在论"，而非伦理学，他的"源始的伦理学"不仅不能为任何一种伦理学奠基，反而激化了现代社会的伦理基础问题，因为在《存在与时间》中"他人"最终消失了，所以在海德格尔的视域中只有存在论问题，没有伦理学问题。①对于"他人"消失问题，张志伟指出，海德格尔试图克服主客二元论的局限性，把社会生活中的自我与他人"还原"到此在与此在"共在"的层面，以消解自我与他人的区别；同时，此在在共在中与他人无别，而以"常人"的方式陷入沉沦，用一种非本真状态解释另一种非本真状态。②"在—世界—中—存在"（In-der-Welt-sein）以"世界之为世界""在世作为共在与自己存在。常人"与"在之中本身"三个环节展开此在的生存论分析，虽然涉及"日常生活"，但海德格尔始终探索的是存在问题——区别存在者状态与存在论，使此在不再因沉沦、立足自身而在世，海德格尔不是要解决社会生活人际关系等伦理学的现实应用问题。张志伟指出，产生自我与他人的关系问题的根本原因是我把我自己和其他此在都看作现成的存在者，"沉沦"（Verfallen）是此在"从自身脱落到自身"，海德格尔消解了自我与他人之间的关系问题，此在依赖于常人而在世，但常人不过是此在自己，此在从本真的自己跌入非本真的自己。③

如张志伟教授所言，"此在作为具有'向来我属性'的'去存在'的在者，

---

① 张志伟，《海德格尔哲学的"伦理学问题"——以〈存在与时间〉为中心的辨析》，《哲学研究》2022 年第 2 期，第 88-89 页。

② 同上，第 91 页。

③ 同上，第 93 页。

归根结底是朝向可能性的存在"①。关心此在与存在的关系，而非关心人与人的关系，既是海德格尔的道德空场所在，也是其存在论与人道主义、伦理学的不同之处。

九鬼周造的道德律令"观佛本愿力，遇无空过者"出自《无量寿经优婆提舍愿生偈》，本指阿弥陀佛清净大愿度脱净土法门修持者往生西方极乐世界"遇无空过"。九鬼周造对此"遇"进行了偶然性问题的哲学阐释，转化为"此地、此刻"自他独立二元的邂逅，由此每一个刹那生灭的现在既是涌动着的偶然的现实，又有具体的空间内容——自他邂逅的场所。对于他者、主体间性问题，九鬼周造给予了不同于海德格尔的处理。他认为《净土宗》"观佛本愿力，遇无空过者"的"遇"是现在与我邂逅的你的必然性，"无空过者"是佛对人类的救赎，虽然受到你的制约，但作为与你的内化相关的未来可能性在偶然性中成为现实。因此，在九鬼周造哲学中主体间性是使偶然成立的二元对立及因此构成的根本社会性，偶然性的内在化是将主体间的社会性中的"你"同化为存在的"我"的实践内化。这种偶然性的实践的内化不是"甲是甲"的逻辑思维上的同一律，形式上单一化的同一性、普遍性是抽象而空虚的，实践的内化是将外在的"你"具体地同一化到"我"，是因偶然邂逅而深化的具体事实。九鬼周造认为，"偶然性的实践的内化无非就是自我意识到在具体的整体中的无数部分和部分的关系。孤立存在的一个人在与他人不期而遇的那一刹那，对于外在的'你'内化到'我'的深处，即必须倾注全存在的苦恼与喜悦，必须像掉入我的深处那样，偶然碰巧相遇。"②这完全不同于海德格尔所认为的主体间性是个伪问题的态度，海德格尔消解了自我与他人的关系问题："'他人'并不等于说在我之外的全体余数，而这个我则从这全部余数中兀然特立；他人倒是我们本

① 张志伟，《海德格尔哲学的"伦理学问题"——以〈存在与时间〉为中心的辨析》，《哲学研究》2022 年第 2 期，第 88 页。

② 九鬼周造著《"粹"的构造》，藤田正胜原文注，黄锦荣、黄文宏、内田康译注，联经出版事业股份有限公司，2009 年，第 221 页。

身多半与之无别，我们也在其中的那些人。"①与他人共在（从属于他人）的世界之中的日常生活是此在的"沉沦"，此在背离自身的本真状态成为"常人"（das Man），所以他人—常人归根到底是此在自己的生存变式，是自身脱落到自身。在九鬼周造的偶然性哲学中，"他者"永远趋近却无法合为"一者"，因而自他关系是"粹"的客观表现形象——两条平行线，他说"偶然是现在的邂逅，是作为'在旁边'而体现的'颓落'的意思"。②他将偶然邂逅这一运动理解为颓落或沉沦本身，同时排除了沉沦中潜藏的价值意味，赋予了"自他相遇"以存在论的基础地位，以偶然性的内在化问题填补了海德格尔的道德空场，确立了"观佛本愿力，遇无空过者"的道德律令，弥合了理论上的缝隙。

综上所述，从"粹"的结构到"偶然性问题"的相关研究来看，九鬼周造哲学一以贯之的是一种区别于近代西方个人主义的、自他二元邂逅的实践哲学，他的哲思探索为处理"主体间性"问题提供了东方视域下的新思路，他努力树立的道德律令亦为解决当下由道德多元主义与相对主义所带来的意义虚无与价值混乱，提供了新的可能性。

---

① 海德格尔：《存在与时间》（中文修订第二版），陈嘉映、王庆节译，商务印书馆，2016年，第171页。

② 九鬼周造：《九鬼周造著作精粹》，彭曦、汪丽影、顾长江译，南京大学出版社，2017年，第189页。

理性立场下的学术自主与人性关怀

——岸本英夫的"宗教现象"研究思想及其当代价值

大连市委党校　葛诗嫣

摘要： 对于宗教的本质，岸本英夫将宗教看作一种使人们生活的最终目的明了化，相信人的问题能得到最终解决，并把这种行为作为中心的文化现象。这种人类行为所体现出来的文化现象有意识、思想、实践、组织四个领域。宗教学作为一种实证性学科，应当像其他社会科学一样，将具体、直接的研究成果作为批判分析的对象。但相较于神学、宗教哲学和宗教史学三个研究立场，宗教学本身作为一种研究立场也有其独特性，即借助于客观、实证、组织的研究，来洞悉宗教现象的存在方式。因此，宗教本质的确定是在宗教研究的过程中不断被发现、被更新的动态过程。

相较于宗教社会学领域对于宗教的社会功能的关注，岸本英夫更关注文化社会中人们在宗教意识层面所感受到的精神体验。一方面，象征性是不同宗教之"神"在教理层面与心理层面的结合点，能使人们通过信仰感受到宗教的力量；另一方面，面对人类的共同难题，宗教反映出的"生死观"是人们面对终极问题的有力武器，也是人类自主抗争、自我教养、自行建构的重要精神财富。

宗教学面对"宗教现象"，有着无异于自然科学的研究态度，但无法满足实验的可重复性。因此，宗教研究应当入自理性主义，出于人文主义。同时，面对宗教这种多样的人类文化现象，其研究成果具有"共同体"性质，需要多角度、多方面的协同合作。

关键词： 岸本英夫；宗教现象；比较宗教学；宗教学

　　一般来说，宗教学的学术任务是了解宗教和定位宗教。国内的学术活动和研究工作涵盖了多个领域。人们面对多样化的宗教学研究成果不免会疑惑，究竟什么是宗教学？或者回忆起最初迈入学术领域的入门课程也会反思，宗教学的学术规范又是什么？面对当下大量的宗教学内容和多样的研究方式，是否可以把一个通用的学术框架当成普遍的研究范式？同时，对于不同的研究对象，宗教的本质又是什么？在宗教学发展方兴未艾、研究成果日益丰富的今天，有必要重新思考宗教学是什么、研究什么、怎样研究的问题。日本学者岸本英夫（1903—1964）对于宗教学这一独立的学科有独到而深刻的见解，值得一个世纪之后的我们重读与反思，站在学界前辈所达到的高度审视宗教学的研究立场与操作方式。

　　岸本英夫是东京大学的宗教学学者。同为汉字文化圈，岸本英夫在几十年前就站在世界诸宗教平等的立场上对"宗教学"进行理解与阐述，客观地思考宗教学的研究领域与研究态度，在当下仍旧引人深思。特别是岸本英夫将比较宗教学的视野延伸到东方宗教范畴内，将日本神道教和禅宗等东方宗教形态置于与世界其他宗教同等的地位，从而探索出宗教的共性。随着当代宗教学研究的不断发展，我们有必要重读岸本英夫的《宗教现象之诸相》，对宗教学研究进行反思。岸本英夫这种立足东亚的现代性宗教思想在当今依旧值得品味。

一、宗教学：有关宗教现象的社会科学

　　从现有成果来看，宗教学的研究范围包括各种有关宗教的研究。国内的宗教学研究主要以内容来划分，包括佛教、道教、伊斯兰教、基督教等，大多数的宗教研究都关注某一宗教的具体内容，并据此深入探讨。也有从研究角度或研究方法方面进行的宗教研究，如宗教社会学、宗教人类学、宗教哲学等，从特定的视野出发，关注宗教的某些层面，并将其他学科较为成熟的研究方法与宗教内容相结合，完成有关宗教的研究。有关宗教的研究非常丰富，不仅内容多样，研究的方法也各有所长，可以说宗教学的研究是多元的。

同时，宗教研究的内部差别也很大。例如，潜心佛教史料研究的学者苦心搜集和整理文献，甚至为了翻译外文文献而专攻小语种；研究当代宗教的学者跑遍各类宗教场所，与信徒同吃同住，只为留下珍贵的一手资料，采集足够的数据样本。这种巨大的差异性不言而喻。为了方便学术交流，各种专门领域的研讨会、工作坊等不断出现，宗教学的研究本身多种多样，即使在特定主题下，研究成果也有所不同，学者之间对研究领域互不了解的情况极为常见。这也是近年来将宗教学设为一级学科的呼声日渐高涨的重要原因之一。

然而，厘清以上疑惑的关键点并非在于弄清楚"宗教是什么"。在第一部分的《宗教学领域》中，岸本英夫首先回答了宗教学研究什么和怎么研究的问题。即宗教学的研究中，"宗教学研究什么"先于"宗教是什么"，并非"定义先行"的研究模式。

岸本英夫以"宗教现象"来把握宗教，即将宗教作为一种文化现象。

首先，宗教学是实证的。"宗教学本来是实证的学问。宗教学的直接使命是向现实宗教现象进行实质性的研究。"[1]宗教学的研究不是概念的游戏，也不局限于思辨的精神，而是一门实证性学科。通过"观察"宗教的方式展开的研究，不涉及"存在"问题。面对具体存在的宗教现象，应当得出相应的研究成果，并进行批判反思和综合分析，而不是纸上谈兵。宗教学以实证地研究宗教现象的形态和作用为目的，因此在进行抽象理论分析的同时也不能忽视现实中活生生存在着的实例。例如，尽管存在着儒教是不是宗教的争论，但放眼海外，儒教在印尼、韩国等地早已被官方认定为宗教，允许以宗教的名义活动，因此在理论上无论如何规范宗教的定义以把儒教排除在外，都无法改变这些现实。实证的研究态度也影响了宗教学的研究方法，即在通过外部观察来确定其价值时，需要角度客观和价值中立。

---

[1] 岸本英夫：《宗教現象の諸相》，大明堂，1977 年，第 2 页。原文为日文，笔者翻译为中文，下同。

宗教学是一个独立的学科。岸本英夫首先剖析了神学、宗教哲学和宗教史学的研究态度，提出了宗教学和这些学科之间的差异性。岸本英夫认为："宗教学是与神学、宗教哲学、宗教史一起研究宗教的学问。但对于这三者，它们却站在不同的立场上。宗教学在不预测信仰的立场和形而上的前提的意义上是客观的，立足于对现实宗教现象的观察这一意义上是实证的，根据其特性对宗教现象进行横断的比较研究，明确其存在方式这样的意义上，是组织性的"①。通过与三个学科的比较可知，宗教学相对于神学的信仰是"客观的"，相对于宗教哲学的思辨性是"实证的"，相对于宗教史的历史经过记述是"有组织的"。从客观的、实证的、组织性的角度来看，宗教学甚至与自然科学的立场是一样的。但宗教学无法通过"实验"的方式达到研究目的，因此与其他社会科学类似，需要以实证的方法为基础，研究人类社会中通过人的行为活动所展现出的文化现象。

岸本英夫给"宗教学"下了明确的定义："宗教学是客观地、实证地、有组织地研究作为人的行为所表现出的所有宗教现象，并明确宗教现象存在方式的学问。"②同时要注意，对宗教的研究不能超过宗教现象所反映的范围。

同时，宗教学的发展需要研究者之间协同合作，互相配合。"宗教学这一观念并没有用鲜明的轮廓来描绘出来"③，其学术体系处于发展阶段，尚未尽善。因此，对于宗教现象的研究必然是跨领域、跨学科、多层次的。具体的、有针对性的个案研究都是整个学科内的元素之一，只有不同领域研究之间的互相促进才能带来整个宗教学的进步。

综上所述，宗教学所研究的对象就是人类活动所表现出的"文化现象"。作为社会科学的实证研究，宗教学只关心可以感知的现象，通过客观、实证、有组织的态度弄清楚宗教的功能，从而对这一文化现象进行系统的认识，得出更

---

① 岸本英夫：《宗教現象の諸相》，大明堂，1977 年，第 22 页。

② 同上书，第 8 页。

③ 同上书，第 2 页。

加具有普适性的结论。

二、宗教学的研究维度与基本方法

岸本英夫将宗教学的研究分为四种立场，即四个不同的研究维度。这些立场也可以用作选择宗教学研究方法时的参考，根据研究目的和研究对象的不同，可以采用相应的研究方法。

第一个立场是神学的立场，"站在特定的信仰的立场上研究宗教"[①]，即非客观的。

第二个立场是宗教哲学的立场，"宗教研究的立场是从思想上追究宗教的本质"[②]，即非实证性的。

第三个立场是宗教史的立场，"根据历史的潮流来考察宗教现象"[③]，即非横断性的。

在以上三种立场的基础上，岸本英夫还定义了宗教学本身作为一种研究的立场，即"宗教学是客观地、实证地、有组织地研究作为人的行为所表现出的所有宗教现象，并明确宗教现象存在方式的学问"。而在宗教学的研究方法上，可以结合以上四种立场，对人们所创造出的宗教现象进行研究。因此，在研究宗教现象时，要注意区分研究的立场，不同的立场之间可以复合、互补，但不应混淆。在宗教学的研究中，我们常常面对研究方法的选用问题。而在确定方法之前，首先应当拥有合适的研究立场。

将宗教作为文化现象进行研究的方法，属于社会科学的实证研究方法。因此，宗教学也是一种科学，与其他社会科学有共性。又因为宗教学将宗教这个人文现象作为研究对象，无法进行重复实验，因此又有异于其他社会科学。

---

① 岸本英夫：《宗教現象の諸相》，大明堂，1977 年，第 4 页。
② 同上书，第 6 页。
③ 同上书，第 7 页。

关于宗教学的研究方法，岸本英夫认为包括三个阶段：

"宗教学的研究方法，原则上包括三个阶段。第一，选择对象的操作；第二，将选择的对象转换成资料，进行整理、准备的操作；第三，通过资料对宗教现象进行比较研究，找出现象之间的共同特征和规律的操作。遵循这样的顺序，判断宗教现象的存在方式，无论是个别的，还是综合的，都要明确。"①

这种对于研究方法的朴实的描述，结合了多种研究立场，在宗教学范畴内是比较通用的。无论是思想方面的传统人文研究，还是以当代宗教案例为母题的实证研究，都需要限定在"宗教现象"的范畴之内，按照系统的步骤操作。特别要注意的是将宗教现象转换为材料（"宗教志"②），从整理好的材料中提取宗教特质和发现规律，而不至于直接尝试宗教学的研究，盲目地分析"生料"。

怎样选择宗教现象？这时要采用哲学的方法，避免向纯哲学或神学方向延伸。可见，宗教学研究是一个探索的过程，从"临时约定的概念"出发，根据对研究材料（即宗教现象）的分析，不断反思并修正预设的宗教本质概念，规定宗教的"框架"，这是宗教学的实践价值。在材料搜集阶段，要将哲学方法与实证研究相结合，观察与分析并存，但要注意不混淆两种研究方法。特别要注意将内心体验转换成研究资料，形成民族志式的研究资料。最终，面对整理好的资料进行探讨，通过比较和类型化等方式对宗教现象进行系统的说明，发现宗教现象的性质和规律，并总结出一定的宗教形态、功能，从而了解宗教现象的系统组织，形成一般性规律。

综上可见，岸本英夫对比了不同的学术立场，总结了宗教学这一学科的研究特点与研究任务，确定了研究方法和研究步骤。宗教学是推理性质的学科，其从宗教现象出发，反思宗教本质，甚至推翻对于宗教本质的假设，目的在于弄清楚宗教现象所反映出的存在方式。从宗教学的研究立场来看，定义宗教是

---

① 岸本英夫：《宗教現象の諸相》，大明堂，1977 年，第 10 页。
② 同上书，第 15 页。

宗教学永恒的研究任务。特别要注意的是："宗教学并不是为了决定宗教的形而上性的本质，所以说明现象的理论和立场的差异，是不能成为致命的打击的。"①因此，在固定的宗教定义下研究宗教的"演绎式"研究方式更接近于哲学领域的思辨境界，并非岸本英夫所倡导的从"宗教现象"切入的方式，也多少违背了宗教学的探索精神。

三、宗教学的研究领域

宗教的范畴广泛，表现多样。从宗教的发展历程来看，有原始宗教、古代宗教、文化宗教等；从宗教的涉及范围来看，有部族宗教、民族宗教、普遍宗教等；从宗教的组织形态来看，有教团宗教、个人宗教。要找到宗教现象的共同点，需要尽可能研究多样的宗教现象，在更广的范围内思考宗教的特质。面对宗教现象的多样性，岸本英夫认为在不同的研究领域，宗教现象可以从不同层面的表现方式（即"诸相"）上来把握和探究。

岸本英夫将宗教学的研究领域概括为四点：

"第一是宗教现象作为人心活动的表现，即研究意识方面。第二，是思想形式的体现，即教理方面。第三，人的行动的表现，即实践的方面。第四，在社会现象中作为集团组织的表现，即组织的方面。"②

宗教意识与人的心理活动有关，包括宗教情感和个人对宗教的体验。除了偏于情感的宗教心理学，宗教意识也包括通过人的内心的作用，在一定的意义上把握宗教，形成"复合宗教情操"，使人产生强大的力量。宗教的教理是知识性的、被作为"终结绝对真理"的那部分。将这种知识条理化、体系化、客观化，形成教理，其就与其他知识无异，属于客观理论层面的宗教现象。而人在对这些知识和教理的认知过程中，也需要思维的作用，这是直接的意识作用。

---

① 岸本英夫：《宗教現象の諸相》，大明堂，1977 年，第 16 页。
② 同上。

宗教行为是内心宗教意识的表达，也是通过人类的实践活动来加深宗教意识的"修行"。对于宗教行为，具有现代意识的岸本英夫指出，相较于人类学和民族志式对于原始形态宗教和未开化社会的关注，宗教学更应注意观察和研究现代社会的宗教行为，发现当代宗教的特点。渗透在社会中的宗教现象和宗教领域内的社会现象常常难以区分，特别是后者的研究有待开发。宗教社会学是这一领域的主力，对于宗教组织的研究，宗教学与社会学的工作相近。在当代"文化社会"中，研究宗教现象是时代赋予我们的任务。

岸本英夫将作为文化现象的宗教划分为意识、教理、实践、组织四个领域。相较于哲学层面的教理和社会学层面的组织，"文化现象"角度更关注人的心理活动与身体行动，即更关注意识与行为领域，以及这两个方面的交互作用。岸本英夫认为："经过近代文化的洗练，宗教逐渐从形式到心灵摆脱了物质上的制约，逐渐展开。"①并且"近代人的特征是宗教的个体化倾向显著"②，宗教对于每个人生活的意义是不同的，在对宗教认知的发展过程中，以神为中心的看法已成往昔。宗教学的创始人麦克斯·缪勒（Friedrich Max Muller）将神去人格化③，涂尔干则从社会研究的角度将圣与俗二分，从而将宗教归纳为信仰和行动④。然而，宗教现象不限于社会现象，在人类所营造的范围内可从多个

---

① 岸本英夫：《宗教现象の諸相》，大明堂，1977 年，第 29 页。

② 同上书，第 26-27 页。

③ 对于宗教的本质，缪勒认为宗教是"领悟无限的主观才能""精神本能"或"潜在机能"，一种感性和理性之外的第三种自我意识，无限是宗教的特征条件，适用于模糊不定的、不可见的、超感觉的、超自然的、绝对的或神圣的。在《宗教学导论》中，缪勒认为宗教是一种心理倾向，与感觉和理性无关，但能使人感到"无限者"（the infinite）的存在，于是神有了各种不同的名称，各种不同的形象。没有这种信仰的能力，就不可能有宗教，连最低级的偶像崇拜或物神崇拜也不可能有。

④ 涂尔干将宗教定义为："一种既与众不同，又不可冒犯的神圣事物有关的信仰与仪轨所组成的统一体系，这些信仰与仪轨将所有信奉它们的人结合在一个被称为'教会'的道德共同体之内。教会作为构成宗教的第二个要素，不仅在宗教定义中找到了一席之地，而且同第一个要素一样不可或缺；这充分说明，宗教观念与教会观念是不可分离的，宗教明显应该是集体的事物。"

领域考察。相较于涂尔干的"宗教就是社会本身"的观点，岸本英夫认为现代宗教在心理上的表现更重要，宗教不再主要体现为原始的社会约束力。

宗教意识是宗教现象在人内心的反映。正如威廉·詹姆士（William James）所言："在特具宗教性的经验之范围内，许多人（有多少，我们不能说定）信仰的对象，不是他们理智所认为真理的纯粹概念，乃是直接感觉到的，半带感觉性的实在。"[1]获取这种主观性的研究资料，可以从诗歌、日记、自传等文学作品，或者其他艺术形式中寻求。在通过宗教意识把握宗教现象特质的研究中，岸本英夫认为个人对宗教的体验是复杂多样的，需要尽可能多地结合多种宗教意识去表现，以"复合性的形式"概括其共同特点。岸本英夫将宗教意识概括为实在感、扩充感、清纯感几个要素，并将其作为个体的心理作用。每一次个体的意识作用所包含要素的种类和比例各不相同，从而形成了各种各样的宗教意识现象。

实在感指"当事者的内心具有无限大、不可计量的深度，不可移动的力量、无法比较的新鲜感等性质的意识，以某种形态被感知的事实"[2]。通过实在感，人们可以将宗教的成立方式分为救赎型、联结型和领悟型。扩充感指"基于自己所欲、理想的地方，正在实现、正在满足的意识，扩充生命的自觉性"[3]。可以将每个人宗教生命的扩充方法总结为四种类型：请愿态、遵仰态、内照态和谛住态。顾名思义，清纯感指"当事者在意识表面上表现出的一种清透、清净的感觉"[4]。同情、虔诚、单纯、神圣观念等都是清纯感的复杂体验。以上三种宗教意识在不同宗教现象中的比例不同，构成宗教意识的丰富表现，也可以作为规定宗教意识的条件。

宗教行为与宗教意识密切相关，某种程度上是达到宗教意识的过程或结

---

① ［美］威廉·詹姆士：《宗教经验之种种》，唐钺译，商务印书馆，2014 年，第 60 页。
② 岸本英夫：《宗教现象の诸相》，大明堂，1977 年，第 34 页。
③ 同上书，第 36 页。
④ 同上书，第 37 页。

果。"所谓行，就是通过行为来锻炼心灵的活动"①，以一定目的有组织地进行实践。宗教行为涉及身体与心灵两个方面的互动。在"自诚明，谓之性；自明诚，谓之教"②中，"诚"与"明"所表达的行为与意识方面的作用，也可以看作"行"的意义在修身的过程中的自我教化。

在认知过程中，知性训练有偏重于知识、随性的弊端；而行动间接地进入内心，虽然过程缓慢，但可以创造出坚定的信念。宗教行为的实践首先由人赋予一定的意义和形态，但行的动机、意图都不尽相同，其中也存在着复合的形式。统揽宗教行为的动机意图，可以分为达到一定境界、身心锻炼、强化信仰和信念、忏悔灭罪、常常表现为结果的感谢、祈福目的的牺牲、意外获得特殊能力七个方面。在实践的过程中，宗教行为的动机和具体形式之间必然会互相影响，从而有所调整。

在修行过程中，人们往往集中精力，沉浸在另一个世界，并常常伴随重复性动作，在心中描绘美好的图景。实践可以利用自然环境或苦行的方式达到紧张状态，也可以将日常生活作为修行的"道场"。宗教行为通过相关动作集中精神，锻炼意志，强化信念，从而获得精神的力量。例如，打坐、斋戒等宗教行为均可导致精神紧张，从而使人进入某种状态。通过反复训练，人可以集中精力，祛除杂念，给自己的心灵带来安定，即"精神上的统一状态"。岸本英夫还特别指出了苦行的作用，他将苦行具体分为主观和客观，认为肉体上的痛苦是客观的，主观上精神紧张的状态并未复合成难以忍受的痛苦情绪。因此，在精神统一的状态下，苦行当事人的主观并不痛苦，即"苦行不苦"。

在宗教的不同领域，教理和行为都是接近宗教的方式，二者不自相矛盾，即"知行合一"。理论为行为提供指引，"身体是一种行为的手段，而心是一种行为的目的"③。行为中的理论有两种：一个是行为背后所预期的理论，另一方

① 岸本英夫：《宗教现象の诸相》，大明堂，1977年，第79页。
② 见《中庸》第二十一章。朱熹撰《四书章句集注》，中华书局，2001年，第32页。
③ 岸本英夫：《宗教现象の诸相》，大明堂，1977年，第91页。

面是推理思考的作用。行为一般包含前者的理论，而对于后者，因为行为过程中"一部分推理思考的休止是必要的条件"①，即暂停批判，"回归童心"，所以要避免概念化、知识性地解决一切。因此，教理领域的理性参与，既可以是行为的动力，亦可能成为抵抗力。

集体性是宗教行为的特点，也是涂尔干在描述教团时对原始社会中集体行为的关注。岸本英夫认为，集体性的优点在于有正确引导，但集体性也有局限：虽然集体中互相交流可以产生更大的力量，但集体生活还要留有个人空间。毕竟"行的最终单位是个人"②，这也是现代宗教的个性化特征。因此，岸本英夫关注到集体行动最终作用于个人，并影响着个体认知，产生强烈的个性体验。这种个体化的倾向或许可以作为当代宗教研究视野下对涂尔干等宗教社会学家的理论的补充。③

行为的过程会带来心的变化。岸本英夫认为心灵经过感觉作用、情意作用、思维作用、记忆作用等，最终达到平静的境界④。此时的人一般会产生特殊的直观性、实际存在感、表达困难等体验。不过，到达这种心理状态之后，人们拓展了行为的"深度"，从而在更高的境界中赋予生活以意义，并以更高深的心态回到世俗生活中。从宗教学的角度来看，修行是在自己实际体验的意义上的"实验"⑤，是一种体验主义的"心性之体会"。个人通过行动接近宗教，通过自己的心理作用体验宗教，产生更强大的力量，从而达到更高层次的状态。

综上可见，对于宗教学研究的意识、教理、行为和组织四个领域，岸本英夫认为应当纵观世界上存在的各种宗教，置于各个领域内找到其共性。宗教意

---

① 岸本英夫：《宗教現象の諸相》，大明堂，1977 年，第 93 页。
② 同上书，第 97 页。
③ 涂尔干认为宗教的起源是社会性的，是集体思维的产物。"社会实在是宗教性的，宗教条件是社会性的——它们的合法化是相互作用的。一个团体要么是宗教团体，要么它就完全不可能存在。"
④ 岸本英夫：《宗教現象の諸相》，大明堂，1977 年，第 111 页。
⑤ 同上书，第 154 页。

识更能体现个人对于宗教的心理体验，而教理则往往通过更直接的方式作用于人。宗教意识通过灵魂与肉体的双重锻炼带给人更强大的精神力量，并使人达到一定的境界，这种行为需要组织的引导，但最终还是作用于个人。"宗教思想是以人格的方式进行的；在宗教界内，这是唯一的基本事实。"[①]这种对于个人内在体验的学者态度是一种从社会科学角度出发的人本关怀，也是在严格坚持"所见为材料"的原则上尽可能地切近宗教特质。从人的情感体验与行为实践之间探求张力与特质，是宗教学研究的主要任务之一。

四、宗教的本质：宗教性价值体制与死亡观

由岸本英夫的宗教学定义可知，宗教学的目的和任务是探究宗教现象的"存在方式"，并不是找到宗教的本质。宗教的本质处于宗教学研究中不断修正与更新的状态。"宗教哲学作为最初课题提出的宗教本质是什么的问题，对于宗教学来说，并不是最初的问题。这是最后的课题。"[②]因此，"宗教是什么"其实是宗教哲学的课题，并不是宗教学主要面对的问题。

在岸本英夫将宗教作为文化现象来研究的理论中，宗教是"弄清楚人类生活的终极性意义，与人类问题的终极性解决有关，并且把使人们相信的行为作为中心的文化现象"。[③]"在宗教中，在与这一行为的关联中，伴随着神观念与神圣性的情况有很多"。[④]作为文化现象的宗教在人们所营造的社会场域中体现出"宗教性价值"，通过宗教性的行为表现出社会性的宗教现象。

社会中每个人的参与产生了宗教性的价值。人们的人格构造内部形成的宗教性价值体制支撑并塑造了宗教行动，进而扩展至集体行为，产生宗教现象。

① ［美］威廉·詹姆士：《宗教经验之种种》，唐钺译，商务印书馆，2014 年，第 491 页。
② 岸本英夫：《宗教现象の諸相》，大明堂，1977 年，第 6 页。
③ 岸本英夫主编《世界の宗教》，大明堂，1981 年，第 2-3 页。
④ 同上。

因此，岸本英夫将宗教这一文化现象的产生溯源至宗教性价值。宗教现象内在的宗教性价值体制是宗教体的"决定性手段"，影响着宗教体中的人，即人们心中的信仰"结构"。宗教以人类问题的终极性解决为指向，以明确人类生活的终极性意义为目的。面对这一任务，信仰体制产生了情愿态、希求态、融合态、谛住态四个要素，表现并包含了各个信仰体制。[①] 宗教的价值结构是其产生功能的方式，也是宗教内在的结构的表现，体现在人们内心的结构之中。因此，这种宗教的功能不是社会功能，而是对于人心灵产生影响的功能。"宗教性价值通过人类的生活活动而产生"[②]，人的活动投射到社会上，进而产生了文化现象。与涂尔干的功能论相比，虽然二者的出发点都是从宗教对人产生了怎样的作用、发挥了怎样的功能的角度进行分析，但"宗教现象"的观点更关注作为个体的人，以及个人如何在多个层面体现出宗教现象。这种对功能的关注注重宗教对于个人在不同领域内发挥的功能，而不是宗教在社会内部元素中所产生的功能。

岸本英夫还考察了宗教定义的几种类型：以神观念为中心、以宗教经验为中心、以人类生活为中心，将宗教理解为解决人类终极问题的文化现象，并将宗教概括为宗教意识和宗教行为两个要素，强调神的观念和对神的崇拜对于解决人生问题的重要作用。岸本英夫基于"宗教现象"角度，将宗教定义为对人类问题的解决，这是对西方宗教研究的一个有效吸收，将世界上姿态各异的宗教概括出一种共通特质，即寻求面对人类根本问题的方法。在这一方面，不得不提到美国基督教新教神学家保罗·蒂利希（Paul Tillich）的"终极关怀"（或"终极关切"，ultimate concern）观点，"信仰是终极关怀的状态：信仰的动力学是关于人之终极关怀的动力学"[③]，终极关怀贯穿于信仰活动的主体与客体两个方面，通过两方面的相互作用产生终极关怀的原动力，最终彻底超越主、

---

① 见岸本英夫主编《世界の宗教》，大明堂，1981 年，第 5-8 页。
② 同上书，第 4 页。
③ ［美］保罗·蒂利希：《信仰的动力学》，成穷译，商务印书馆，2019 年，第 2 页。

客观，以达成信仰。这种信仰是宗教的源头和动力，也是人类存在所必须具备的一种素质，类似于麦克斯·缪勒所说的"本能"或潜力。类似的观点还有美国宗教学家密尔顿·英格（John Milton Yinger）的观点："宗教可以定义为信仰和实践的体系，根据这种体系，组成某种社会团体的人们与人类生活的最根本难题展开斗争。"[1]英格也注意到了宗教对于根本难题、终极问题的解决，指出需要通过实践来解决各种人的"存在"问题，将苦难转化为幸福。可见，面对终极问题，人们寻求宗教的助力，其中的信仰与实践是统一的。

宗教的本质是解决人的问题。而死亡作为生命的终结，往往是人们关切的终极问题所在。生死观为宗教提供解释，可以看作宗教产生的源头，也是为宗教提供教理的动力。岸本英夫认为，"人类对生的执着，无论如何都要死去的事实，死后命运的不可预知"构成了生死观的内容[2]。针对有关死亡的问题，可以把对生死的把握方法分为四种价值观：追求肉体生命的存续、相信死后生命的永存、将自己的生命寄托于无止境的生命中、在现实生活中感受到永远的生命。

在延长肉体生命使之无限存续方面，最典型的是道教，其试图通过一些修炼手段达到肉体不死的目的。此外，还有死亡之后保存肉体，等待另一次生命激活的木乃伊形式。在医学不断进步的今天，这种对肉体延续的渴望更多是相信自己还不会死，是"主张肉体生命无限存续，是挑起对于死亡的战斗"[3]，但缺乏对死亡到来的觉悟。"相信死后生命永存"的基础理论是灵肉分离：灵魂作为自我意识的核心部分，继续存在于死后的生命中。一种是灵魂处于游离状态，可以在仪式中再次回归；另一种是灵魂去往另一个世界、另一个国度。这种死亡观念延长了生命，成为永恒生命的一部分。死亡不再因终止而令人恐惧，甚至此生成为短暂的驿站，未来的世界才是永恒的活动场所。现代人会认为人

---

① [美]J. M.英格：《宗教的科学研究》（上册），金泽等译，中国社会科学出版社，2009年，第9页。

② 岸本英夫：《宗教现象の诸相》，大明堂，1977年，第60页。

③ 同上。

死后将融入宇宙大生命中，但死后的生命在可认知的世界之外。还有观念认为死亡是寻找代替自己生命的无限生命，或者把有限的自己和无限的整体联系在一起，倾注此生的精力，拓展自己生命的深度和广度，从而达到延长生命的目的。此外，还有在某一刻感受永恒生命，以宗教活动"开悟"的方式，来解决生死问题。

将宗教的本质延伸到"终极问题"以及生死观上，也是从宗教的产生这一角度思考宗教的本质。加地伸行也提出了类似的宗教本质观点，认为"最具宗教性的宗教的本质是生死观，是说明死以及死后的世界。'死以及死后的世界'正是宗教的根本核心，其他虽然与宗教无关，也可以起作用"①。由于人们（特别是东北亚人）对死亡有着与生俱来的恐惧，即畏惧死亡，因此注重追求对于死后世界的解释和死后灵魂的寄托。不妨将这种解释宗教本质的角度看作是对比较宗教学基础的拓展，将东方宗教纳入世界宗教的体系中，平等地探求宗教本质之间的共同性。

岸本英夫对宗教定义类型的归纳总结，也可以从中国宗教学研究中看出迹象，其中以吕大吉的"四要素"说为代表。对于宗教本质的探究，吕大吉也将已有的宗教学学者的研究概括为三种方法：以宗教信仰的对象（神或神性物）为中心，以宗教信仰的主体（人）为中心，以宗教信仰的环境（社会）为中心。宗教信仰的对象可以理解为神或者神圣事物，这种"神圣感"也可以理解为某种比人更高的力量。个人对宗教产生敬畏又向往的感情，这种感情作为主观感受可以表现为客观存在的宗教体验，是值得关注并进行深入研究的。宗教产生于社会的需要，又在社会中发生各种作用，维护着社会的正常运行，是"与神圣事物相关联的信仰和行为的统一体系"，能解决人生的终极问题②。吕大吉总结了这些观点，认为宗教作为一种客观存在的社会文化系统，是超人间、超

① 加地伸行：《沈黙の宗教——儒教》，筑摩书房，1994 年，第 102 页。
② 参见吕大吉《宗教是什么？——宗教的本质、基本要素及其逻辑结构》，《世界宗教研究》1998 年第 2 期，第 2-6 页。

自然神灵观念的客观化、社会化、物态化。他还提出了四要素理论，包括内在要素（宗教的观念或思想、宗教的感情或体验）和外在要素（宗教的行为或活动、宗教的组织和制度）。一个比较完整的成型的宗教，便是上述内外四种因素的综合，"宗教是关于超人间、超自然力量的一种社会意识，以及因此而对之表示信仰和崇拜的行为，是综合这种意识和行为并使之规范化、体制化的社会文化体系"①。同时，吕大吉认为，四要素的宗教定义具有将宗教与非宗教区别开的广泛适用性，既体现了宗教的内部结构，又体现了宗教形成发展的过程，体现了"逻辑与历史的统一"②。

值得一提的是，在以"四要素"理论为学术基础的《宗教学纲要》中，编者认为岸本英夫延续了社会功能学派的观点③。但在《宗教现象之诸相》中，岸本英夫对于宗教是什么的问题，进行了宗教学研究史的简要梳理，从泰勒的"宗教是神与人的关系"到麦克斯·缪勒的"宗教是对无限者（the infinite）的认识"，之后引入了涂尔干的思想。岸本英夫认为，涂尔干明确指出以神为中心建立宗教的规范概念不合适，并取而代之从作为社会现象的面貌之上寻求宗教的特质④，肯定了涂尔干区分的圣与俗的观念。然而，岸本英夫的重点在于肯定了涂尔干的研究方法，却在对宗教现象的处理上，从形而上的领域断离，转而在经验的世界内根据实证性研究结果探求宗教的本质，这是一种社会学的视角。同时也可以看出，岸本英夫认为涂尔干的不足之处在于忽略了宗教现象是一个复合体，宗教现象既是社会现象的体现，也是人类营造的文化现象，因此也要关注心理现象，关注文化社会中个体的多样宗教现象，从宗教意识层面把

① 吕大吉：《宗教学通论新编》，中国社会科学出版社，2010 年，第 63 页。

② 同上。

③ 参见吕大吉主编《宗教学纲要》，高等教育出版社，2009 年，第 27 页。"他是以人的生活活动为中心来观察作为社会文化现象的宗教，从宗教在人们的生活中具有什么作用、发挥何种效能的角度来规定宗教。据此，他认为，所谓宗教，就是一种是人们生活的最终目的明了化、相信人的问题能够得到最终解决，并以这种运动为中心的文化现象。这就是说，宗教的最基本的特征就是相信人生问题能得到最终解决。"

④ 参见岸本英夫《宗教现象の诸相》，大明堂，1977 年，第 32 页。

握心理性的表现。这也是岸本英夫看到了在宗教现象背后起决定性作用的"宗教性价值体制"在人心中结构的缘由所在。因此，岸本英夫将体认宗教的内在心理补充到了社会现象层面，以加强对宗教外在的认知，并在考察宗教这一文化现象时注重了内在体验的重要功能。

五、神的"象征主义"：比较宗教学的运用

比较宗教学是宗教学的传统，也是宗教学的初期形式。岸本英夫继承了比较宗教学的传统，并在对于神的诸相的论述中，充分运用了比较宗教学的方法，以"横向"的态度将各种有神、无神或多神的宗教进行划分，认为神的不同表相取决于教理与意识两个领域之间的关系。并且，正如蒂利希所言："人的终极关切只能象征地表达，因为唯有象征的语言能够表达终极者。"[①]神是象征意义的表达，象征程度的不同产生了宗教的多样现象。

首先，日本字中的"神"早先是神道的崇拜对象，读作かみ。天主教传入日本后，首先使用"天主"或"得乌斯（でうす）"来称 God。明治初期，基督教以神（かみ）来表达 God，使 God 与神混为一谈，统一为宗教的神，以日本的宗教观念来解读宗教。这种情况在中国也有，而且かみ本身是对汉字"神"的训读，赋予了"神"以一定的日本宗教文化底色。因此，宗教中"神"的观念形成于宗教交流所产生的混淆，在结果上也形成了汉字文化圈内宗教学有关"神"的基本概念的暧昧特质。

岸本英夫认为，神将人与自然现象理想化、神圣化、神格化。在有神的基督教和无神的佛教中，神是理想化的明确目标。神在彼岸，人们首先相信这样的绝对者是存在的，因此作为神与人之间的桥梁的创唱者，被逐渐抬高了地位，故创唱者既有人的身份，也有绝对者的身份。

---

① ［美］保罗·蒂利希：《信仰的动力》，钱雪松译，中国轻工业出版社，2019 年，第 48 页。

从个人信仰的角度来看，岸本英夫着重区分教理之神与人类宗教性实践（心理作用）中所把握的神。教理与经典中论述的神与实际人类在宗教体验中感受到的神相去甚远。教理上表现出来的神是字面"规定"的神，而根据人的信仰和理解，从心中努力去把握的"神"才使神具有了鲜活的生命。因此，从宗教实践层面来看，的确"有了人才有神"。

那么，如何理解教理层面的神的诸相与心理层面的神的诸相？岸本英夫提出了象征主义（symbolism）的影响。神不可见，然而人们可以通过个人体验感受到各种各样的"神"给自己带来的精神愉悦，从中获得强大的生命力。因此，背后那个常常被称作"神"的绝对者或超越者是可以通过象征来把握的。

宗教领域的象征，是不可见的宗教性体验与信仰表现为具体性的形态与行为之上的象征。人与宗教接触时产生被象征者所产生的心情。外在的形与内在的心是一体的，这是象征的真意，此时的象征具有生命力。人通过眼睛接触产生自然的心情，通过各种各样的象征，体验丰富的精神生活。[①]

象征者与被象征者之间既有差别，也有针对个人体验的一体性，正如盾牌的两面。在不同的宗教中，侧重象征者的宗教，具有浓厚的多神教色彩；侧重被象征者的宗教，其理念更接近泛神观或一神观。当象征性占绝对上风，失去了信仰的精神体验，宗教便会堕入巫术。因此，岸本英夫认为："将象征性的要素作为人神之间的桥梁，意味着与其否定对于神的把握，不如说宗教的中心不在于形体，而是具有一种可以使人们心中对于宗教理想的认识在意识之上不断变得新鲜起来的功能。"[②]这也是岸本英夫重视个人信仰体验和实践感受，从人的角度把握宗教现象的研究态度。每个人心中可能都有一个"上帝"或"神"，这些"上帝"或"神"的形态在每个人的宗教体验中都不相同，甚至也不同于教义经典中所描述的模样；但对于个人而言，有关"神"的个人化体验，如关切、力量或救赎等，便是"神"或"上帝"的真

---

① 参见岸本英夫《宗教现象の诸相》，大明堂，1977 年，第 53 页。

② 同上书，第 54 页。

实存在。因此，宗教的实在者超越了各种各样的神的观念，是人们的"心底之光"，也是"无相的神"，即信仰中可以明确感受到的被象征者。

不同的神人关系体现了各个宗教内在的价值结构，并且宗教学研究的组织性立场也从这种比较态度上体现出来。象征者与被象征者在宗教体验中常常难以辨别，因此引入了象征主义，区分了神在教理方面和心理方面的表现。象征的形式并不重要，人们内心对于宗教的向往与体验则是真切的宗教存在。无论是多神教、一神教还是不立神的宗教，"无相之神"是对宗教的终极意义的把握，通过个人体验接近这种"心底之光"，就会更加接近教理层面对于"神"的描述。

六、结语与展望

岸本英夫的"宗教现象"理论，从实证主义的视角出发，将宗教作为文化现象来研究，具有将东方宗教平等置于比较宗教学的范畴来研究"普遍性"的主体性意识。其基本的研究过程是从"人"、从"文化"中搜集资料作为实证研究的客观对象，避免走入过度概念化的误区。同时，不预设定义且边研究边修正定义的过程也体现了学术研究中突破定义潜在的刻板印象、规避无形中被他人左右的科学精神。

不过，宗教现象毕竟是人营造出来的，包括人心活动、思维形式、行为表现、组织表象多个方面，因此研究宗教又必须充分关照人的认知过程与内在体验，注重宗教作用于人的信仰结构与"价值体制"。岸本英夫的宗教学思想体现出对人的关注，特别注重个人的宗教体验。正如威廉·詹姆士所言："宗教学要从信仰给个人经验的事实中，得到它的原始材料，并且在它的一切批评的改造过程中，都要与个人经验相合。它始终不能离开具体的生活，不能在概念的真空中工作。"①因此，从"宗教现象"的立场研究宗教，既保证了研究态度的科学实证性，又具有人本关怀。

虽然岸本英夫有关"宗教现象"的理论是近一个世纪之前提出的，但他以超前的视角看待宗教对当今仍有很多启发。宗教在原始社会依赖团体的集体行动，形成了教会的组织形态，但现代人的宗教体验更加关注主观化和个性化。"宗教既没有与纯粹的形而上学思辨彻底划清界限，也没有同鬼怪迷信完全对立起来，甚至连最纯粹、最明确的宗教现象也从未拒绝过检查它们身上所杂糅的形而上学因素"②，这种直观的内在体验是宗教的人文性所在，研究过程中需要时刻警示宗教解构无效的可能性。宗教行为与宗教意识的相互作用形成了现代人对宗教的身心感受，人们通过个性化的实践达到宗教的境界，并领悟如同"心底之光"的力量。在自我意识愈发强烈的当代社会，人们作为"健全之心"的主人，通过个人角度的宗教"诸相"所带来的强大力量努力经营自己的生活，对抗终极性问题。

那么，这种从"文化现象"角度研究宗教学的态度，对于宗教学工作的开展有何借鉴之处？以儒教研究为例，从中国哲学的角度研究儒教或儒学问题一般是基于宗教哲学的立场对概念进行分析。然而，儒教作为文化现象，同样需要用科学研究的态度来对待。对于古代的儒教，除了从史书、方志、碑刻等文字材料上搜集相关资料，还要留意建筑、器物等"不会说话"的物质性史料，并将这些原始性的"一手资料"整理成研究资料，思考如何描绘出历史上的儒教。对于当代的儒教，除了研究文字性资料，也要注重实践，不断考察，发现宗教行为与宗教心理的变化特征。此外，我们还要从东方宗教现象的视野出发，将佛教、神道教乃至"儒教"放在与其他宗教平等的位置上，进行宗教比较和宗教对话。

反思"宗教现象"的研究思想，除了在理论上对宗教学研究有所启发和匡

---

① ［美］威廉·詹姆士：《宗教经验之种种》，唐钺译，商务印书馆，2014年，第455页。
② ［德］西美尔：《现代人与宗教》，曹卫东等译，中国人民大学出版社，2005年，第1页。

正，宗教运作的内在机制也为我们研究宗教提供了更多思考的可能性。宗教在人类生活中扮演的角色还会持续存在下去，宗教的价值结构对于人内在精神驱动的作用也会越发明显。从当代的角度来看，重视宗教的价值建构、重视宗教对人精神生活的影响，是宗教学赋予我们的时代课题。同时，前辈学者也启发了我们，无论在何种年代，我们都要具有与世界文化平等对话的学术自主性，发掘人类灵性生活与精神体验的共通性。

"宗教学的任务是从学问性立场出发，通过组织性方法，找出常识所直观设想的共同特性。"①应带着这样朴素的学术信仰开启宗教学研究，敏锐而谨慎地解读宗教现象，从现象中归纳模型、修正模型，寻找区别于他者的边界，拓展宗教的范围，为宗教学研究贡献自己的力量。

参考文献

[1] 岸本英夫.宗教現象の諸相[M].东京：大明堂，1977.

[2] 岸本英夫.世界の宗教[M].东京：大明堂，1981.

[3] 麦克斯·缪勒.宗教学导论[M].陈观胜，李培茱，译.上海：上海人民出版社，1989.

[4] 威廉·詹姆士.宗教经验之种种[M].唐钺，译.北京：商务印书馆，2014.

[5] 罗伯托·希普里阿尼.宗教社会学史[M].高师宁，译.北京：中国人民大学出版社，2005.

[6] 保罗·蒂利希.信仰的动力学[M].成穷，译.北京：商务印书馆，2019.

[7] J.M.英格.宗教的科学研究（上册）[M].金泽，等，译.北京：中国社会科学出版社，2009.

[8] 加地伸行.沈黙の宗教：儒教[M].东京都：筑摩书房，1994.

---

① 参见岸本英夫《宗教現象の諸相》，大明堂，1977 年，第 25 页。

［9］ 吕大吉. 宗教学通论新编［M］. 北京：中国社会科学出版社，2010.

［10］ 吕大吉. 宗教学纲要［M］. 北京：高等教育出版社，2009.

［11］ 西美尔. 现代人与宗教［M］. 曹卫东, 等, 译. 北京：中国人民大学出版社，2005.

从"想象力"与"他者"开始的批判之路

——柄谷行人早期作品《风景的发现》中的两条线索

中国社会科学院大学　邓钰琛

摘要：作为日本著名后现代思想家柄谷行人的成名作，《日本现代文学的起源》自发表以来，就受到后现代文艺美学理论界的广泛重视，但作者并不满足于一种通常的文学理论，而是意图透过分析日本近代文学的产生，挖掘日本现代性的"装置"，并对其开展最为彻底的批判。在《日本现代文学的起源》中，柄谷行人思考的两个关键概念就是"他者"和"想象力"，并且这两个概念贯穿柄谷行人中后期的思考。笔者尤为关注在柄谷行人对日本现代化装置进行批判的早期作品中，他是怎样以"他者"概念为轴开展批判的？另外，"想象力"这一要素又是如何通过美学与现代性串联起柄谷行人前期到中期的思考线索的？本文以这部作品中最重要的一章《风景的发现》为分析文本，试图对柄谷行人的"他者"和"想象力"这两个重要概念的性质和特征进行解读。

关键词：柄谷行人；美学；后现代；想象力；他者

研究柄谷行人思想的转向，是研究柄谷行人作品的一个十分重要的问题，因为这涉及对柄谷行人后殖民理论的评析。首先，柄谷行人作为后现代理论家，在爱德华·萨义德、佳亚特里·斯皮瓦克和霍米·巴巴等一众理论家中，显得十分不同。他对后现代理论的构建，既有作为东方人对西方霸权的抗争，也有对日本一度陷入殖民主义泥潭的反思，这种双重视野和身份使得柄谷行人的理论在后现代和后殖民理论中占有独特位置。因此，考量柄谷行人后殖民理论中贯穿的线索十分重要。其次，柄谷行人自己谈到自己的思想是有一个转向的，这表现在早期他专注于文学理论而后期转向了哲学。根据柄谷行人自己的说法，促使他阅读康德和马克思的动机是 20 世纪 80 年代末社会主义实践遇到了挫折。[①]虽然这样一种转变确实有时代的因素，但是从本文的观点来看，促使他转向康德并深入阅读康德的契机恐怕还要从他的早期作品中去寻找。

　　就目前国内已有的研究来看，研究柄谷行人思想的文章虽有不少，但从他的早期作品中挖掘他后期思想转变的要素，研究其思想转向的文章并不多见，已有的文章也多是集中于对柄谷行人后现代理论的研究，以及对柄谷行人笔下涉及的康德、马克思、维特根斯坦等哲学家的对比研究。就本文所采取的从"他者"和"想象力"两个概念来把握柄谷行人的思想来看，专注于思考这两个问题的文章也并不多见，汤拥华的《民族的美学逻辑：由柄谷行人引发的思考》虽然细致梳理了柄谷行人《民族与美学》中的思想，但是并没有认识到美学中"想象力"问题在勾连柄谷行人思想前后的关键作用。另外，柄谷行人多次关心康德物自体与马克思的"货币"概念，经常性地谈到一种绝对的"他者"在其中起的"视差"作用，而这在专门研究柄谷行人与"他者"概念的文章中也不多见。因此可以得出，学界对柄谷行人前后期转折的研究以及对相应关键概念的探索基本是空白的。柄谷行人自己也谈到，后来再看《日本现代文学的起源》这部自己早年的作品时，亦深感局限。[②]尽管后来柄谷对这部作品十分不满，可是我们仍能够从这部作品中发现贯穿柄谷转型后思想的关键与风格，本文选取柄谷中后期谈论的"想象力"和"他者"两个概念，试图以《日本现代文学的起源》中《风景的发现》一章为讨论文本，寻找这两个概念的关键线索，并探求引导柄谷行人思想转向的可能原因与关键概念。因此，首先必须要搞清楚的是，柄谷行人在《风景的发现》一章中究竟说了什么。

---

　　① 参考柄谷行人《跨越性批判——康德与马克思》，赵京华译，中央编译出版社，2017年，中文版序言。

　　② 柄谷行人这样说：现在自己关注的重点与此前已大不相同，或者说我又回到最初写作此书的观点上了。比如，当今的民族主义并不需要文学，新的民族之形成也不必文学参与。民族主义虽然没有结束，但现代文学已经终结。我深深感到，现代小说这东西实在是一段特殊历史下的产物。

一、风景的发现

首先值得一提的是，柄谷行人这部作品算是他个人的一个作品集，围绕着"现代日本文学起源"这个话题展开了相关思考，是以一种理论批判的随笔集，而不是严格意义上的文学史专著写就的，所以各章之间涉及的是不同的主题，并没有明显的联系，但贯穿着柄谷行人对现代性这一装置的思考。何谓现代性？一般来说，现代性是指在欧洲启蒙时代以来所逐渐构成的"新的"世界体系，这包括方方面面的变化，现代性概念意在说明现代与前现代的巨大差距、巨大断裂。就思想来说，现代观念首先是一种进步的时间观念，围绕它发展出自由、民主、民族国家等现代特有的观念思潮。可以说，现代性是西方特有的产物，这种产物伴随着西方在世界范围内的扩张，现代性深刻地冲击了非西方文明，其中就包括日本。观念的入侵，表现在文学上，就是文学观念的转移。

在《风景的发现》这一章中，作者讨论了日本自然主义文学的起源。所谓自然主义，就是主张在写作时无理想、无解决，放弃对一切理想的探索，强调写作不加入丝毫的主观情绪，避免对人生问题提出批判或解释，追求绝对的客观性，对一切现象进行临摹的写作原则。[①]就写作态度和风格而言，自然主义文学追求的这一原则表明了 19 世纪文学从浪漫主义转向现实主义。在日本，这种思潮伴随着日本的开放不断盛行，而柄谷行人却从中发现了一种"颠倒"，即风景的重新发现。

风景何以能够被重新"发现"？在作者看来，风景能够被重新发现有一个重要前提，那就是风景是通过某种"颠倒"，即对外界不抱关怀的"内面（内在）之人"（inner man）而发现的。这个"颠倒"使人们感到风景之崇高，感到风景存在于客观对象之中。内面的人能被发现，首先取决于作家对人和人性的确立。也就是说，作家首先发现了存在于人内部的"人性"，作家本能地排除

---

① 唐达成：《文艺赏析辞典》，四川人民出版社，1989 年，第 260 页。

了外部的人，把一切外部的对象作为依靠人性来支撑写作的对象。因此，实际上，日本自然主义文学本能地满足并专注于个人，把人置于已有的个人体验之中，通过人来剖析被隐藏起来的人性。[1]作者举国木田独步在他《难忘的人们》中所发现的人。主人公在火车轮渡上看到远处的海边有一个人在拾东西。这边的山脚绿树葱葱，那边是海天一色，拾东西的人融入其中。远方拾东西的人与主人公寂寥的心境相呼应，成了一个"难忘的人"。[2]这里可以看到，"风景人"是随着主人公的心情来呼应的，这个人是谁其实并不重要，重要的是这一个人与主体的心情相呼应，这里所描写的那个人成为对主体陪衬的说明性东西，人性是通过风景人来显现的。风景人的出现让自然主义作家不断拓展人性的深度与广度，其结果更是加深了内面人的自足性。于是，日本近代文学就是在这样不断拓展人性深度与广度的基础上发展起来的。

作者在这里发现的文学的变化，如果仅仅就文学来谈论风景，似乎不够。因此，在谈到风景时，作者将目光转向绘画，引用了保罗·瓦莱里的一段话：

> 风景给画家提供的兴趣正是这样逐渐变迁的。最初是作为绘画主题的陪衬而从属于主题的，后来变成了用以表现仿佛妖精也住在里面的幻想新天地的手段——最后迎来的是印象的胜利，素材或光线支配了一切。[3]

也就是说，无论是在风景画中，还是在文学描写中，都潜藏着对原来观念下作品的侵蚀，在瓦莱里看来，所谓描写对文学的侵犯，与风景画对绘画的侵犯几乎是同时进行，采取同一方向，产生同样结果的。[4]为何是这样的情况？柄谷行人谈到这不是一个视觉问题，而是符号认识论式装置的颠倒。这个颠倒，

---

[1] 张明铭：《简论日本自然主义文学的确立——以柄谷行人的"风景之发现"视角为中心》，《乐山师范学院学报》2015 年第 6 期。

[2] 详见柄谷行人：《日本现代文学的起源》，赵京华译，中央编译出版社，2017 年，第 16 页。

[3] 同上书，第 19 页。

[4] 同上书，第 20 页。

颠倒了之前的某种视野。拿绘画来说，风景画实质是一个现代产物，西欧中世纪绘画与古典山水画有很多共通之处，颠倒了的视野恰恰是为了看到实在之物的真实状况。因为在这种变换了的视野之前，乃是一种超越论的视野，比如欧洲基督教绘画中对事物的描绘，古典山水画通过概念方式把握对象，近代的转换恰恰是通过透视法的拟真视野，把观察者作为主体置于风景之前。这在日本自然主义文学转向中，也是成立的：作家原原本本地迫近自然，追求其中的"真"。可是所谓"迫近自然"的"真"，不是表现的真，而是再现的真。[①]这种真实际上仍然是一种主体的需要。

正是因为专注于个人和人性的探索，风景和自然第一次被重新发现了，风景通过主体对外界疏远，这种情况大量出现在受欧洲浪漫主义熏陶的作家的笔下。我们知道，浪漫主义是启蒙运动在欧洲进一步发展的结果，启蒙运动倡导的理性与浪漫主义倡导的诗意与崇高从表面上看是相异的，但这种看法忽略了浪漫主义与启蒙运动的根本精神，那就是其高扬人的能力其实是一脉相承的。风景一旦通过透视法成为可视的，便仿佛一开始就存在于外部似的，这正是柄谷行人想要揭示的：所谓风景乃是一种认识性的装置，这个装置一旦成型，其起源便被掩盖起来了。[②]因此，主体与客体的分化，乃是通过透视法将风景疏远，通过疏远，风景便在近代被重新发现了，即便古人也时常借物抒情，但根本上，现代意识已经在风景的疏远之上发生了，内面的人也由此产生出来。

二、想象力的问题

在英文版第一章补记中，柄谷行人认为风景之发现不仅含有内面的颠倒，

① 张明铭：《简论日本自然主义文学的确立——以柄谷行人的"风景之发现"视角为中心》，《乐山师范学院学报》2015 年第 6 期，第 38 页。
② 柄谷行人：《日本现代文学的起源》，赵京华译，中央编译出版社，2017 年，第 15 页。

还伴随着新的风景被发现的可能，对于发明"内面的人"这个话题来讲，新的风景的发现实际上含着观察者对对象的规制作用，北海道就是这样进入近代日本的视野中的。近代史上，我们往往关注日本是如何开拓北海道的，但是其中也伴随着某种近代化而来的特有心情，在浪漫派那里，风景以对手的方式被发现和开拓，其反过来又证明着作为主体的人的价值与尊严，因此崇高感在康德和爱德蒙·伯克那里乃是只有在自然中才能发现的。所以，在殖民化和近代化的过程中，崇高感始终伴随着近代行动的主体，这一点不可忽视。仅作为风景的"发现"之崇高——柄谷认为信仰基督教的内村鉴三正是以这样的方式把握北海道的。①这里面，一面是内面的人的生产，一面是风景的发现，还有崇高感的心情与近代化民族国家问题，如果把柄谷行人谈论的这些内容并列来看，似乎能够发现，柄谷行人所谈论的文学的"装置"，实际上已经孕育着之后他转向康德、考察想象力的因素了。

首先，如前所述，自然主义文学实际上是对人的挖掘。同样，风景之于人，实际上也可以还原到美学当中，变成审美主体与审美客体（对象）的关系。如果说自然主义文学第一次将心情植入景观，从景观中重新发现心情，那么似乎可以说，自然主义文学实际上是遵照了爱德蒙·伯克的经验主义美学路径：优美感与崇高感是来自经验的、外在的、客观的存在。伯克在《关于崇高与优美的哲学观念的考察》（*A Philosophical Enquiry into the Origin of Our Ideas of the Sublime and Beautiful*）中，清楚地表达了这种看法，即把优美和崇高的感受分为两种来源：一种是基于人的生理和心理基础，一种是基于客观事物的经验基础。但是，无论是哪种基础，伯克都把审美感受当作一种经验性的组合。比如，崇高涉及的是人"自我保存"（self-preservation）的心理基础和巨大可怖事物的直观经验，优美感涉及的是"同情"（sympathy）的心理基础和小巧、柔弱、玲珑的直观经验。②这里，伯克之所以这样思考，实际上是因为涵盖了一个重

---

① 柄谷行人：《日本现代文学的起源》，赵京华译，中央编译出版社，2017 年，第 38-39 页。

② Edmund Burke: A Philosophical Enquiry into the Origin of Our Ideas of the Sublime and Beautiful, London: Oxford University Press, 1998.

要前提，这个前提在《风景的发现》中被作者反复强调，那就是伯克的思考根本上基于内面的人的存在，这就导致审美对象（风景）实际上是先被审美者疏远，然后重新通过心情把握起来的。因此，从经验论的角度来看，伯克只能把审美感受劈开，一部分归于人的心理本能，一部分归于客观事物。

可是，这样一种理论被后来人康德突破，康德正是从伯克这里，把伯克的理论颠倒过来，变为一种观念论美学。我们也知道，柄谷行人中后期也转向了康德。也就是说，如果我们基于柄谷行人《风景的发现》这个他的早期文章来看他中后期的思想路径的话，就会发现，这种转向不是偶然的，而是必然的。因为，透过风景，柄谷发现日本近代文学转向的装置实际上在于那个内面的人，而康德通过颠倒伯克的美学论述也发现，支配着优美感与崇高感的结构本身也需要由审美主体来探寻，这就是柄谷和康德十分相似的地方。

作为知识能够成立的条件，康德认为我们所具有的想象力是沟通感性与知性的必要条件，虽然康德对于想象力的表述略有模糊，但这不妨碍想象力具有直观表象的特点，海德格尔认为想象力是"感性"与"知性"共同的"根"。不管海德格尔是如何在他的书中阅读康德的，单就想象力的问题来说，它是构成知识的重要条件。既然是沟通感性与知性的先天能力，那么想象力一定在审美判断当中起着重要作用。事实上，康德在《判断力批判》当中也多次谈到想象力。回过来我们看到，当柄谷行人从风景中发现了内面的人后，就不得不思考这一内面的主体如何构建世界这个问题，自然主义文学家如何构建一个视觉景观这样一个问题，这个问题自然又是这一内面的人的根源问题。因此，柄谷必然和康德一样，追寻到了想象力这里。然而，同样是想象力问题，康德思考的是认识论问题，而柄谷行人思考的是类似福柯的知识谱系学问题，破解想象力的密码这一重要线索成为他日后《民族与美学》思考的重要方向。

可以看到的是，柄谷行人关于转向康德和转向想象力的兴趣实际上已经埋藏在他的早期作品中，只是这时还仅仅作为一条暗线在引导柄谷的思考，而在《民族与国家》这本书中，这条线索终于浮出水面，成为柄谷思考的核心内容。所以，在此有必要说明柄谷行人在这本书中对想象力的探索，这样才能够看出

"想象力"是如何隐藏在《风景的发现》中的。

近代化的一个重要标志就是近代民族国家的兴起，当柄谷行人试图从内面的人来分析日本的自然主义文学，最后追寻到认识的根本构建时，想象力因素成为柄谷的重要话题。同时，柄谷试图通过对日本近代文学的挖掘，暴露出近代文学与近代民族国家的同谋结构，因此从想象力问题到民族国家之间的知识谱系学问题，正是柄谷行人批判的重要线索。这里，我们可以与康德做一个对比，康德主要从伯克的美学切入，然后返回到探寻先验自我的观念论美学中，通过想象力问题来批判传统哲学。

在《民族与美学》中，柄谷刻意提供一种"颠倒"的叙述：不是作为普世知识的美学如何民族化，而是民族主义的兴起如何造就了美学本身。①那么，民族何以美学呢？在《书写语言与民族主义》（1992）一文中，柄谷行人通过厄内斯特·勒南的《什么是民族？》（*What Is a Nation?*）指出维系民族联系最关键的要素是情感，特别是能够唤起记忆中的悲哀情感。也就是说，民族的维系基于同情或怜悯（compassion）所唤起的情感。表面上看，柄谷行人似乎横跨了从哲学到文艺理论再到思想史的领域，但实际上支撑他这种横跨的，正是《日本现代文学的起源》中对日本近代民族形成的不断探索，而这个探索的结果，必然让他走上对康德的研究，因为康德与柄谷行人对美学的思考，最终都引向了对主体"想象力"的探讨。可以说，康德对柄谷行人的吸引，的确不是偶然的："当我转向康德的时候，就不再考虑文学这回事儿了。"②

在柄谷行人看来，思考现代资本主义的发生情境必然要置身于"民族—资本—国家"这个三位一体的圆环中，这也是近代化的核心。③情感理论在 18 世

---

① 汤拥华：《民族的美学逻辑：由柄谷行人引发的思考》，《沈阳师范大学学报（社会科学版）》2018 年第 2 期，第 34 页。

② 参见柄谷行人与关井光男的访谈：《柄谷行人：向着批判哲学的转变——〈日本现代文学的起源〉》，收入《新文学》第 5 辑，大象出版社，2006 年。

③ 柄谷行人多次在自己的书中论述"资本—民族—国家"三者的关系，参考柄谷行人《跨越性批判——康德与马克思》，中央编译出版社，2017 年。

纪的欧洲突然出现，本身也是一种近代化的表现，作为民族的黏合剂，柄谷试图将其放在更广义的经济层面上来考察，将情感价值与财富价值等同。在浪漫派之前，亚当·斯密、休谟、伯克、康德都曾探讨过同情。但是，浪漫派之前的同情，要求的是完全能够与利己之心共存，柄谷行人认为那是一种站在对方立场上考虑的"想象力"①，是承认他者存在的想象力，是对古典经济学交换原则的补充与整合，②是属于"联合"的经济学。他另辟蹊径，指出法国大革命鼓吹的口号——自由、平等、博爱，某种意义上象征了三种交换类型：自由是市场经济，平等是国家的再分配，博爱是联合。所谓联合，靠的是联通并综合国家与市场社会的"想象力"，它所指向的正是现代民族。③由此，便可以看出，在近代哲学美学研究中沟通感性与知性的想象力问题的讨论，实与近代民族国家的产生，不仅具有相同的历史背景，更具有某种同构性。何种同构性？民族在本质上产生自一个内面的人，是抹消异质性他者存在的想象。这种想象必然分享着浪漫派和伯克美学的观点。只是，伯克和康德美学背后只是单单隐藏着内面的人，浪漫派美学则直接承认并确立了内面的人。这与"康德固守感性与知性的二分，想象力只是沟通感性与知性的重要桥梁，想象力本质上仍然不是实在的"这种观点背道而驰，康德被浪漫派超越的是：这些超越了康德的一元论浪漫派思想家并不认为这种综合是想象，而认为它是原本就存在的东西。这种情况下，从康德的二元论到浪漫派的一元论的变化，显然就是法国大革命前后所发生的从联合主义向国家主义的转变。④

在笔者看来，康德的想象力沟通感性与知性两种认识能力，并进而成为它

---

① 亚当·斯密的《道德情操论》"论同情"一章始终围绕想象力讨论同情的发生机制。参见亚当·斯密《道德情操论》，蒋自强，钦北愚译，商务印书馆，1997 年，第 5-7 页。

② 柄谷行人进一步得出结论，民族的成立与哲学史上以想象力沟通感性和悟性几乎处于同一时期，同时，他也指出另一个问题：想象力问题在哲学上最先得到主题化，是在资本主义经济最早发展起来的英国，尤其是苏格兰。

③ 汤拥华：《民族的美学逻辑：由柄谷行人引发的思考》，《沈阳师范大学学报（社会科学版）》2018 年第 2 期，第 36 页。

④ 同上，第 37 页。

们共同的"根"，因此在知识的构成中起着重要作用。近代化的魔法在于它能将作为社会个体的具体人与抽象的社会架构联结起来，最后得以实在化，构造民族主义。这中间确实有着某种相似性，作为风景之发现的日本自然主义文学，其将一种个人心情与陌生化了的风景重新联结，在这中间，想象力不仅将风景与自我，甚至同读者一块儿联结起来，构成一个"双重空间"：一面是对"起源"作为"现代文学"之"出场"的空间性叙事，一面是文学阅读中相同体验和"文言一致"运动制造出的"共情"的共时性空间。日本现代文学就是这样悄然与日本近代民族国家形成了某种共谋关系，这不能不说是柄谷行人走向康德，思考想象力问题的一个重要契机，也是埋伏在《风景的发现》中的一条重要暗线。而促使他走向康德的想象力，就是早年在安德森《想象的共同体》影响下思考日本近代文学的一个具体表现。①

三、他者的问题

在柄谷行人的思考中，"他者"问题始终是一个支撑他思考的重要问题。无论是在《作为隐喻的建筑》中，透过维特根斯坦的"对话"来思考哲学建筑术问题，还是在《跨越性批判——康德与马克思》当中对康德的物自体和马克思的货币所做的分析，"他者"都是一个绝对无法抹消的异质性的存在。在《跨越性批判——康德与马克思》中，柄谷以新的方式重新理解康德，拒绝一般哲学史认为的康德是在笛卡尔"我思故我在"思想上发展而来的，而是认为康德与笛卡尔近代以来的哲学传统存在着某种另类的"非对称性"。换言之，康德与笛卡尔、胡塞尔并非共享着同一个"问题式"，因此决不能简单地在笛卡尔主义的延长线

---

① 关于安德森对柄谷行人的影响，可以参考赵京华在译《日本现代文学的起源》中对安德森的评论，本文就不再专门讨论二者的关系：直到1999年前后，柄谷行人仍然十分重视安德森的理论，所以才将自己1992年写的带有明显安德森色彩的《书写语言与民族主义》一文放入《日本现代文学的起源》中文新版中。

上理解康德。①这种非对称性，实际上就是通过引入"他者"，倒转传统意义上康德的"哥白尼革命"，否定通过"自我"与"非自我"的区分来寻找"他者"，重挖自我与他者之间所形成的强烈视差，将物自体所代表的他者看作一种非对称、无法抹消的异质性的存在，并从此视角来思考康德，以此来重新肯定康德的哲学意义。②那么，在《风景的发现》中，作者是怎样意识到这个问题的？又是如何以此为轴来推进自己的批判的？本部分就此作一些论述。

什么是"他者"？在当代哲学语境下，他者（the other）一般是指主体之外具有独立意识、独立人格和独立思想的存在，表示存在范畴。它不可被主体还原、抹消，是完全异质性的存在。这种存在防碍着普遍性，要求对特殊性以承认。实际上，能够轻易看出，柄谷在《风景的发现》这一章挖掘出的内面的人，本身就是拒绝他者存在的产物，那个国木田独步笔下的风景人，尽管主人公真实看到了一个与他同样的主体存在，但是那个真实的人在"我"的难忘中的所思所为是不重要的，只是一个衬托"我"的心情的背景板。那个真实存在的人实际上并不真实，在主人公这里也并非异质性的。国木田独步所代表的自然主义文学，实际上与自笛卡尔以来到胡塞尔哲学所构筑的对象是暗合的："超越论自我在其固有的东西的内部，构成其对自己来说作为他者存在之全体的客观世界，在这个客观世界的最初阶段，构成具有他我形态的他者。"③然而，这还不是重点，真正的重点是柄谷行人在开篇谈到夏目漱石与《文学论》。在 20 世纪 60 年代，使柄谷行人崭露头角的，是他的《意识与自然——夏目漱石论》，这篇文章受到当时文艺批评家江藤淳的影响。江藤淳在分析夏目漱石的小说《心》时，利用了他者的概念，并从他者的视角来思考，这一点，柄谷行人也有回应。④可以说，柄谷行人在早期思考日本现代文学相关问题时，就已经知

---

① 王时中：《论柄谷行人跨越性批判的非对称性立场》，《江海学刊》2015 年第 2 期，第 47 页。

② 同上，第 47-54 页。

③ 柄谷行人：《跨越性批判——康德与马克思》，赵京华译，中央编译出版社，2017 年，第 52 页。

④ 参考陈诗雨《柄谷行人：他者与他性》，华东师范大学硕士学位论文，2014 年，第 6 页。

晓并有意运用他者的概念了。

《风景的发现》一开始，作者叙述到夏目漱石发表《文学论》时流露出的复杂心情：一面对自己的文字所表达的东西感到隔膜，一面又感到自己无法放弃自己的文字。为什么会这样？作者追问这一问题，指出《文学论》是西方语境下的产物，而在当时的日本，对日本文学来说，并没有出这一类书籍的必要性。这不是说日本文学实在的积淀不够，而是说日本缺乏探讨文学的语境，就文学论的规制来看，实际上写作文学论必有所谓文学的对象，然而讨论的那个对象——文学，在当时的日本还没有，这是作者想要揭示的。总而言之，"文学是何物"在夏目漱石这里，就成了问题。作为专攻英国文学的夏目漱石，不可能不知道文学为何物，然而，夏目却恰恰在写作《文学论》时暴露了自己的困惑。这说明，夏目漱石对英国文学所代表的普遍性开始了反思，文学当中那种不言自明的普遍性，实际上把欧洲文学的特殊性掩盖起来了。对文学史中要反映的那种普遍性，历史主义的视角表现的普遍性，夏目拒绝了。在此，柄谷行人思考道："漱石所拒绝的是西欧的自我认同。在他看来，这里有可能"代替"、可以重组的结构。当偶然选取的某一个结构被视为"普遍性的东西"时，历史的发展必然要成为直线的。"①柄谷这里谈到一个问题，就是现代化的断裂变形修改了历史真实的变化状态，反倒是在彻底地置换了历史空间后，又将历史修改成直线的，仿佛近代是自然过渡的一个阶段，将近代元素的特殊性掩盖起来，变成了普遍性。这样一种变换实质上是一种暴力，文学上的他者被巧妙置换了，被抹去了。

如果说，从国木田独步的风景人到夏目漱石的《文学论》，其反映的是两种对他者的掩盖的话，那么这两种现象的根源实际上是一致的，那就是根源于西方文化中主体和内面的人的意识，这种意识实际上就是取消他者的地位，将其变换为风景，以待挖掘。之后，柄谷在《民族与美学》中谈到冈仓天心的"东洋的博物馆"，谈到美学化，实际上仍是对主体、对风景的编织与排列，将作为

---

① 柄谷行人：《日本现代文学的起源》，赵京华译，中央编译出版社，2017年，第8页。

他者的风景纳入主体营造的普遍性之中，使他者被规划、被抹消了，这正是近代装置最明显的一个特点。因此，对近代装置的批判必然涉及抹消他者这一条线索，这也明显地表现在《风景的发现》一文中。在柄谷中后期思想中，《作为隐喻的建筑》和《跨越性批判——康德与马克思》这两部作品，通过他者视角带来的"视差"和绝对不可还原的他者，成为柄谷思考的核心问题，进而引出了维特根斯坦的对话（辩证法）、教与学的视角，这些思考都成为柄谷行人后现代思想批判的重要武器。

四、结语

通过《风景的发现》可以看到，该文实际隐藏着柄谷行人思想的两条关键线索，一条是以"他者"为中心的明线，一条是以"想象力"为中心的暗线，本文认为这两条线贯穿了柄谷行人思想历程的各个关键时期，也是理解柄谷行人思想的重要概念。如果将两个文本作为柄谷行人的出发点，那么想象力这条暗线实际上来自本尼迪克特·安德森《想象的共同体——民族主义的起源与散布》，以通过想象力走到康德；而作为明线的他者问题则可以江藤淳《意识与自然——夏目漱石论》为开端。通过这两个关键概念，柄谷行人将自己的目标对准的是整个日本近代化的装置，也就是《日本现代文学的起源》及其之后的作品所思考的主要方向。可以看到，尽管柄谷的作品横跨了几个领域，前期的关注与中后期的关注也不太相同，思想也有所转型，但是本文所揭示的这两条线索应该说已经早早在《日本现代文学的起源》，甚至是《风景的发现》这一章中有所酝酿了。因此，从想象力与他者两个方面来把握柄谷行人的思想转向，评述柄谷行人后殖民理论，是十分有价值的。

参考文献

[1] 柄谷行人.日本现代文学的起源[M].赵京华,译.北京:中央编译出版社,2017.

[2] 柄谷行人.跨越性批判——康德与马克思[M].赵京华,译.北京:中央编译出版社,2017.

[3] 柄谷行人.民族与美学[M].薛羽,译.西安:西北大学出版社,2016.

[4] 柄谷行人.作为隐喻的建筑[M].应杰,译.北京:中央编译出版社,2017.

[5] 亚当·斯密.道德情操论[M].蒋自强,钦北愚,译.北京:商务印书馆,1997.

[6] 唐达成.文艺赏析辞典[M].成都:四川人民出版社,1989.

[7] 陈诗雨.柄谷行人:他者与他性[D].华东师范大学硕士学位论文,2014.

[8] 张明铭.简论日本自然主义文学的确立:以柄谷行人的"风景之发现"视角为中心[J].乐山师范学院学报,2015(6):36-39.

[9] 汤拥华.民族的美学逻辑:由柄谷行人引发的思考[J].沈阳师范大学学报(社会科学版),2018(2):34-44.

[10] 王时中.论柄谷行人跨越性批判的非对称性立场[J].江海学刊,2015(2):47-54.

[11] Edmund Burke. A Philosophical Enquiry into the Origin of Our Ideas of the Sublime and Beautiful[M]. London: Oxford University Press, 1998.

中世、近世的思想空间

禅宗修行与中世日本的教养文化

——作为修养手段的禅宗

湖北大学　郝祥满[①]

摘要： 在经历"源平争霸"之后，在日本社会呼唤佛教改革、复兴以拯救沦入"末世"的日本之时，在日本古代、中世社会变革转型之际，中国禅宗输入了，这为日本宗教、哲学、伦理、思想、管理等的变革带来了新鲜空气。禅宗不仅很快成为中世日本影响广泛的新佛教，还成为中世日本人修行、修养、修身的重要手段，丰富了日本的教养文化。禅宗的传播提升了中世日本社会上层的道德修养和哲学思维，禅宗的戒律等培养了古典武士道，禅宗的祈祷修法丰富了日本的政治伦理思想，论证了武家执政的合理性，调和了天皇与将军、朝廷与幕府的关系，武士和公卿贵族"入道"修禅还可以让他们得到政治上的解脱。日本武士普遍修禅，修禅让武士在残酷的战争之间隙寻求到内心之宁静与平和，在杀戮之后冷静地祈祷与忏悔，让战乱的中世日本多了一些人道关怀。五山禅院体制的引进则丰富了中世日本的管理思想。

关键词： 禅宗；中世日本；教养

---

① 郝祥满，湖北大学历史文化学院中日社会文化比较研究中心教授，博士生导师。

中国禅宗及其清规的引进，对中世日本教养文化的影响极为广泛和深远，但相关研究不够深入细致，只有少数论文涉及该问题的某一方面[①]，本文的撰写只为抛砖引玉。

一、禅苑清规启发武家戒律，提升了武士的生活修养

纵观世界历史，当一国一时代，社会动荡、道德沦丧、意识形态混乱、价值观倒错的时候，如日本 12 世纪末"源平争霸"之时，必然会有有良知的、不忍"颓废"的人出来呼吁拯救，新宗教或新思想于是乎勃兴。信仰最能规范人的行动，于是新时代来临。尤其是在中国、日本这样重视伦理道德教化的国家，社会风气沦丧、吏治腐败，会影响社会的稳定，使人心变化，此时政府应关注并努力规范之，或用重典约束，或用宗教疏导。

中国禅宗的兴盛，得益于四祖道信、五祖弘忍率先进行的佛教改革，他们提倡"农禅合一"，开创了黄梅"东山法门"，促使僧众自立，并自食其力，进而被社会接受。尤其是禅宗"一日不作，一日不食"的经济制度——普请法的确立，不仅拓宽了中国佛教发展的空间，也影响了唐宋的社会变革。

禅宗僧团是一个缩小的社会，这个社团的稳定、安宁，可以影响到地区、社会的发展，同时也会影响国家的政治、时风、习俗等。中国禅林《百丈清规》是马祖道一与百丈怀海师徒共同创立的，对僧俗风气的纯化影响极大。据载，百丈怀海禅师以身作则，下田耕作，直到年老，仍持作不辍。其清规在生活方面，主张集体主义，集体生活起居是其表现。日常饮食，以粥为主，人人有份。若有犯"清规"者，由"维那"检举，"摈令出院"[②]。

---

① 如张俊波著《论禅宗为何是日本武士的宗教》，载《湖北社会科学》2009 年第 7 期，第 137-139 页。

②《敕修百丈清规》卷第二"肃众"，载《大正藏》（诸宗部）第 48 册，佛陀教育基金会 1990 年印刷本。

马祖"合众以成丛林，清规以安禅"，对禅宗的发展影响很大，因此到宋朝禅宗一枝独秀，禅林清规约束僧团的范围包括纵向的丛林组织、集体的日常生活、自给的生存方式（行普请法）、自律的居住环境等。禅宗的戒和清规是为僧团集体生活而设的，是集团生活的规则，为提升禅僧群体的修养，当然包括个人的生活规则。"清规"，字面上的意思是清净的仪轨，实际上就是禅宗自身生产生活、寺院管理等方面的制度与规定，是禅宗的"佛法宪章"①。

中世以前的日本佛教，其于中国佛教，亦步亦趋为其主流，日本佛教贵族化，或者说权贵化颇为明显，而平民化的步伐较慢，在"显密体制"的控制下，禅宗、净土宗一时在日本难以立宗，难以广泛传播。权贵化的日本佛教，在天台宗、真宗为代表的日本"显密体制"下，到平安末时呈现出"末世"景象，许多僧人早已不持斋了，延历寺等寺院逐步庄园化，一些寺院的住持政治化、贵族化，使得社会风气随之腐化。日本明智的僧俗呼唤着革新，故不可弃法师俊芿（1166—1227）、荣西等先后来宋朝寻求改革日本佛教的良法。

镰仓时代最初的来宋求法僧人荣西，为改革日本旧佛教之弊，非常重视持戒，其在《兴禅护国论》中强调，禅宗为重持戒之宗派，"禅戒一致"。荣西反复在其《兴禅护国论》中强调持戒守律②，撰写《日本佛法中兴愿文》，强调无戒律则无佛法，注重行仪，这也是他在宋朝受教的结果。

因戒律废弛，制度缺失，日僧道元来宋求法时，未携戒牒。因道元未携戒牒，他在明州（今浙江宁波）一时无法上岸，在船中停留数月（四月到七月）③，这显然给他留下了深刻印象。道元自宋回日本后很重视传戒，其《正法眼藏》的"受戒"卷，开篇即引用宋《禅苑清规》中"戒律为先"一语，后立"永平清规"，对日本禅林影响深远。道元在日本所立清规，强调的是日常行事、日守的"道

---

① 语出《梁高僧传·道安传》。

② 参见速水侑：《镰仓武士と信仰——武士伦理と戒の问题を中心に》，载大隅和雄编《镰仓时代文化传播の研究》，吉川弘文馆平成五年版，第 14 页。

③ 道崎直道：《道元思想と日本仏教》（道崎直道著作集第九卷，春秋社 2010 年版）也认为，他因未受戒在宋朝遇到麻烦，参见该书第 211 页。

心"，亦即事无巨细，"物来在心，心归在物，一等与他精勤辨道"；"虽逢细弥有精进，切莫逐物而变心也"①。道元曾撰山居偈颂十五首，赞清静自在的山居修行生活。如第二首道：

> 西来祖道我传东，钓月耕云慕古风；
> 世俗红尘飞不到，深山雪夜草庵中。②

道元在其《正法眼藏》一书的"净洗"一节中，通过对具足威仪的强调，主张日常修行，净身而净心③。故其威仪作法的规定非常详细，具体如烧香礼拜作法、塔袈浣袈裟法、洗面作法、洗净作法、食事作法等。

道元之后，宋僧无学祖元等也将宋朝禅林的清规戒律带到日本，并向日本武士、僧徒宣扬。《禅苑清规》是由宋代禅僧长芦宗赜于宋崇宁二年（1103）完成的，故又称《崇宁清规》。素泰二年（1202）因其"字画磨灭"④，又予以重雕，再次刻版流通，故又称《重雕补注禅苑清规》。日僧圆尔辨圆从径山回国时，也带去《禅苑清规》一册，依此为蓝本，并结合日本的实际，于日弘安三年（1280）制订了《东福寺清规》。

镰仓幕府和寺院同时重视清规戒律，与日本社会复兴戒律的风气有关。以明惠上人为中心的戒律复兴运动，甚至批评了以法然一门为代表的专修念佛运动⑤。

日本历史进入中世，武士成为统治阶级，武家的幕府政治凌驾于天皇的朝

---

① 道元：《永平元禅师清规》（卷上），载《大正藏》第 82 册，佛陀教育基金会 1990 年印刷第 320 页。

② 荻須純道：《日本中世禅宗史》，木耳社昭和四十年（1965）版，第 145 页。

③ 参见角田泰隆《道元禅师と日常生活》，载日本佛教协会编《仏教における日常生活》，平楽寺書店 1998 年版，第 121-134 页。

④ 宗赜：《禅苑清规序》，载前田慧云、中野达慧等编集《续藏经》第 111 册，第 875 页上。

⑤ 参见大隅和雄编《鎌仓时代文化伝播の研究》，吉川弘文馆平成五年版，第 16 页。

廷，武士阶级作为新的领导者，吸纳禅宗清规和律学，通过集团管理，培养武士集体人格，以符合幕府统治日本的要求。这种集团化的管理影响到日本社会，逐步形成集体主义。所以，我们认为，日本的集团文化与禅宗清规的影响有关。

日本镰仓幕府何以引进并接受禅宗，并将其作为日本国家意识形态之一而宣扬？

足利氏主导的室町幕府何以继续推崇禅宗？

首先，是因为这一时代、人情的需要，平安末期被当时的日本人称为"末世"①。所谓"末法时期"，即教法从衰微走向灭亡的时期。人们不信佛法，失去信仰，并陷入绝望，社会风气恶化，信外道、邪师传法的人多于信正法的人。随即佛像、佛寺庙、佛经等开始变质，甚至最后不复存在。平安贵族的奢侈腐化与这种"末世"绝望空气的弥漫有关，他们及时行乐、放纵自我，这不仅使其自身堕落，还影响到寺院禅林清净，驱使人们亲近权贵，追求名利，放纵欲望。

其次，禅宗宣扬的"日日是好日""平常心是道"等观念，可以说是对中世日本绝望心态的抚慰，鼓励人们有所信仰、树立信心，认真对待每一天。这些公案、警语受到日本禅林乃至整个日本社会的推崇，原因大概也在于此。正如木宫泰彦所说：

> 当时的旧佛教徒，只知贪图私利私欲，腐化堕落达于极点，而禅僧却与此相反，专以寡欲朴素为宗旨，除三衣一钵而外，不求居所，不贪衣食，遵循百丈禅师"一日不作，一日不食"的精神，专心修道，这种情况可能感动了爱好勤俭朴素的北条时赖和镰仓的武士。而且丛林规矩的严正，禅

---

① "末法时代"，和正法、像法相对。《像法决疑经》《大集月藏经》等诸大乘经典将佛教法运分为三期，即正法、像法与末法。"正法一千年，持戒得坚固；像法一千年，禅定得坚固；末法一万年，念佛得坚固。"或曰："佛教之正法，住世有五百年；像法一千年；末法则一万年。"正法起始时间即佛陀诞生之日，中世日本，人们感觉末法时代即将到来，弥漫着绝望或放纵的空气。

僧们机锋锐利的态度等,也可能深为重礼节、尚意气的镰仓武士们所喜欢。一定因为这样,北条时赖才逐渐成为禅法的热心信奉者。①

这就是说,当时日本佛教界的高僧,如西大寺的叡尊、高山寺的明慧和永平寺的道元等,以身作则,不亲近权贵,不追求名利,寡欲恬淡,严守戒律,为日本大众树立了模范。

荣西在其《兴禅护国论》等撰述中强调持戒守律②,注重行仪。他开始在日本宣扬禅宗的时候,禅宗却被视为不守戒律的宗派,因而受到日本旧佛教诸宗的抵制,特别是不得不面对显密诸宗③对禅宗的批评,何以如此?因为当时在日本宣传禅宗的大日能忍达摩宗一派"无行无修"的主张和一些做法受到诟病④,故荣西在《兴禅护国论》中批评了大日能忍的观点,并与其划清界限,以免被世人混同。高崎直道就认为,"荣西严守戒律的立场是禅宗很快被接受的原因之一"⑤,可见禅宗戒律是日本武士道的精神来源之一。

> 八宗外私号禅宗,称净土宗,杂行之徒类,放逸之邪禅,代代禁制 糸→宰 非容易(中略)是併插骄慢为举己身,好淫乱欲凌他人,都人士女之无识,见而思贵重,田夫野叟之愚顽,闻而信虚说,为国为人可诫可罚矣。⑥

---

① 木宫泰彦:《日中文化交流史》,胡锡年译,商务印书馆 1980 年版,第 371 页。

② 参见速水侑《镰仓武士と信仰——武士伦理と戒の問題を中心に》,载大隅和雄编《镰仓时代文化传播の研究》,吉川弘文馆平成五年版,第 14 页。

③ 指日本天台宗、真言宗等八宗。

④ 参见原田正俊《日本中世の禅宗と社会》,吉川弘文馆平成十年版,第 41-44 页。

⑤ 高崎直道:《道元思想と日本仏教》(高崎直道著作集第九卷),春秋社 2010 年版,第 15 页。

⑥ 原载《大日本史料》第六编之二九,应安元年七月二十六日条(479-485 页),本文转引原田正俊《日本中世の禅宗と社会》,吉川弘文馆平成十年版,第 43-44 页。

荣西将戒律做了大乘戒和小乘戒的区分，禅宗是大乘佛教，行大乘戒。出家居家"此七众清净，则佛法久住"①。

当然，利用戒律，遏制佛教各派寺院的恶僧和僧兵的横暴，也是幕府重点考虑的问题之一。平安时代以来，寺院僧兵嗷诉一直让日本朝廷困扰。

禅宗社会内部，有一批被称为"放下"或"放下僧"的，和一种被称为"暮露"的流浪卖艺人等②，影响风气，也需要规范和约束。这些放下僧，以慧能这样一字不识的樵夫、猎人也可以见性成佛，借"不立文字""直指人心""放下屠刀立地成佛"等说教，以禅僧和居士自居；主张自己和布袋和尚、猪头和尚、寒山、拾得等一样，放浪形骸，行者装束，却是菩萨化身。放下僧和暮露好口中称禅，问答禅语，却曲解禅宗，利用禅宗语录、祖师传中的部分记载，拒绝修行，不持戒律，不讲威仪。他们或吃肉喝酒，游山玩水，嬉笑怒骂，或以蓬头垢面的形象招摇过市。当时的《天狗草纸》《融通念佛缘起》（清凉寺本）以及《风俗屏风图》等绘画史料充分描绘了放下僧和暮露的行状。

镰仓幕府宣扬的清规戒律有和当时源空一派宣扬的"念佛宗"对抗的意图③，源空一派的一些行为和放下僧有许多相似的地方。

北条时赖等统治者也认识到要想克服奢侈、浮华的风气，需要培养自律意识，而宗教可以培养这种自律意识，于是选择了重视戒律的禅宗。

"禅宗以戒为先"，持戒才能慧学，然后有定，即禅定。禅宗之戒强调严以律己宽以待人，培养待人接物的道心（见《禅苑清规》）。"道心"一语最早见于《古文尚书·大禹谟》："人心惟危，道心惟微，惟精惟一，允执厥中。"这也是武士道这一概念的语源之一。

---

① 荣西《兴禅护国论》，载市川白弦等校注《日本思想大系》16《中世禅家の思想》，岩波书店 1972 年版，第 100 页。

② 原田正俊：《日本中世の禅宗と社会》，吉川弘文馆平成十年版，第 18-54 页"放下僧·暮露にみえる中世禅宗と民众"，以及第 348 页。

③ 参见林忠、林恕共撰《本朝通鑑》第十卷，国书刊行会大正八年版，第 3031 页。

二、参禅入道让武士从政治失意中解脱，并提升了政治修养

中世日本社会的政治斗争极为残酷，战乱频繁。禅宗让中世的武士（也包括以皇族和藤原氏为代表的贵族）在政治上成熟，在政治斗争中学会"放下"，在必要的时候由从政转身"入道"，平息内心的争执，避免进一步冲突。如果没有禅宗的开导和疏导，中世日本的内战将更为惨烈。

禅宗在日本的立宗与政治上的认可和支持是分不开的，荣西在日本传禅，很看重朝廷、幕府等政治势力的态度，故撰成《兴禅护国论》，以向天皇朝廷、将军幕府宣传。后因此从后鸟羽天皇处获得"叶上"的称号，并获"传灯大法师位"，圣福寺创建之际获得天皇"扶桑最初禅窟"的宸翰，获得僧正的职位，这些是其成功的标志[①]。

在平安后期，日本武士开始走上政治舞台，进入中世，越来越多武士或主动或被动地卷入了政治生活和政治斗争，一旦卷入就难免陷入执着，一旦执着便自然患得患失。政治运动总是变幻莫测，政治上的顺或不顺对武士的影响也越来越大。当他们或在主君面前失宠，或与朝廷冲突，或在临战之前，或在战争失败之后，每当难以解脱时，禅宗可以帮助他们在精神上解放自己。

政治上失意或者政变失败后隐遁空门、隐身山林是日本奈良时代以来的传统。"退隐"是在中世被强化并扩散的文化，禅宗十方寺院的住持，都会适时隐退，让出方丈，退居"东庵"（东堂），以保持寺院香火的旺盛。武家的家督也择时退隐，以保证权力的平稳交接，而政治斗争中失意的武士，若隐身修禅，则可因此化解不少争执和流血事件，比如细川赖之。

细川赖之（1329—1392），本姓源，细川赖春之子，幼名弥九郎，父亲本是

---

① 转引自古田紹钦《日本禅宗史の諸問題》，大東出版社，昭和六十三年（1988）版，第 19、31 页。

南朝武将，赖之幼年时便与父亲一起转战各地，显示出非凡的军事与政治才能，帮助足利氏稳固了室町幕府在四国地区的政权。细川赖之成为室町幕府的重要武将，曾任左马头、武藏守、相摸守等要职。正平二十二年（1367）受足利义诠将军的重托，成为幕府执事，辅佐年幼的足利义满。后来因为受到斯波义将的排挤而归隐其赞岐领地。失意之后的赖之最终剃发修禅，法名常久，放弃了争斗和争战，推动了足利幕府政权的平稳过渡。

中国早期禅僧都是头陀苦行僧，日本禅僧崇拜中国古代的隐士，如汉代的隐士严光（严子陵）。"日本禅僧的隐逸思想"影响了古代日本的政治家，特别是镰仓、室町时期的武士，"五山禅僧中多有号称'隐者'以及与'隐者'交往的人""五山禅僧的诗文中出现了各种各样的'隐'，最醒目的是以'隐'为字号，这从一个侧面反映了他们对隐的境界的追求"[①]。例如上杉谦信的出家，放下生死、放下权力。他与武田信玄二人是日本理想的武士，是古典武士道的典范。他们在政治斗争的同时，心怀丛林的志向，作为隐者的日本禅僧，作为悟道的日本武士，其社会影响不言而喻。

参禅的幕府将军，往往出家"入道"，入定禅悦，为民祈祷，这也是平息中世纷争、治国安民之行为。修禅将军和武士的解脱与见性，明心见性，用现代的话说就是，发现自我。如执权北条时宗，在死前剃度出家入道，在兀庵普宁的指导下明心见性，其临终一偈语云：

> 业镜高悬，三十七年，一槌打碎，大道坦然。
> 弘安三年十一月廿二日　道崇珍重[②]。

此足见北条时宗从政治斗争中觉悟、解脱出来了，虽然为时已晚，却警醒、启发了日本武士，为后任、为后人树立了榜样。

天皇出家入道，为民祈祷，消弭了许多朝廷与幕府之间的政争和政变，禅

---

① 参见藤原文亮著《圣人与日中文化》，社会科学文献出版社，第 869 页。
② 荻须纯道：《日本中世禅宗史》，木耳社刊，五十一年（1976）版，第 134 页。

师和禅院也因此成为天皇、将军君臣关系的协调者。中世的历代天皇，除了后醍醐天皇等少数人，大多数在参禅悟道的过程中得以解脱，抛开了政治斗争的烦恼。故大德寺住持大应国师、正法山妙心寺住持关山慧玄与天皇家保持着密切的关系。

三、修禅完善了中世日本的礼仪体系，让更多的人脱俗入道

这里的通过修禅守戒让人实现"脱俗入道"，转换成现代话语就是，通过培养自律意识提升国民素质。

政治的礼仪化，某种意义可以说，是政权的空洞化，这在日本平安时代已经非常突出。佛教强化了日本人的仪式感。禅宗僧人修禅打坐也讲威仪，通过修行博取名誉，提升僧众威仪，为大众树立榜样；坐禅修行成为中世日本武士竞相效仿的行为，让他们成为禅宗居士，让中世以后的日本继续重视礼仪文化。

中世日本社会对礼仪的重视与禅僧的鼓吹有关，荣西亲近国王大臣，追求"大师"号[1]，就是对朝廷礼仪的重视，其礼仪待遇的背后是政治支持，是威仪。

威仪或来自权威，或来自因立德而获得的名誉，或来自教养、风度，持戒的目标之一是名誉的修持、威仪的养成。

在对声名的讲究方面，日本受中国文化影响很大，室町时代的日本禅僧爱称足利将军为"府君"。例如瑞溪周凤称足利义政为府君，细川胜元为"管领"，尊称足利义满为"鹿苑相公"；义堂周信尊称足利义满为"府君"[2]。

---

[1] 荣西的这一愿望没有实现。

[2] 瑞溪周凤记，惟高妙安抄录：《臥雲日件録抜尤》，收入东京大学史料编纂所编纂《大日本史料》，岩波书店，昭和三十六年（1961）版，第78页。

戒定慧三学，是佛教立足的三大根本，如鼎立之三足。守戒可提升智慧，戒而后定（禅定），儒家谓，定而后虑，虑而后得。

礼仪的讲究亦可使人安定守约。禅宗清规戒律等的传播促成了儒家思想（特别是儒家的政治理论）的传播，丰富了中世日本武家的政道。禅宗通过拈香的礼仪、祈祷法语，建构了中世日本的语境，强化了日本的政治秩序、上下尊卑次第，维护了天皇、将军之间的礼仪关系，从而在一定程度上维护了日本的和平。

佛教禅宗和儒家思想的结合，影响了中世日本武士的政治观念，如"有德者为君说""治世安民论""易姓革命观"等[1]。

如何让僧众和普通的信徒知礼、守礼？主要是制定条规，规范其日常行为，培养僧众威仪，进而影响大众。

中世禅宗僧侣讲求的威仪观、清净观，往往需要规范人们的日常行为，通过禅苑清规的公示，加上禅宗高僧大德们严谨的生活方式的示范效应，影响、规范了此后日本人的个人卫生观、清洁观。

日本曹洞宗祖师道元所著《正法眼藏》卷第七的《洗净》篇，于延应元年（1239）在宇治宝林寺示众，特别强调"净心"和"净身"的关系[2]。该篇记录了宋朝禅僧洗澡、洗脸、刷牙、如厕的行仪。尽管今天日本寺社等宗教场所，极力保持清洁，但古代日本人其实并不太讲究个人卫生，在宋期间，道元就因自己不刷牙、口臭而受到宋人的诟病，所以他回日本后提倡，"入浴洗身、洗心、洗足、洗脸、洗目、洗口（刷牙）、洗大小二行、洗手、洗钵盂、洗头"，从而"身心清净"[3]。此清洁之风先在曹洞宗的寺院推广，之后对日本民众的生活习惯产生影响，并延续至今。

---

① 参见玉悬博之《日本中世思想史研究》，ぺんかん社 1998 年版，第 240 页。

② 参见道元《正法眼藏》，载《大正新修大藏经》第八十二卷，台北新文丰出版公司影印版，第 30 页。

③ 参见井原今朝男《史实　中世佛教》（第 1 卷），兴山舍 2011 年版，第 158-167 页"中世僧侣的生活与现代人的洁癖（中世僧侣の生活と现代人の清潔好き）"。

　　道元在《洗净》篇用极大的篇幅强调了公厕卫生，今天日本发达的厕所文化，亦可追溯到中世的禅林清规。日本继承并发扬了《禅苑清规》中有关东司、后架的一些规定，非常细致地强调培养人们的个人卫生和公共卫生意识。禅寺厕所有专门管理的"净头"，以"雪隐""后架""架房"的雅称指代厕所，也反映出人们修行的心态和对生活的追求。

　　日本临济宗祖师荣西在《兴禅护国论》第二"镇护国家门"中开篇便宣称，"《仁王经》云：'佛以般若付属现在、未来世诸小国王等，以为护国秘宝。'般若者，禅宗也。谓境内若有持戒人，则诸天守护其国"。如此看来，荣西所说的兴禅，就是号召日本僧人持戒，大众"要当选择戒清净者，以为其师。著新净衣，燃香闲居"[1]。

　　禅宗僧徒守戒律的模范行为培养了日本人的自律意识，以其安定、沉静消除公众的不安和焦躁。禅宗的流行，禅僧的修行行为，以及禅宗高僧对幕府高层的规劝等，为中世日本作了很好的示范和推动。

　　道元开创的曹洞宗，还提升了日本民众的教养。

　　还可以通过培养审美意识来提升礼仪素养，禅师高尚的审美情趣可增强僧众威仪。日本"空、间、寂、侘"的美学思想，都可以追溯到禅宗，禅僧们从修禅中获得体验，并将其运用于生活，安贫乐道。义堂周信日记所载，其永德元年（1381）七月廿五日，在等持寺"为众讲禅仪，外文人咸来，谓听者几乎二千人许，地将无所容。十有余日讲毕矣"[2]。由此可见，当时社会，文人和大众非常欣赏禅僧的威仪和风雅。禅宗推崇的空寂、幽玄、"物哀"之美，还成为日本茶道、俳句、绘画等的最高追求。随着"空寂"进入茶道精神，幽玄思想也达到了新的境界。

---

　　① 市川白玄等校注《中世禅家的思想（中世禅家の思想）》，收入《日本思想大系》16，岩波书店，1972 年版，第 100 页。
　　② 义堂周信：《空华老师日用工夫略集》，收入近藤瓶城编《续史籍集览·第 3 册》，近藤出版部，1930 年，第 183 页。

四、参禅修法培养了日本武士的忏悔意识和怜悯心

中世日本武士基本上都会参禅打坐，这是自上而下形成的风气，这让武士们在残酷的战争之间隙能寻求内心之宁静与平和，在杀戮之后能平静地祈祷与忏悔。

"忏悔"在中国是中古时期建构的概念，源于印度佛教，"忏"来自梵文音译，与意译的"悔"复合从而形成一个译制的新词。

在禅宗输入日本之前，天台宗的传播已经初步培养了日本人的忏悔意识。而禅宗的兴盛，进一步培养了日本武士的人道主义观念。

首先是对战争中的杀戮进行忏悔，为解脱罪恶而祈祷。忏悔也与戒律观有关，戒杀是戒中之戒。故镰仓幕府执权北条时宗，在弘安六年"书《金光明经》，请升座"说法，为元朝日本战争中的亡灵祈求冥福。这也使"怨亲平等"的观念在日本被接受，此举超越国界，境界很高，当然与赴日宋朝高僧无学祖元等的开示有关。

开创室町幕府的足利尊氏兄弟，也是在禅僧梦窗疏石的影响下忏悔的，进而颁布了《建武式目》，促进了日本禅宗和禅寺的繁荣。听从梦窗疏石的建议，足利尊氏和弟弟直义主导的室町幕府计划在全日本六十六"国"、二岛执行，设置了安国寺和利生塔。足利尊氏自笔发愿文中"元弘以后战亡魂，一切怨亲悉超度"一句显示出"怨亲平等"的观念[①]，足利氏建寺、修法等宗教行为是自我安慰，也是安慰民心。

日本武士以杀戮为职业，随着年岁增长，他们不免产生终极关怀，将生死大事放在心头。武士参禅，就是要适时放下屠刀，得到解脱，消除死后堕入地狱的忧虑。"放下"便是觉悟、慈悲的起点，从此众善奉行也是有益于社会、有益于人道的。

---

① 玉悬博之：《日本中世思想史研究》，ぺんかん社 1998 年版，第 261 页。

忏悔培养了武士谦卑、仁慈的品质，有利于仁政、"德政"的推行。禅僧"众善奉行"、"放生"增福寿、"仁慈"等的宣讲，与幕府推行德政有一定关系，特别是室町时代常常颁布德政令。"德政"名义上是减轻民众的愁苦，预防"一揆"①的频发，但是后来性质大变。

中世幕府德政的推行，与中世神佛儒"三教习合"的影响也有关系。圆尔辨圆给北条时赖讲经时，讲解过老师佛鉴禅师赠送他的《大明录》，其中收录了程明道、程伊川的学说。兰溪道隆给北条时赖说法时，也宣讲过《大学》的"诚意正心"、《论语》的"克己复礼"和《孟子》的"浩然之气"。义堂周信在镰仓时曾将《贞观政要》推荐给关东镰仓公方（义堂称其为"府君"）。许多禅师因为天皇、上皇侍讲而被封为"国师"，他们侍讲的内容几乎都涉及儒学的"政统"和"道统"。禅宗的苦修、头陀行等和道家的隐逸思想有许多相似的地方。宋朝官僚成为禅宗居士（杨亿、丁谓、苏轼、欧阳修、王安石），此同样成为日本武士的典范。

忏悔而慈悲，乃至"众生平等"，乃至不杀一切生命，镰仓幕府法中指定了杀生禁断日，该日与禅宗的斋日大有关联，到室町战国时代出现了"六斋市"，反映出宗教与商业的完美结合。

忏悔也培养了中世日本的自然主义精神，比如对奢侈浪费的忏悔、对自然环境的珍爱等。这也与禅宗持戒相关联。北条时赖、足利义满等武家统治者也认识到要克服奢侈、浮华的风气，遂利用了佛教的忏悔意识。这里不能不提及北条时赖的表率作用，时赖"平生恶奢侈，好俭约，故群士多习之"②，可见上层官僚的表率作用之重要。

---

① 一揆：日语意为"一味同心"，亦即"同盟一致"，也就是中世日本中下层民众的攻守同盟。

② 林忠、林恕共撰《本朝通鉴》第十卷，国书刊行会大正八年版，第3200页。

五、中世日本禅寺的僧团管理影响了日本的社会管理

宋朝禅宗清规戒律、五山制度等对日本武家社会行为准则的影响，和幕府官寺制度的确立有关[①]。日本自宋元引进的"五山体制"是一种管理体制。

由于武士普遍修禅，武家执权对武士的管理，自然从对官寺修禅的管理推广到对武士日常生活的管理，因为到寺院修行的很多人就是武士。换一个角度看，中世日本的许多寺院都有僧兵，这些僧兵有些被称为"山法师"，非常跋扈，连天皇都无可奈何。

在镰仓幕府时代，圆觉寺和建长寺是幕府中心人物修禅的道场，对这两个寺院的掌控有利于对僧侣阶层的掌握。北条贞时永仁二年（1294）向圆觉寺发出了"禁制条条事"。具体内容如下：

一、僧众不带免丁事

一、禅律僧侣夜行他宿事（若有急用之时，者为长老之计，可差副人也）

一、比丘尼并女人入僧寺事（但许二季彼岸中日、二月十五日、四月八日、七月盂兰盆两日；此外于禅兴寺者，每月廿二日，于圆觉寺者，每月初四日可入也）

一、四月八日花堂结构事

一、戒腊牌结构事

一、僧侣横行诸方采花事

一、僧众去所不分明出门事

一、延寿堂僧众出行事

一、僧侣着日本衣事

① 玉村竹二：《日本禅宗史論集》（卷上、下），思文閣出版五十一年（1976）版，第249-270页。

一、僧徒入尼寺事

一、四节往来他寺之寺作礼事

一、僧众远行之时送迎事

右条条于违犯之辈者，不论老少可令出寺也，若于有子细者，可指申其名之状如件

永仁二年正月　日　贞时　花押[1]

此为日文原文，中国读者大体可以阅读，故照录。元朝入日僧一山一宁在圆觉寺住持期间，有许多武士投到一山法师门下，参禅问道，贞时于 1303 年再次颁布更为具体的寺规。

平贞时状

圆觉寺制府条条

一、僧众事　不可过贰百人

一、粥饭事　临时打给一向可停止之

一、寺中点心事　不可过一种

一、寺参时扈从辈储事　可停止之

一、小僧喝食入寺事　自今以后一向可停止之，但檀那免许非禁制之限

一、僧徒出门女人入寺事　固可守先日法，若违犯者可迫（追？）放之

一、行者人工带刀事　固可禁制之，若有犯者永可追出之

右所定如件

乾元二年二月十二日　沙弥贞时　花押[2]

---

① 转引林岱雲《日本禅宗史》，誠进社昭和五十二年（1977）版，第 533-535 页。

② 日文原文，转引林岱雲：《日本禅宗史》，誠进社昭和五十二年（1977）版，第 535-537 页。

以上可见，宋朝禅宗寺院的清规戒律，为日本武家提供了系统的管理思想。再看《室町幕府法（建武式目）》，完全不同于平安时代以前颁布的律令，恰似禅林清规。内容包括：第一条"可被行俭约事"（内容略），第二条"可被制群饮佚游事"（内容略）①。其中规范行为、促进道德修身的内容占了很大一部分。而《追加法》中大部分是有关禅院的规定，则完全像一部禅林清规。

应永二十六年（1419）十月九日，室町幕府将军足利义持也曾定《山门规式条条》：

一、除四节并大法会之外，不可容比丘尼女人入门事

一、不可酒入门内事

一、现住之僧，非暂暇不出门外事

…………

一、沙弥喝食内衣，可禁 糸肃 与画并贴金银薄事。

一、行者内衣，不许织并有纹者，须无纹染色②

室町幕府初期，管领细川赖之对足利尊氏、足利直义以来日益兴盛的禅宗纲纪进行了非常严格的管理，1368 年发布了《诸山入院禁制条条》，严禁在禅寺进行奢侈赠答和奢华招待。该管理虽然招致一些五山僧侣的反感，但也有不少禅僧叫好。比如当时任圆觉寺塔头黄梅院主的义堂周信，对贞治七年（1368）二月发布的这一法令大叫："见新禁法，是病脱然去体也，快哉！快哉！"③故他不断对僧徒强调要谨慎僧仪。

禅宗有关清规、戒行的宣讲，对镰仓幕府提倡的廉洁有一定影响，例如义

---

① 《室町幕府法》，载《日本思想大系》21《中世政治社会思想》上，岩波书店 1972 年版，第 147-148 页。

② 相国寺史料编纂委员会：《相国寺史料》（第一卷），思文閣出版五十九年（1984）版，第 31-32 页。

③ 义堂周信：《空华老师日用工夫略集》，近藤瓶城编《续史籍集览·第 3 册》，第 23 页。

堂周信康历二年（1380）初到建仁寺，六月十日"初讲日用清规，管领洎令弟将作，特来聆之"①。永德三年（1383）八月廿四日，足利义满在府内设斋召请义堂周信等，遵循龙湫和尚俭约的建议，"设点心二味，果子三品，饭菜六种"，义堂因此"劝令为天下丛林法式以戒奢"②。

中世日本"一揆"的频发，使日本各阶层爱争斗，乃至械斗，禅宗僧徒中带刀的亦不少，义堂周信极力禁止门下僧徒佩刀，带刀者见则驱逐出寺院，并以此建议足利义满禁止禅僧携带刀杖③。义堂禅僧倡导的诸方"和合"，为中世日本这一"乱世"的匡扶、净化起到了一定的作用。最后有丰臣秀吉的"刀狩"令。

武家禅寺管理经验的推广对武士集体生活的规范、良好习惯的养成有一定的影响。受日本"祭政一体"传统文化的影响，禅宗的"宗教行事"成为幕府"公的行事"，这里的行事即通常所说的"年中行事"，侧重对社会日常生活的管理。

参禅自律的北条时赖，面对平安末年以来日益衰败的风俗，生出改革的决心。日本《本朝通鉴》记载，"时赖常愁风俗之衰"，曾经"潜问青砥左卫门藤纲曰：'我执天下之政以来，日夜苦心，欲无私、无欲而尽抚民之术，以正政务、明赏罚为意，然逐年多无道之诉，故知风俗之恶，自谓我所行之非也，如何而可乎？（下略）'"，藤纲向他详细分析风俗衰败的原因：

> （前略）然所以风俗之衰者，在上下之远而已，何则国多不忠不孝之人？故争诉日繁，奸曲月盛，然镰仓预政者为私欲所拘，不顾风俗之废，或有诉者，就其所亲私告之，则密谕其相诉者谓：若有非则可遭罚，虽有理得胜，而损人无益。而其有非者隐之，其有理者诚之强和平而中分之，

---

① 义堂周信：《空华老师日用工夫略集》，近藤瓶城编《续史籍集览·第 3 册》，第 161 页。
② 同上书，第 241 页。
③ 同上书，第 224 页。

故理者半负，非者全胜，是故愚者以为法而惑之，智者慨叹而默止……唯有博闻之誉，而无躬行之实，言与行违，故受其教者皆习之。又见其称僧者，不事戒律，唯多欲而贪檀越之施，蓄无用之财，外则身缠锦糸肃，口唱佛语，内则罗珍馐之肉，渔粉黛之色，怠其戒行……①

北条时赖于是严加监督，严肃处罚犯者，并以身作则。由于与禅僧的密切往来，基于武家禅寺管理的经验，武家政权颁布了规范武士和社会的各种"式目"，从形式和内容上看，都有参考禅宗寺院的清规。

禅宗清规的确立，使禅宗僧人有自己的戒律可守，有从佛教律寺、律宗中独立出来的意义，同样，幕府的各种条规也有从朝廷法律（律令格式）中独立出来的意义。中世乃至近世日本武士的自律在以下几个方面表现突出：

其一，在饮食方面的克制，禅宗有过午不食的说法，很多武士坚持一日两餐。

其二，武士注重修饰，主要是因为接受了禅宗重视威仪的思想。

其三，武士重礼仪，这后来成为武士道的核心价值之一。

其四，武士重视行动和行动力。

早期日本武士的道德修养、人格培养借助佛教戒律，到中世则依赖佛教禅宗的清规戒律等，不同于江户时代武士道依靠宋明理学（朱子学和阳明学）来约束。因为平安末期以来，僧俗道德沦丧，需要有新的具有说服力的思想。对于中世热忱修禅的武士来说，持戒与守法的关系是统一的，宣传持戒是培养自我约束、修养的主动性，守法是被动地克服欲望和冲动。

禅宗信者的持戒是通过修行的禅悦，超越或克服守法的不自由，超越律令约束的不快和痛苦；是用禅悦代替苦恼，以苦行克服苦恼。

此外，正如前文提及的，禅寺住持择时"隐退"，在中世禅宗寺院形成体

---

① 林忠、林恕共撰《本朝通鑑》第十卷，国书刊行会大正八年（1919 年）版，第 3200-3201 页。

制，并向世俗社会推广，有利于日本朝廷幕府政权和职权的平稳过渡。

六、结语

总之，禅宗高僧因其道德品质和社会声望，以及他们对平安末年以来日本现实的关注，对世相的批评，成为中世日本社会的模范。中世日本是一个战乱频发的黑暗时代，尤其是足利时代后期，但也是一个不乏乐观的时代。辻善之助在其《日本文化史》一书中就认为，尽管武士皈依于佛教不同的宗派，但"武士道的培养，不可否认佛教的极大作用力，特别是禅宗的关系最为密切""禅宗的自律克己、不言实行，很适合武士的风格"①。

中世日本的"神佛习合""三教合一"，促进了日本对宋学的吸收，进而影响了日本神道，比如伊势神官的仪礼等。北条氏的历代执权、豪强御家人都注重通过《贞观政要》《群书治要》来研究政治的得失，子弟的教育也往往仰仗禅僧②。

日本学者认为，镰仓幕府有通过戒律教化民众的强烈意识。③之后的室町幕府也是通过控制寺院进而控制民众的，因为寺院从精神上掌握了民众。

---

① 辻善之助：《日本文化史》（第三卷、镰仓时代），春秋社昭和三十四年版，第181页（715）。

② 参见松本新八郎《中世的社会与思想（中世の社会と思想）》（上），校仓书房，1983年版，第32、47页。

③ 速水侑：《镰仓武士と信仰——武士倫理と戒の問題を中心に》，载大隅和雄编《镰仓时代文化伝播の研究》，吉川弘文馆平成五年版，第1-24页。

日僧道元从中国带去了什么

——试论日本早期曹洞宗宗风之成因

中山大学　朱坤容

一、缘起及问题意识

在中日古代文化交流史上，唐宋是一个高峰。宋朝尤其是南宋，频繁的中日贸易往来推动了文化的交流，商船就成了两国僧人文化交流的重要交通工具，①"当赵宋时，禅僧之来归及游学于宋者络绎不绝。"②这一载体功能在宋朝灭亡元朝建立后虽然有所减弱，但依然不绝，而日僧入宋元求法③则对日本的佛教发展产生了深远的影响。

众所周知，宋代是中国佛教发展的兴盛期，而入宋求法的道元（1200—1253）则是日本佛教史上一位与众不同的人物。④值得关注的是，道元创立的曹洞宗在早期并没有受到太多的欢迎，其势力也并不大，"其门派在当时不过是极小的流派，没有获得广泛的影响。"⑤他生前避世隐居，严守清贫，倡导坐

---

① 根据木宫泰彦的研究，日本与南宋私下商船来往频繁，并得到了公卿的支持，日僧即搭乘这些商船入宋。参见氏著《日中文化交流史》，胡锡年译，商务印书馆，1980 年，"和南宋的贸易"一章。

② 黄遵宪：《日本国志》卷三十七"礼俗志四"，天津人民出版社，2005 年。

③ 木宫泰彦将他们分为三类，即消业求菩提而巡礼佛迹；传习律宗；学习禅宗。

④ 如傅伟勋认为道元的禅学在日本佛教思想中哲理最为深奥，也最难理解。参见氏著《道元》（台北：东大图书公司，1996 年）的"自序"。这自然与道元提倡出世间的禅，坚持禅坐的宗教体验相关。

⑤ 末木文美士：《日本宗教史》，岩波书店，2006 年，第 78 页。

禅悟道，率领曹洞宗僧团坚持修证一等的佛行，不仅与当权势力保持距离，而且与追求祈祷咒术等信仰力量的普通信众也有不合之处，他寂灭后其教团逐渐走向分裂，甚至出现了根本道场永平寺与总持寺长期分庭抗礼的局面。在怀奘、义介两代之后的绍瑾时期，曹洞宗得到很大的发展，其信众和势力也逐渐增强，最终形成与临济宗并立的局面。虽然在日本佛教史上，道元与镰仓新佛教时期的另几位宗派创始人（如法然、亲鸾、日莲等）同被认为是佛教思想史上的代表人物，但他远离权力，没有通过主动与权力靠近来扩展其势力，这一点显示了其独特性。这里对宗派力量的发展是否应当借助统治权力不做讨论，暂就道元本人的修行及传道方式而言，在当时以及现在来看都是别具一格的。

在教界，道元作为宗派创立人受到了极高的推崇；而在学界，一种意见认为道元禅是否定宋代禅而以唐代禅为理想模式的复古禅。[①]他既然是入宋求法为何又被称为否定宋代禅呢？也有观点认为道元禅与唐代禅不同，是一种另一维度的对禅的构筑[②]，那么道元在日本建立的曹洞禅是否与从中国带去的禅宗本质完全一致？唐宋禅风与道元禅之间是怎样一种承续关系？或者反过来说，其教团的曲折发展以及分裂是否在某种程度上说明了他提倡的悟道精神并不能融于（当时）日本的本土环境？总而言之，在道元主持曹洞宗的初期，其道不显、其名不扬，而在其圆寂又相隔两代后，宗风改变却信众大增。作为嗣法于宋代曹洞宗的日僧，其带至日本的禅宗与之后所创立的宗派无疑有很大的中国背景，在进一步认识佛教在东亚汉地的传播以及宋日文化交流的问题上，有必要对道元在宋日之间的行动进行深入的分析。日本曹洞宗早期宗风的形成涉及多个层面的影响，本文着重从道元在宋土的经验与个体修行参禅等方面来探讨这一问题，以此探求作为日本早期曹洞宗宗风的道元禅的

---

① 如镜岛元隆和柳田圣山的观点。

② 如石井修道的观点，『宋代禅宗史の研究　中国曹洞宗と道元禅』，大东出版社，1987年，第 378 页。

意义。①

二、道元及曹洞宗的创立

南宋时期，盛行于唐代的禅宗在中国继续扩大影响力，成为当时很有势力的宗派。虽然日本的入唐僧归国时也带去了禅宗，但没有兴盛起来，确切地说，只属于一种"兼修禅"。也就是说，禅宗始终未能在日本本土确立下来，成为独立的宗派。甚至被誉为第一次引起人们对禅宗广泛兴趣的荣西（1141—1215），②在修行中也是以"兼修禅"的形式弘法的，其"传临济宗，虽为日本禅宗之主流，但因为他有密教僧侣的一面，难说是纯粹的禅僧。"③所以，真正把禅宗作为独立的宗派予以弘扬的可以说是道元——荣西的再传弟子。道元赴宋求法，在当时并不罕见，而其出身贵胄更加使后来者对其增添了敬慕之情。

---

① 道元研究在日本可谓显学，其原因不但在于其是镰仓佛教的一位代表人物，还在于其特立独行的宗风。比较有代表性的有水野弥穗子的研究（『正法眼藏随聞記』校注，并有『道元禅師の人間像』等著作），镜岛元隆主编的《道元禅师全集》（对道元的著作进行了详细的校注），寺田透对《正法眼藏》的研究，其他可资参考的还有和辻哲郎的"沙门道元"（收入其全集卷四）等。另外比较有代表性的研究著作是傅伟勋的《道元》（东大图书公司，1996）和何燕生的『道元と中國禪思想』（法藏馆，2000 年）。前者是一部学术传记，对道元的研究史、重要著作以及思想哲理都有一定的介绍和分析，其中第一章"传记史料"部分的道元研究史提供了较为详细的研究资料，最后一部分则从西方哲学的角度对道元的佛教原理进行了比较分析；后者则专门讨论道元思想和中国禅思想的关系。何氏还翻译了道元的重要代表作《正法眼藏》（宗教出版社，2003 年）。学界的其他文章多集中于对其经历的概述，在佛理的挖掘以及宋朝文化思想的影响上仍有进一步研讨之空间。

② 荣西"仁安三年从商舶游宋，登天台，得天台新章疏三十六部归……后鸟羽天皇赐宸翰林额曰'扶桑最初禅窟'。"参见黄遵宪《日本国志》卷三十七"礼俗志四"。

③ 家永三郎：『日本文化史』，岩波书店，1980 年，第 127 页。

（一）道元其人：出家、得道、创宗、弘法

道元作为曹洞宗的初祖，在日本佛教史上享有崇高地位。"道元禅师得法天童净祖，为日国洞宗始祖。"[①]其名希玄，所以通称希玄道元，因其以永平寺为根本道场，又被称为永平道元；圆寂后曾被赐予谥号佛性传东国师（孝明）、承阳大师（明治）。道元出生于贵族世家，父亲为内大臣久我通亲，母亲为前摄政关白松殿藤原基房之女。其三岁丧父，八岁丧母，由其同父异母的兄长（歌人通具）抚养长大。后"每观香烟缭绕念念散灭，悟世无常"，遂坚持至比叡山从叔父出家，时年 14 岁。后于建仁寺师从临济宗开祖荣西的弟子明全学禅。因为"参诸知识，翻阅经论徒滞名相，不明大法"，遂于 1223 年（宁宗嘉定十六年）随同明全入宋，时年 24 岁。

抵达明州后，先至天童山，后游历阿育王山、径山、天台山，"莫不契机"。但在与当时寺僧的问道求法中，道元并不满意所得，故而在问答往来之后，他感觉到"日本大唐之间无益于吾之大善知识"，遂"起大骄慢，思及归朝"（《建撕记》）。此时，一僧人老琏劝说，"当今宗门具大眼目者莫如长翁净和尚"，遂五月至天童山景德寺烧香礼拜，"乃倒慢幢，忽发正信"（《永平寺三大尊行状记》）。于是，1225 年起道元从学于天童寺第三十代住持如净禅师，同年夏受如净（1163—1228）"身心脱落"的禅语而悟，成就"最具个性，也是最富神秘的，不可言说的瞬间。"[②]1227 年道元得嗣书，如净嘱其"尽早归国，弘通祖道"（《永平寺三大尊行状记》），其遂抱正法救济众生之愿"空手还乡"，时年 28 岁。

道元归国后先至建仁寺，不久就受叡山势力的压迫，于 1230 年转至深草闲居。[③]1336 年，新寺观音导利兴圣宝林禅寺建成，道元在此"日本最初的纯

---

① 藏经 86 册-1605 号，"继灯录"之"日本永平道元禅师"。
② 和辻哲郎："沙门道元"，《和辻哲郎全集》卷四，岩波书店，1978 年，第 176 页。
③ 其中的原因，据学者考察有比叡山僧团的迫害（大久保道舟），建仁寺僧团的腐败、戒律的松弛，以及归国时如净的劝戒（竹内道雄）。

粹禅修道场"（傅伟勋）说法十年。此后道元转居一个荒寺,[①]直到受到信徒云州太守波多野义重的支持。1243 年,道元转到越前（位于福井）修建新的道场,该道场初名大佛寺,于 1244 年建成,两年后改名为永平寺,成为道元最后的道场。"永平"以佛教东传的汉明帝永平十年为纪念,"夫永平者,佛法东渐之历号,扶桑创建之祖踪也。"[②]后道元应幕府北条时赖的约请至镰仓说法,染疾,于 1253 年示寂,"阅世五十有四"。[③]反映其思想的代表作有《辨道话》《正法眼藏》[④]等,弟子怀奘编写的《正法眼藏随闻记》[⑤]（下简称《随闻记》）也可谓一部反映道元思想的口述实录。目前著作全集本《道元禅师全集》共两种行世,一为大久保道舟主编,分为上下册,另一种为镜岛元隆主编,共十七册。

（二）道元其宗及其转变

道元归国后弘化的主要道场是建仁寺（荣西住持,是临济宗的本山）、兴圣寺和永平寺。其修禅的思想也有不同的阶段性特征,简言之是从最初的鼓励在家修禅到后期的强调出家禅。

他在归国当年所著的第一篇文章《普劝坐禅仪》中明确主张,要想"自然

---

① 其中原因可参见傅伟勋《道元》,第 20 页的脚注。

② 永平寺梵钟铭文,参见傅伟勋《道元》,第 31 页。

③ 关于道元的父母,至今未有定论,权威观点肯定其出生于当时最为显赫的贵族世家,并曾被作为政治上的权力继承人赋予重望。"姓源氏。京兆人。绅缨之胤也。"参见师錬《元亨释书》卷第六,收入"大日本佛教全书",佛书刊行会编纂,1913,第 76 页;另可参考藏经 86 册-1605 号,"继灯录"之"日本永平道元禅师"一卷,述其生平。水野弥穗子的『道元禅师の人間像』（岩波书店,1995 年）从当时的传记资料中做了详细的比较分析。

④ 此书因用和文写作,不同于当时其他宗师的汉文书写,故获得后世的高度赞誉,被认为是体现道元思想独特性的重要标志,同时也是对当时日本禅林思想受中国影响的一种回应。日本学界认为,镰仓佛教之前的佛教文章大多以汉文写作,延续和体现了中国佛教的思想,道元实现了一种民族文化的突破,如玉城康四郎认为,"道元的主要著作用和文来表述,这在日本佛教史上不得不说具有一种独特的意义。"参见氏著《真理的体现者 道元》,此外家永三郎的《日本文化史》也有相似观点。

⑤ 《正法眼藏随闻记》,山崎正一校注,讲谈社,1972 年。

身心脱落，本来面目现前"，就必须"急务坐禅""放舍诸缘，休息万事；不思善恶，莫管是非。停心意识之运转，止念想观之测量"。此时他的主张并没有强调出家修禅，他在《辨道话》中也指出，"问题只在有否志愿，却与自身在家抑或出家毫无相干"，显然这一方便之门为求法的僧俗大众所欢迎，所以皈依的僧人逐渐增多，声誉日隆，也许这也是其"德风远播，万指围绕"的一个重要因素。到了永平寺时期，道元则从归国初期的鼓励在家修禅转向了强调出家禅，"大凡佛法东渐以来，出家人之得道有如稻麻竹苇，在家而得道，迄今无有一人"（《正法眼藏》）。道元的这一转变导致之后的弘法径路发生了根本改变，宗风也与同时代的宗派大不相同，同时他本人的宗教思想相较于当时的宗师更具独特性。道元的宗风"与荣西以兼修禅立场与旧佛教妥协的作风全然对立"。①

在道元对在家与出家两种不同倾向的鼓励上，后世都给予了认可。认可前者多在于感动其救济众生的弘道愿力与平等慈悲的佛法精神；认可后者则出于敬重其避世不近名利、不畏苦行的高逸姿态。不过，道元晚年应北条邀请往镰仓行化使得学界对其弘化态度产生了不解与争论，也有后世学者以"出家人的接化育成与在家人的教化有所两立的理想主义经常流露"②来为道元的宗教思想做辩解。如果从道元寂灭前所吟诵的"是处即是道场"（《建撕记》）的法语来看，我们可以认为，出家与在家本质都在于禅宗的"即心是佛"（或者说日本禅宗所讲的"即身是佛"），或者我们可以从《随闻记》中对"只管打坐为宗"的丛林修道的力说，明确不管是何种方式，道元一以贯之的始终是坐禅悟道。"坐禅功夫，佛道之相传也。"（《随闻记》，第 55 页）但是出家坐禅与在家坐禅真的无关宗旨么？

道元的入室弟子并不多，"嗣法弟子慧奘僧海诠慧凡三人"，③虽然也接受了北条以及波多野等地方势力的皈依，但总的来说，影响有限。曹洞宗在道元

---

① 井上光贞："日本佛教的历史背景"，收入"講座東洋思想10"之《东洋思想在日本的展开》，东京大学出版会，1980 年。

② 转引自傅伟勋《道元》，第 33 页，竹内道雄的观点。

③ 藏经 86 册-1605 号，"继灯录"之"日本永平道元禅师"。

寂后逐渐分裂，继承道元衣钵的孤云怀奘有弟子两人，彻通义介与宝庆寂圆，后分为两支，前者以永平寺为道场，后者以总持寺为中心，两者宗风有别。怀奘时尚坚持将道元修订过的天童山清规及大刹丛林的现规记录下来，作为后世遵行的标准。第三代义介从中国回到日本后便在寺内进一步确立了中国式的丛林制度。到了义介弟子莹山绍瑾时，宗风发生改变，除了在家化的倾向，他们积极寻求地方势力的外护，最终接受了以各国守护为主体的地方大豪族的庇护，广泛地在地方上发展起了曹洞教团。佛教的社会职能显然被强化了，比如祈祷作为宗教活动得到了加强，而这与道元所提倡的"不做烧香、礼拜、念佛、修忏、看经，只打坐以求身心脱落"（《辨道话》）的修禅要旨显然有所背离。不过，事实上是，绍瑾通过与旧势力及世俗力量的妥协使曹洞宗的势力迅速扩大，最终与临济宗共同成为当时最重要的两大宗派，有"临济将军，曹洞土民"之称。后人指出绍瑾与旧佛教相妥协的弘法态度有浓厚的"兼修禅"倾向，[1]如果是这样的话，那么我们是否可以认为曹洞宗经过道元、怀奘、义介三代祖师的早期经营，日本的禅宗似乎又回到了荣西时代的兼修禅上去了呢？禅宗的独立性也显然不如道元主持的时代。所以，从这个意义上来说，只有道元继续的是"宋式纯粹禅"。[2]作为曹洞宗的开山祖师，道元已经将宋代的禅风引入了日本，只不过没有得到广泛的弘扬而已。

（三）道元禅的特点

道元修禅的特点，第一就是"本证妙修""修证一等"，而修的最紧要方法就是坐禅。其中前者被认为是脱离中国禅的道元原创，人们之所以这么认为，是因为这个问题在教理上涉及本觉与修行之间的关系，也有后世学者认为道元禅是对本觉思想的批判，因为道元也是对本觉有所疑惑才入宋求法，这里暂不

---

① 藏经 86 册-1605 号，"继灯录"之"日本永平道元禅师"。

② 井上光贞曾指出，纯粹出家佛教的异国禅宗风习的确立，是在中国人兰溪道隆受到北条时赖延请于 1246 年来日，在镰仓创立建长寺以后。参见井上光贞："日本佛教的历史背景"一章。

做教理上的讨论。就"修证一等"而言，从《辨道话》中可以知道，道元之所以这么坚持，是因为他亲身询问的宋国祖师们都是这么认为的——修证非两头。只能说道元把这样一种禅修的思想忠实地带到了日本，身体力行之，并积极发扬。他反对执着名相概念，而这事必对既有宗派的教理构成挑战甚至威胁。事实上，他的做法在日本当时不但要背负否定现行教理的罪名，还要遭受佛教内部的质疑（有人将之贬为小乘）。

第二，远离世俗，主张出家禅（前述道元归国早期曾鼓励过在家修禅，但后来仍重在强调丛林生活）。他拒绝世俗供养，甘于艰苦生活，乐贫志道，这在当时是少数派。如果世俗力量因此让其产生距离感的话，那么道元对本地神灵思想的拒绝不可不说是其受到佛教内部压力的一个重要因素。正如黄遵宪所分析的，"日本以神建国，排神说法，势所不行……推佛于神，援神于佛，以佛为体，以神为用，体用归乎一源……混糅神佛，举国之神无不佛矣……道俗无别，举国之民无不僧矣。"[1]道元否定世俗化，也就与从镰仓开始的本地垂迹保持了距离。相比之下，通过和固有神道的融通，最澄、空海所创立的佛教宗派得到了社会的认可，成为日本的宗教。[2]在此之后的道元禅如果不与神道结合，那么无疑会丧失很多的信众。不过，受如净"接得一个半个"的弘道思想影响，道元似乎只求正法弘化，而不在乎人数多少。据记载，他在兴圣寺时期尚积极对外讲法，但最初修禅的人并不多，他并不为忤。"汾阳仅六七人，药山[3]不满十众。即便如此，大家仍然是在行佛祖之道，此可谓丛林之盛。"[4]

第三，拒绝王权，反对兼修禅，积极确立禅宗的独立性[5]。这是其与其他宗

---

[1] 黄遵宪：《日本国志》卷三十七"礼俗志四"。
[2] 朱谦之：《日本哲学史》，人民出版社，2002年，第8页。
[3] 分别为汾阳善昭（947—1029），药山惟俨（751—834）
[4] 转引自石井进"日本的历史7"，《镰仓幕府》，中央公论社，1965年，第448-449页。
[5] 禅在奈良时代已经传入，但并未独立成宗，"禅门但列相承谱而已。"在荣西之前，有一位名叫大日坊能忍的僧人，独弘禅，后派弟子入宋，并得到宋禅师的印。可惜后来被刺杀，其弟子散去，禅终未形成独立宗派，其被视为日本最早视禅宗为正式宗派的僧人。参见石井进《镰仓幕府》；藏经86册-1598号，"曹溪大师别传叙"。

师最大的不同之处，尤其是与荣西相比。荣西先后两次入宋，虽在宋受临济禅，但归国后仍以天台宗为主兼修禅。即便如此，他的活动还是受到了叡山势力的压力，1194 年太政官宣布禁止禅宗。荣西为保护禅宗做《兴禅护国论》（1198），后终于获得幕府认可，也被旧佛教的秩序接纳，从而稳固了地位。而他后来也获得僧正一职，算是得到了当权势力的保护。相比之下，道元坚持禅的纯粹性，不但修建了"日本最初的正式禅院"（兴圣寺），而且"正式将严格的坐禅仪式引入日本"①，后世将其称为纯粹的禅僧。在这个意义上，也可说他从中国带去的不是禅的思想，而是禅宗，或者确切地说是以打坐修行悟道为主的默照禅。可以说，道元积极地维护了禅宗的独立性。

三、道元禅为何没有促成早期曹洞宗的广泛流传

在日本禅宗史上，临济宗和曹洞宗占据了主流，但在曹洞宗创立初期，临济宗的势力一直占据压倒性位置。如前所述，道元弟子不多，势力也较弱，这也是道元多次转换道场的原因之一。作为宗派的开创者，道元从宋僧处接受正统法嗣，开创新宗，成为日本当时佛教界的一支新兴力量。但从曹洞宗的宗史上来看，直到曾孙代的绍瑾时，曹洞宗才得以发扬光大。②是什么原因导致道元禅立而不传，传为不广呢？如果说道元从如净那里承继自达摩以来嫡嫡相传之曹洞正脉，那么其为何不能广为弘法利生？是道元禅不能适应日本本土民众，还是日本当时社会对其有所窒碍？而道元所带去并奉为圭臬的宋代禅风（"禅林轨则—取法于天童"）是否真有助于日本禅宗的确立？下面试从三个层面对这一问题进行分析说明。

首先，从日本佛教特质上来看，"为务打坐"道元禅风与日本佛教根本上的

---

① 和辻哲郎："日本伦理思想史"（上），《和辻哲郎全集》卷十二，岩波书店，1977 年，第 328 页。

② 参考麻蒔舌渓著《曹洞宗史要》，明教社，1893 年。

在家倾向存在距离。在日本佛教史上，佛教在日本正式得到迎请始自圣德太子，其在确立国本的"十七条宪法"里表示礼敬三宝，并且将佛教的地位抬高到立国之基础上，但同时他并没有忽视本土宗教——神道教。"正法建国、一天万和、佛土实现"这三则条件中"正法建国"与"佛土实现"都必须与"一天"结合起来，这个"一天"也就是"神国"的君主天皇。于是在圣德太子为日本人所规定的佛教里，天皇与国家始终是优先于信仰的，也就是说佛教必须要为社会、世间服务。所以圣德太子在确立佛教地位的同时也规定了它对国家的世俗性责任。圣德太子当时创立了四个寺院，分别为施药院、疗病院、悲田院和敬田院，其中供佛说法的只有敬田院，其他都是以社会慈善为目标的。显然，圣德太子从一开始就反对出家佛教，①反对专执个人修行避居山林。后世明治期间提倡尊皇奉佛的宗教活动家大内青峦也对当时僧人专念于往生极乐的修道行为不满，他甚至极端地提出，振兴佛教的力量与其在僧侣上，不如在俗人上，佛教更需要在家俗人的"外护"。他认为"圣德太子为了以佛教教化忠孝二道，故而在国中传布""日本佛教的本色，实质上是以社会心慈善心为基础而弘布之，依此传布我邦固有的忠孝二道。"②他以儒家的忠孝二道来规定佛教精神，这正是当时社会与国家所认同的根本价值。所以，社会和国家是日本佛教价值的立足点，其特质是国家佛教，与日本精神是一致的。总的来说，日本佛教体现出重在家性、重世俗社会的价值趋向。

道元在《普劝坐禅仪》中要求人们不要"寻言逐语之解行，须学回光返照之退步"，要"放弃诸缘，休息万事，不思善恶，莫管是非，停心意识之运转，止念想观之测量"。就辨道唯一法门——打坐而言，道元对打坐的姿势、手势以及呼吸等都有细致的说明，目的就是让人们从打坐中获得修证一等。而这一"参禅辨道"的勤严（道元以如净勤于打坐修行为实践典范，同样他也这样要求弟子和信众）则是让人们不得不远离世间生活，不再留恋或拘泥于世俗常事，

---

① 常盤大定：「日本佛教の特質」，『日本佛教の研究』，春秋社，1943 年。
② 大内青峦：「日本佛教の本色」，『大家の二説』，大日本曹溪会出版部，1900 年。

基本上此一修证做法与通过积极的社会慈善来弘扬佛法的在家禅风（或是人间佛教）迥异。

其次，从时代的角度来看，镰仓时期佛教世俗化使道元的禅风生不逢时。道元生活的时代，已是贵族宫廷文化凋零、天下群雄逐鹿的镰仓时期。佛教处于其中，同样也不可避免深受影响。此时随着高僧的创宗建派，一个镰仓新佛教形成了，其与既有的"南都北岭"的比叡山等旧佛教逐渐形成竞争。显然曾经受到贵族保护的佛教现在也不得不改变它的价值方向，一方面，受战乱影响，人们愈发将佛教纳入世俗生活中来，成为他们现实苦难精神的依托；另一方面，佛教内部中，比叡山的旧佛教与镰仓的新佛教两势力之间有所嫌隙与纷争。总之，佛教在这样一个时代，变得更加世俗化，各种势力为了获取自己的利益投到佛教活动中去，比如祈福等。也许正是因为这是一个武士兴起的时代，也有学者认为道元专一坐禅的信念与当时武士时代的习气有关，因为这一信念是在"武者的习气"中形成的。"抛下身体性命专心打坐，这样强烈的热情与武士的献身道德极为相似。"①但事实上，道元的禅风是少与人言的清修之路，并且要求放下思想、言语以及文字，只管打坐。此外，在默照禅与看话禅成为禅宗两大悟道方式后，人们对两种悟道方式的争论也一直不休。道元继承的是如净的默照禅——通过打坐观想来悟得，对外在世俗的要求只需要"静室"与"节食"。

最后，宋僧如净的"居深山幽谷""养佛祖圣胎"的训示对道元禅的出世倾向有直接的影响。在道元的记述以及关于如净的研究中，如净不但具有"舍我其谁"的大道复兴之志，严守古佛规范，也并不墨守成规。②如上所述，道元从

---

① 和辻哲郎："日本伦理思想史"（上），第 305 页。

② 日本的镜岛元隆在如净禅师研究中指出如净并不只是主张默照禅，他与主张看话禅的临济宗也有交往。镜岛认为默照禅与看话禅与其说是宗风的对立，不如说是一币两面，见《天童如净禅师研究》（爱知学院大学《禅研究所纪要》10，1981）；国内对如净的研究较少，有《天童如净及其禅法研究》（冯珺，浙江大学，2009 年硕士论文）一文，但对道元笔下的如净认识较有偏差，其实如净并不是一个反传统的人，反而正是一心追古慕古，依此来抗衡当时时代之浇风，寻回古佛之正道。

天童如净处继承法嗣，空手回乡创立洞宗。如净其人其教，道元在《正法眼藏》中有细微记录，而《宝庆记》则更加详细地叙述了其师徒情谊以及如净行仪。《宝庆记》是道元在宋天童如净禅师处学法时问法师尊的记录，后弟子怀奘（1198—1280）在道元示寂后的遗物中发现，遂将其公布于世。《宝庆记》以问答体的形式将道元修行中的疑问悉数罗列，其中如净的"慈诲"也正是后来道元归国后在《普劝坐禅仪》《辨道话》宣讲的佛理基础。取名"宝庆"也意在纪念从宝庆元年（1225）开始在如净身边的三年侍者生涯。而怀奘记录道元的《随闻记》在体例和形式上与之有相似之处。《随闻记》由怀奘撰写，共六册。怀奘为永平寺第二代住持，此书在其师示寂后的遗物中被发现，之前并未公布过。兴圣寺建成的第二年（1233）怀奘开始追随道元，此时其三十七岁，并成为其侍者，次年开始了《随闻记》的记录。"学道至要，随闻记录，所以谓随闻"（《随闻记》，第 332 页）。怀奘年长道元两岁，但终生尊奉道元为学道宗师，直至道元寂后仍然在居室悬挂乃师影像，朝夕礼拜，宛如生前。寂前遗言不建灵塔，只将遗骨埋于道元灵塔一侧的侍者位置。《随闻记》记录了道元兴圣寺和永平寺时期的说法，内含了道元禅宗的核心内容，读来也至为亲切，可谓研究道元及其思想的另一部重要原始资料，为后世研究者所重视。①两部口述实录忠实地保存了两位宗师的思想，从这两部问答录可见两者思想之承继。

　　如净于宋宝庆元年就任天童山景德禅寺的主持，继承的是曹洞宗雪窦智鉴禅师的法嗣，也被认为是宏智正觉默照禅的弘扬者，洞宗的中兴人物。"宋季以后，曹洞大势"②，如净发挥了重要的作用。智鉴曾付嘱，"密好山居，不望出世。"③如净对于"如何是洞门宗风"，答曰，"须弥立太虚，日月辅而转"，道

---

①　行世中可资参考的有水野弥穗子、和辻哲郎、大久保道舟、镜岛元隆、山崎正一等人的校注本，本文选用的是山崎正一的校注本（讲谈社，1972 年）。《随闻记》有明和年间（1770）发行的"明和本"与大久保道舟在长圆寺发现的江户古写本"长圆寺本"两种，后者因为其书写表达近于道元生活年代而受到关注，版本情况可参考山崎正一校注本之后的"书籍解题"。

②　蒋维乔：《中国佛教史》，上海古籍出版社，2007 年，第 215 页。

③　藏经 28 册-2002B 号，"天童山如净禅师续语录"，道元撰，1240 年。

元赞其"振法柄于太白峰麓，显密语于流水香"。①全然一派世外的丛林修行宗风。道元入宋时期，如净已是一代宗师。"入宋之日，僧觉琏语曰，人天导师一代宗匠者，长翁净公其人也"②，时人称"冥合洞山本旨，莫过于净公"。曹洞的"机关不露"与临济的"棒喝分明"是当时修禅的两大门户，"唯天童净禅师不流不倚兼而有之，自成一家八面受敌"③。与当时的宋代潮流相比，④如净主张的禅风"惧洞宗玄学或为语言胜"⑤，提倡的是实际的修行，而非名相上的究竟。如净批判当时宋代浮薄风气，"古未闻教律禅之闲名，今称三院者，便是末代之浇风也。王臣未知佛法，乱称教僧律僧禅僧，等寺院赐额之时，亦书律寺教寺禅寺等之字"（《宝庆记》）。由此，他也被誉为禅宗的革新派人物，"一方面拒斥儒道佛三教合一之论，欲以佛教统括儒道二家，另一方面又痛斥'禅宗'一辞的滥用，而以释迦以来的坐禅法门为正传佛法，藉以统合教禅二家"⑥。从上述道元修禅弘道的方法来看，如净积极维护禅宗独立性的思想行为也为弟子所继承。

如净对外来的道元很慈悲，并不拘泥于其是外国人。"不拘时候，不具威仪"，对"频频上方丈""问道问法"的道元悉心解答。"虽然是外国人，但道元君很出色"，如净对其很是器重，希望他担当侍者，但道元出于"大宋国的体面"的顾虑而婉拒了（《随闻记》，第 15 页）。如净对道元的刻苦精进很赏识，"尔有求法之志操，吾之欢喜也。洞宗之所托者，尔乃是也"（《宝庆记》）。道元感激地回忆"一如亲父之恕子无礼"（《宝庆记》）。归国时，如净特意附嘱道元要远离世俗权势。"名利早抛来，吾我永舍去。不近国王大臣，不着檀那施

---

① 藏经 28 册-2002B 号，"天童山如净禅师续语录"，道元撰，1240 年。

② 藏经 48 册-2002B 号，"记天童净和尚"，"天童山景德寺如净禅师续语录"。

③ 藏经 48 册-2002A 号，"如净禅师语录序"。

④ 如吕澂所概括的"一般佛教徒着重实践的倾向性甚为显著，参见氏著《中国佛学源流略讲》，中华书局，2006 年，第 388 页。

⑤ 藏经 48 册-2002B 号，"天童遗落录序"，"天童山景德寺如净禅师续语录"。

⑥ 傅伟勋：《道元》，第 17 页。

主。轻生而隐居山谷，重法而不离丛林。"(《永平广录》)"莫住城邑聚落，莫近国王大臣，只居深山幽谷，接得一个半个，勿令吾宗致断绝。"[1]在后人看来，道元"化播北地不及中土，不能无遗意矣"[2]，但归国后的道元终生秉承其师旨意，没有试图通过接近王权来推广其教义。[3]

尽管道元叹息"大宋国的丛林中，一师之门下，数百千人之中，实得道得法之人仅一二也"(《随闻记》，第151页)。但对于本国人的佛教理解，他依然感慨"可悲边鄙小邦佛法未弘通，正师未出世，若欲学无上之佛道，遥可访宋土之知识"(《学道用心集》)。道元自述其心境时曾说，其在阅读《高僧传》《续高僧传》等书时，发现大唐高僧和教徒的言行与日本法师所教的不同，在反省上，与之相比，"日本国的大师们便如同土瓦了"[4]。从这里可以看出道元对宋土禅林中高僧尤其是如净思想的崇仰之情。从如净禅到道元禅，从《宝庆记》《随闻记》，我们可以清晰地看到如净对道元的深刻影响。

第一，提倡"只管打坐"的修禅悟道方式。"参禅者身心脱落也，不用烧香、礼拜、念佛、修忏、看经，只管打坐而已。"《宝庆记》这是如净告诉道元悟道的"秘术"，即"只管打坐作功夫，身心脱落来"。如净提出的"只管打坐"的思想在《随闻记》中多次出现，如"修行道场最为至要的是专一坐禅"(第58页)，"禅僧的第一用心应为只管打坐，不论利钝贤愚"(第61页)，"一向打坐，大事可明"(第138页)。"学道最要为坐禅"是《随闻记》的最后一篇，可见如净一生最大的主张就是坐禅。"大宋之人，众多得道者皆坐禅之力也。一文不通，无才愚钝之人，如能专心坐禅，经年之学也能胜过聪明之人……佛祖之道，只坐禅也。无他事。"并且这一打坐必须离我执，"学人，第一用心，先须离我

---

① 转引自傅伟勋《道元》，第28页。

② 师錬：《元亨释书》卷第六，第76页。

③ 道元曾经一度自称"臣僧""祝圣"，但后世学者认为其是为了使禅法能够生存而不得不为之。参见井上光贞的分析，"日本佛教的历史背景"，《东洋思想在日本的展开》，第142页。

④ 转引自石井进"日本的历史7"，第432页。

见，不可执此身……虽常坐如铁石，此身不离者，万劫千生，不可得佛祖道"（第 223 页）。道元不主张教理的辩论，认为从根本上来说这是无用的，对己、对人都无益处。如前述，其师也是反对语言辨胜。从现实的角度可以理解为对现世的出离，具体来说就是远离世俗，丛林修道。

第二，避居山林，拒绝世俗名利，追随古风，行出家禅。禅坐是佛教修行的一种常用方法，但如净更重出家修禅。如净欣慕古风，批判禅林风气，"老僧见今时师僧……夸名夸利，未曾休歇"。① "上古禅和子皆着褊衫也，间有着直裰者，近来都着直裰者，乃浇风也，尔欲慕古风则须着褊衫"，大叹"大宋佛法衰微不可言也。"（《宝庆记》）在宋时，如净就勉励道元："你虽是后生，颇有古貌。直须居深山幽谷，长养佛祖圣胎，必至古德之处也。"告诫其，"第一初心辨道功夫时……莫视听名利之事……寻常应观青山溪水，直须古教照心，又见了义经坐禅辨道之"（《宝庆记》）。后来道元也积极提倡远离世俗修禅的重要性，"修行佛法，欣求出离"（《学道用心集》），"心不可往俗世间，应专一学习悟道"。"学道者，必须舍弃俗对世的执着……舍世、舍家、舍身、舍心"，至于名利更加不应贪求。道元在《学道用心集》中也告诫"不可拘名闻利养"，其本人也恪守原则，安贫乐道，贫以修道志向。"天竺汉土祖师尤其为人所知者，皆贫穷乞食""未闻富饶财宝行佛法"；其弟子回忆，"嵯峨帝赐以甚服徽号，师奉之高阁未尝挂体"②。

第三，对待修行和弟子严厉。如净坐禅三十年如一，甚至溃烂也坚持不懈，而道元同样也不惧身体局限。在宋时期，虽因极热极寒发病，但道元思虑求道重于横死，仍"昼夜端坐"。如净指导弟子修禅非常严厉，对懈怠的弟子常恶口呵斥，甚至竹篦扑掷。道元在对弟子的规诫上同样毫不留情，弟子玄明因对权臣北条捐赠大米流露出喜悦之意而被逐出寺外，其坐禅的床也被砍断（《建撕记》），以表示清净不容世俗名利的污染。

---

① 藏经 28 册-2002B 号，"天童山如净禅师续语录"，道元撰，1240 年。
② 藏经 86 册-1605 号，"继灯录"之"日本永平道元禅师"。

显然道元在最基本的教理确立上完全遵从了乃师的示诲与嘱托，但同时也须指出，相较于如净，道元在某些方面更加极端化，如他提出"教理学问知识，最好全都忘记"，而如净并没有完全否认语言文字的意义。对于"一言半句"和"悬河之辨"的区别，如净解释道，"世尊所说，广略俱尽道理也。纵广说究竟道理，纵略说究竟道理，于其义理无不究竟，乃至圣默圣说，皆是佛事，所以光明为佛事，饭食为佛事"（《宝庆记》），也就是说"广"与"略"并非有违悟道，当前根本宗旨都是要明"了义"。不难理解，道元这一容易被误解为否定现成教理的倾向也是其在旧派势力的压迫下愈发困顿①的重要原因。

四、结语：作为如净禅支流的道元禅

在道元禅的形成过程中，通常受到研究者关注的是这样几个事件：（1）"典座教训"，令他明白文字所障；（2）西川僧人追问，令他醒悟"行"的根本意义；（3）"身心脱落"，令他悟得禅境。这些事件发生的地点、时间以及与之交谈的人都在宋土，所以宋代禅风无疑对道元禅的形成具有决定作用。

从上述道元禅风的特点以及形成原因来看，在某种程度上，道元的禅风继续的是宋代禅风，确切地说是如净禅；而他所建立的洞宗也仍然是宋代曹洞宗的支脉，他原原本本地遵从师尊的教导，但不为当地人所接受和理解。这并不是因为道元弘法不力，其中有整个日本佛教乃至当时社会的因素。同一种事物在两个不同的地方并不完全兼容，这是由文化生成所决定的。由于道元原封不动地沿用宋土的规章仪轨，以及普佛思想，因此其弘法自然受到日本本土文化的冲击。这也就不难理解为何绍瑾放弃祖师的修道方法，选择与土民结合后，

---

① 镰仓新佛教初期所受到的弹压祖师宗派基本上是三类，背离受到朝廷认可的担负镇护国家的八宗秩序；教学上无视传统方法确立教义；容忍皈依新佛教的民众之中的破戒状态主张造恶无碍。参见大隅和雄《镰仓佛教及其革新运动》，收入"岩波讲座·日本历史5"，《中世1》，岩波书店，1975年。

反而扩大了曹洞宗的影响，使其直到今天依然是日本佛教颇具影响力的大宗。所以，道元只是如实地继承了如净禅，将如净颇具古风的禅风带到了日本，"忍饥忍寒，一心学道"；到了曾孙绍瑾，日本曹洞宗似乎才显示出更具本土性的一面。

论两部神道著作《神祇秘抄》的
"神本佛迹说"

清华大学 李健

一、引言

起源于古印度的佛教，经由中国和朝鲜半岛传入日本后，在适应日本社会的过程中，其教徒提出了以佛为本地、以神为垂迹的本地垂迹说（又曰"佛本神迹说"），试图以此来阐释作为外来宗教的佛教与日本本土的神祇信仰之间的关系。这一学说提出后，很快在日本社会广泛传播，及至平安末期，日本国内各大小神社基本都确立了本地佛，形成了一系列垂迹神与本地佛的对应关系。这一时期，本地垂迹说是神佛关系的主旋律。

然而镰仓时期（1185—1333）以来，神道界人士在注释《古事记》《日本书纪》《先代旧事本纪》"三部本书①"的过程中理论素养不断提高，以伊势神宫、吉田神社为核心的一些神社祠官不满于传统的本地垂迹说，对此提出疑问。他们认为，日本的神才是本地，佛应是神的垂迹，从而提出了"神本佛迹说"，试图以此来重新界定神佛之关系。这与此前人们所接受的神佛关系截然不同，神佛之本迹的位置出现对换。也正是基于这一点，有不少学者将其称为"反本地垂迹说"，意即反对本地垂迹说的学说。与此同时，在此历史背景下，天台宗、真言宗的一些佛教徒也开始重新思考神佛之关系，他们借助佛教理论对神佛关

---

① 西田長男校注『卜部神道』（上・神道大系論説編 8）、神道大系編纂会、1985 年、第 57 頁。

系重新进行了诠释，也提出了神是本地、佛是垂迹的说法。本文所要探讨的《神祇秘抄》就是两部神道①的一部重要代表作。

首先需要说明的是，历史上名为《神祇秘抄》的著作，共有两部，一部是伊势神宫外宫祠官度会家行（1256—1351?）的著作，成书于元德二年（1330）；一部是真言宗僧侣俊融（生卒年不详）的著作，成书时间不详。前者主要考察的是《日本书纪》的神祇次第，后者借用佛教尤其是密教理论阐释"神佛本迹之谜""法应权实之说②"，主要围绕伊势神宫、天照大神与大日如来的关系展开，类属于两部神道著作。本文所要考察的，是后者。

关于俊融的《神祇秘抄》一书，目前我国学界尚未有相关研究，日本学界的研究也是本世纪初才刚刚起步。值得一提的是，日本中世神祇信仰研究会注释、翻译的《神祇秘抄注解》（2001—2005，共三卷）的连续出版发行，为今后开展《神祇秘抄》研究提供了便利。以往有关《神祇秘抄》的研究，基本以注释和介绍为主，最近几年，该书蕴含的思想逐渐引起学界关注。其中最具代表性的是伊藤聪氏的论文——《从中世的神佛关系到近世——特别以神本佛迹说为中心》（2021）。该论文作为日本学界该领域的最新研究成果，提出了一些具有重要参考价值的观点，特别是他提出的《神祇秘抄》没有排斥佛教的意图的观点，为今后重新认识日本中世的"神本佛迹说"提供了重要视角。③本文正是

---

① 两部神道：两部，指密教的胎藏界与金刚界。密教认为，世间的一切事物皆是大日如来之显现，表现其智德方面的称为金刚界，表现其理性方面的称为胎藏界。镰仓时期，日本真言宗僧侣借助以胎藏界、金刚界为核心的密教理论，阐释伊势神宫内外两宫、神道及其神佛之关系等，形成了神道学说或流派。"两部（习合）神道"一词，最初见于吉田兼俱（1435—1511）的《唯一神道名法要集》。

② 以上两句出自阿部太郎、山崎誠编：『中世日本紀集』（真福寺善本叢刊 7・神祇部 2）、臨川書店、1999 年、第 375 頁。

③ 参见伊藤聡「中世の神仏関係から近世へ―特に神本仏迹説をめぐって―」吉田一彦編『神仏融合の東アジア史』、名古屋大学出版会、2021 年、第 655 頁。在此之前，伊藤氏对《神祇秘抄》也有一些基础性介绍，详见伊藤聡「中世神道説の類聚」、『日本文学』（第 64 巻第 7 号）、2015 年、第 63 頁。

在伊藤氏观点的基础上，进一步展开探索的。笔者在研读《神祇秘抄》的过程中发现，该书中不光有"神本佛迹说"，实际上也有"佛本神迹说"，那么应该如何理解并存的二者呢？哪一种说法才是《神祇秘抄》的根本观点呢？应该如何看待《神祇秘抄》中的神佛关系呢？为了解决这些疑问，本文将主要针对以往研究中没有涉及的《神祇秘抄》"神本佛迹说"的适用范围及其形成背景作深入探讨，以期通过这样的研究，一者更加清晰地认识《神祇秘抄》的"神本佛迹说"，二者借此为中世"神本佛迹说"乃至中世思想史的研究提供一些有益参考或补充。

二、中世神观念的嬗变与《神祇秘抄》"神本佛迹说"的形成背景

在探讨《神祇秘抄》"神本佛迹说"的形成背景之前，首先需要意识到的一个问题是，中世的神观念出现了嬗变。正是由于神的观念或对神的认识出现了变化，才导致对神佛关系的认识出现了变化，二者存在因果关系。以下进行详细阐述。

进入中世后，日本人的神观念出现变化，这种变化与佛教有密切关系。其一，在古代日本人的观念世界里，神祇信仰具有封闭性的特征，某一神通常是某一地域或氏族集团的祭拜对象，氏人或百姓供奉、祭祀神祇，作为回报，神祇负责守护、保佑、维持该氏族集团或地域的和平与安宁。[①]也就是说，神祇的守护对象或范围是固定的。然而，随着本地垂迹说的发展与渗透，到了中世，神的观念出现了嬗变：在神佛的本地与垂迹的关系之下，神被看作佛陀或菩萨的垂迹、化身，而佛教宣扬的是，佛陀或菩萨具有普度众生的责任，因此此时

---

① 参考伊藤聡「神仏習合理論の変容─中世から近世へ─」、『宗教研究』（第81卷第2号）、2007年9月、第182頁。

作为垂迹之身的神就不得不突破地域或氏族集团的藩篱，成为救济众生的化身。也就是说，封闭的神变成了开放的神。其二，随着武士阶级的崛起及其政治、军事实力的壮大，特别是镰仓幕府建立后，武家所崇祭的祖先神——八幡神的地位也随之提高，由此带来了既成的神观念和神秩序的改变。天照大神作为独一宗庙社稷神的地位动摇了。镰仓初期成书的《宫寺缘事抄》第十二卷说："然则八幡大菩萨者，我朝之宗庙，古昔之皇王也。"①把八幡大菩萨看作日本的宗庙神、古代的"皇王"。有意思的是，不久后在鸟语上皇的御告文中竟然也出现了这种说法。《石清水文书》收录的"鸟羽上皇御告文"云："石清水御座八幡大菩萨者，国家之宗庙尔。御座镇护朝廷，安全皇图。"②这则御告说明八幡神是宗庙神的说法，已经得到上皇敕许。然而"凡国家之大事者，莫大于宗庙"③，宗庙社稷神的这种变化，直观地反映出天照大神"尊无与二"④的绝对地位受到挑战，由此折射出日本社会的深层次变动，昭示着皇权或王权的衰颓。笔者认为，这是皇祖神地位及对天照大神的信仰改变的主要原因。

与此相反，也有一些人站在维护皇权的立场上，试图极力捍卫天照大神绝对不二的地位。为此，他们援用佛教的本觉思想对日本的诸神进行分类，以期凸显天照大神与众不同的地位。在这种分类法中，诸神被分成了三种：本觉神、始觉神、实迷神。

> 大方神在三等。①所谓一本觉，伊势神宫是也。本来清净理性，常住不变妙体也，名大元尊神。境界风不动转，心海湛然无波浪，宝体一心外无别法，名本觉也。②二不觉，出云、荒振神类也。远离一乘理法，不出

---

① 『大日本古文書・家わけ第四・石清水文書之五・田中家文書附録』、第 98 頁。

② 『大日本古文書・家わけ第四・石清水文書之一・田中家文書』、第 17 頁。

③ 同上书，第 573 页。

④ 尊无与二：中世神道文献中多次出现。出自平安时期斋部广成的《古语拾遗》（807）："然则天照大神者，惟祖惟宗，尊无二。因自余诸神者，乃子乃臣，孰能敢抗。"（『群書類従』第十七輯、第 10 頁。）

四恶四洲，见佛法僧，闻诸佛梵音，失心神，无明恶鬼类也神。是实迷神，名为不觉也。③三始觉，石清水、广社类也。流转之后，依佛说经教，无明眠觉，归本觉理。是为始觉，亦名实语神也。惣始觉成道者，成佛外迹也。匪本觉本初元神也。①

上述引文中对神的三分法，出自嘉应二年（1170）成书的两部神道著作——《三角柏传记》，而后成书的《中臣祓训解》（1191）对此有直接引述。②为方便论述，笔者暂且将其称为"三神说"。不只见于这两书，"三神说"在不少神道著作中均有类似表述，如天台宗光宗的《溪岚拾叶集》，伊势神道度会家行的《瑚琏集》、度会常昌《大神宫两宫之御事》等。从引文中可以看出，作者认为，在诸神中，伊势神宫也就是天照大神是独一无二的"本初元神"，其他诸神，除了荒振神、出云神（祖神为素戋鸣尊），则大多是始觉神，也就是佛陀的垂迹（文中说"成佛外迹"）之神。不难看出，在这种神的三分法中，天照大神的地位格外尊崇，是独一无二的本觉神，是"尊无与二"的大元尊神，因此被移出垂迹神的序列。这也就意味着原本用于阐释神佛关系的本地垂迹说在此出现了变化，这一神佛关系不再适用于天照大神。换言之，天照大神脱离了与佛陀之间形成的本地—垂迹的关系。个中变化说明在作者的观念世界中，本地垂迹说不适用于本觉神和实迷神，而只适用于始觉神，即实语神，也就是说，其适用范围变得狭窄了，是有条件的。《神祇秘抄》的"神本佛迹说"正是在这样的思想背景下形成的。在《神祇秘抄》第一卷"天地立相并神道等事"一节中作者说道：

---

① 参见阿部太郎、山崎誠编『中世日本紀集』（真福寺善本叢刊6·神祇部1）、臨川書店、1999年、第365頁。

② 《中臣祓训解》的表述与上述引文基本相同，而文末出现了"云云"字样，由此可知，此为引述他文。参见岡田荘司校注『中臣祓訓解』（神道大系古典注释编8）、神道大系编纂会、1985年、第14頁。

先、神有三种神，四种异名。四种名者，四种法神也。三种神者，①一者本觉神或法性神。是则本来不生一念，诸佛内证智，天照大神是也。②二者始觉神。即诸权化、垂迹，以悲愿力现神明，皆可有本地，八幡等神是也。③三者实冥神。是又自劫初下天，诸荒振神也。依祭祀等之法乐，暂善恶之利应区也，出云大社等神是也。今此实冥与法性二神者，不生一念之上而暂善恶之相各别之故，其性然一致而二念生起。云云。故为法性、实冥之二神也。①

《神祇秘抄》的"三神说"，显然延续了《三角柏传记》《中臣祓训解》中的说法。其所言神的三种类别，实际上暗指的是神的三个等级。其中天照大神的位次最高，八幡神等次之，出云神、荒振神位次最低。上述引文中，作者段末特别阐述了法性神与实冥神的区别：一念之前、不生一念是法性神，而起念不悟、二念生起是实迷神。换句话说，作者是依据佛教本觉、始觉与不觉的说法，以有念、无念来区分天照大神与其他诸神的。在《神祇秘抄》第十二卷"神佛本迹事"中，作者再次阐述了诸神的差别，不过，这里只谈到了本觉神与始觉神：

问：然、先诸社神祇称其本地或弥陀、观音，又不动、降三世②。云云。其义如何。

答：如上载，神有三种差别故，①则天照大神者，本觉之正神，周遍法界、无始无终之体也，都不可有本地。云云。②次以始觉之面，诸权现

---

① 阿部太郎、山崎誠：『中世日本紀集』（真福寺善本叢刊 6·神祇部 1）、臨川書店、1999 年、第 376 頁。

② 不动、降三世：指的是不动明王、降三世明王。二者都是密教五大明王之一。不动明王，又叫作不动尊菩萨，不动，乃慈悲心不动，明，乃智慧之光明，此尊为"此尊为一切诸佛之教令轮身"，在密教诸尊中与大日如来相并，享多数之祭祀。降三世，指的是降服贪、嗔、痴三毒与欲界、色界、无色界三界。

等或祭鬼为神、崇虵祝神，又依佛菩萨悲愿力现权祖，又祭人灵号神之类。偏佛法功用，然间，从因向果之神，悉可有本地也。八幡大菩萨托宣文云：得道来不动法性，示八正道权垂迹，苦众生皆得解脱，故号八幡大菩萨。本觉，以此文，可明其意。①

文中作者再次强调天照大神是"本觉之正神""周遍法界、无始无终之体"，因此"不可有本地"，而其他始觉之神，则是"从因向果之神，悉可有本地也"。这就把天照大神与其他诸神明确区别开来，突出了天照大神的特殊性。《神祇秘抄》第二十卷"天照神与大日本迹事"又云，"问：或人云，神无本地。云云。而今以大日为天照神之本地。云云。其义如何。答：于法性神，都不可有本地……大日者，天照大神之德号，故实一体之上异名也。何论本迹哉"！②众所周知，大日如来是密教之本尊。密教把大日如来看作绝对的佛陀，也就是法身佛，而把释迦看作始觉（修行）成道的佛陀，也就是相对的佛陀。在这段话中，作者指出，在天照大神身上不存在本地垂迹之说，天照大神就是大日如来，二者一体而异名。又如作者在第六卷"御镇座事"中所指出的："天照大神者，正坐天上，常照一大法界，利万类，号之大日。"③脱离了本地垂迹说的束缚，被赋予法性神、本觉神之称谓，被看作与大日如来"一体无二"的天照大神，由此具备了与释迦佛形成新型的神佛关系的可能性。换言之，倘若天照大神不被看作本觉神，倘若释迦牟尼不被看作始觉成道的佛陀，二者之间也就不可能形成"神本佛迹"的关系。《神祇秘抄》"神本佛迹说"正是基于这种认识而成立的。

---

① 阿部太郎、山崎誠：『中世日本纪集』（真福寺善本叢刊 6・神祇部 1）、临川書店、1999 年、第 384 页。

② 同上书，第 393-394 页。

③ 同上书，第 378 页。

三、《神祇秘抄》"神本佛迹说"的适用范围

神佛之关系，是《神祇秘抄》所要探讨的主要问题。全书一开篇，作者就明确提出了接下来要解决的问题："神佛本迹之谜，何时详之？法应权实之说，谁人得之？"①《神祇秘抄》分为上、中、下三册，全书共二十二卷，为了阐明这一问题，该书专设一卷大段论述"神佛本迹事"。第十二卷"神佛本迹事"云：

> 问：①以神为本地、以佛为垂迹。云云。其义如何？
>
> 答：虽宗宗料简不同，总而不知神之为神故。暂以法华意，可分别之。彼经所说，先以迹门为方便，以本门为已证。经云：若有闻法者，无一不成佛。云云。直指己心，示本地之妙法。故深惠人一触耳即悟之，云之本门。又经云：无智人中莫说此经。愚劣之辈，不觉不知之故，以方便说迹门。妙法者，此神御体。诸佛已证，法性之一理也。②为显众生本源、己心妙法，为增诸佛之神通智力，吾神^{吾朝异名也。}垂应化之迹，西天出世化导。故尺尊诞生初，言，天上天下唯我独尊。是又神开辟天上天下修行也。③圣德太子诏松子笔云：神明应化，尺尊成道。又，神托文云：^{太和姬皇女宫}代西天真人，归升天宫。②

文章以设问自答的形式首先提出疑问：有人说神是本地、佛是垂迹，应当如何理解？紧接着，对这一问题做出回答：虽然佛教各宗各派的各类文献所述五花八门、各说不一，但是都没有解释清楚神为什么是神（神之为神）。因此，

---

① 阿部太郎、山崎誠：『中世日本紀集』（真福寺善本叢刊 6·神祇部 1）、臨川書店、1999 年、第 375 頁。

② 同上书，第 383 页。

权且依照《法华经》迹门与本门的说法来理解什么是神。那么什么是本门、什么是迹门呢？文章说，"先以迹门为方便，以本门为已证""深惠人一触耳即悟之，云之本门"，而"愚劣之辈，不觉不知之故，以方便说迹门"。也就是说，一触即悟、能够证得佛果的，是本门，而愚劣顽固、不能证得佛果的，就需要以方便之法门去引导、劝说，此为迹门。将这种说法对照前文所述的"三神说"，很容易发现，实际上，按照作者的理解，作为本觉神的天照大神就是本门，而作为始觉神的八幡神等则是迹门。一言以蔽之，作者把本觉与本门、始觉与迹门画等号了。这是天台本觉思想影响的结果（对于这一问题，笔者将另撰文探讨）。天照大神既是本门，也就无须再用方便之法使之觉悟成道了。相反，作为本觉之神，它不仅能够自证，而且能够帮助其他神或人使之觉悟成道。"为显众生本源、己心妙法，为增诸佛之神通智力，吾神^{吾朝异名也、}垂应化之迹，西天出世化导"，说的就是作为本觉神的天照大神为了显众生之本源、示己心之妙法、增强诸佛之神通力，远赴天竺"垂应化之迹"，化身为释迦牟尼现身说法，为利益众生而"出世化导"。第十五卷"大神宫求闻持相应事"中说："又彼尺尊（即释迦——笔者注）自东土神，垂西天之迹，假示涅槃之相，思，本地高广，三世常住，照一大法界，利无尽众生，此神德哉"①，说的也是天照大神为彰显神德、利益众生而化身为西天的佛陀，"立因果之道理，说生者必灭之相，示涅槃无常之理"②。

需要注意的是，《神祇秘抄》中出现了两个佛陀，一个是在西天修行最终成道的佛陀，即释迦牟尼佛，一个是密教的本尊大日如来佛。按照《神祇秘抄》的表述，后者与天照大神的关系是，大日如来就是天照大神，二者一体而异名——"于法，显因果，于世界，现日月，于人，为两眼，镇彰天地人之化

---

① 阿部太郎、山崎誠：『中世日本紀集』（真福寺善本叢刊 6・神祇部 1）、臨川書店、1999 年、第 387 頁。

② 同上书，第 383 頁。

用。皆是神力之用，无体之体，无名之名。故号天照大神，又号大日也"①。而前者，正如上面引文所阐释的，是天照大神的化身，即垂迹之身。作者说"释尊入山，六年苦行，十二月八日晨照朝，礼明星，得正觉"②，显然是取密教之说，将大日如来看作绝对的佛陀，而将释迦牟尼看作相对的佛陀：天照大神既是本觉神，又与大日如来一体无二，那么作者因此就认为，释迦与天照大神之间是垂迹与本地的关系。"彼释迦，当十二代人王之始，才八十涅槃。云云。是则神应化（为释迦），为令知未来众生寿限，假示此化仪。已显生灭化，说因果之法。"③上述引文中假借圣德太子之口吻所言"神明应化，释尊成道"一句，意即在此。这样一来，释迦与天照大神之间就形成了神为本地、佛为垂迹的新型的神佛关系，即"神本佛迹"的关系。需要指出的是，在"三神说"框架下，《神祇秘抄》并没有否定八幡神等其他诸神是始觉神、垂迹神，也没有否定它们与佛陀或菩萨之间存在的垂迹与本地的关系。尽管在该书第九卷中也出现了天照大神与金刚藏王菩萨之间的本迹关系——"山上金刚藏王者，天照大神化现也。为密教拥护，利益众生而出世"④，但是并不能因此就简单地认为《神祇秘抄》的神佛观就是"神本佛迹"。这是第一点。

第二点，应当认识到，《神祇秘抄》所阐述的"神本佛迹说"只是就天照大神与释迦、天照大神与金刚藏王菩萨之间的关系而言的，对于其他诸神，如八幡神之类的始觉神、出云大社祭神之类的实迷神等并不适用。因此，其适用范围是有限的。正因为如此，笔者认为，一些学者将《神祇秘抄》所阐述的神佛关系看作"反本地垂迹说"的观点，坦白来说很难成立。同时，将《神祇秘抄》理解为中世否定或反对本地垂迹说的思潮中的作品，也是不妥的。

---

① 阿部太郎、山崎誠：『中世日本紀集』（真福寺善本叢刊 6・神祇部 1）、臨川書店、1999 年、第 376 頁。

② 同上书，第 387 页。

③ 同上书，第 384 页。

④ 同上书，第 380 页。

问题是，《神祇秘抄》为什么要提出"神本佛迹说"呢？或者说，其目的何在？如要先说结论的话，笔者认为，其直接目的在于维护天照大神尊无与二的绝对地位，捍卫以天照大神为顶点的神祇秩序。之所以这么认为，理由有二：其一，"三神说"将天照大神视为本觉元神、法性神，间接否定了它作为佛陀的化身或垂迹的可能，使之成为与其他众神完全不同的特立独行的至尊神。"三神说"是《神祇秘抄》"神本佛迹说"成立的基础。其二，作者把天照大神与密教的本尊大日如来看作一体的，认为二者同体而异名，这就意味着天照大神不仅是神祇序列中至高无上的存在，而且在密教中也被视为一种至高无上的存在。而这种存在（天皇家的祖先神这一至高无上的存在）映射出的是天皇和王权的至高无上性。在中世话语体系下，天照大神的至高无上性，也就象征着其在人间的"代理人"——天皇的至高无上性。由此可以说，这是对中世嬗变后的神祇秩序或神祇观念的一种抵制。

四、结语

通过以上之探讨，本文认为，中世两部神道著作《神祇秘抄》中既有以佛为本地、神为垂迹的"佛本神迹说"（也就是传统的本地垂迹说），也有以神为本地、佛为垂迹的"神本佛迹说"，二者并存，且并不矛盾。在"三神说"框架下，日本的神祇整体上被分为本觉神、始觉神、实迷神三类，天照大神被看作本觉神，因此其作为垂迹之神的可能性被否定，这是产生新型的神佛关系的重要基础。《神祇秘抄》的"神本佛迹说"只是针对天照大神与释迦、天照大神与金刚藏王菩萨之间的关系而言的，其适用范围是有限的，而其中的"佛本神迹说"则是针对诸如八幡神等所有始觉神而言的，其适用范围比较广泛。因此，不能简单地将《神祇秘抄》所阐述的神佛关系看作"反本地垂迹说"或"神本佛迹说"。

之所以提出"神本佛迹说",是因为《神祇秘抄》的根本意图不在于反对或否定传统的本地垂迹说,而在于试图以此维护天照大神"尊无与二"的绝对地位,捍卫以天照大神为顶点的神祇秩序,其根本指向是为天皇与王权服务。因此,在评价《神祇秘抄》"神本佛迹说"的思想史位置时,很难将其与传统的本地垂迹说(也就是佛神本神迹说)放在同一水平线上进行考量,因为它既不是传统的本地垂迹说的延续,也不是颠覆,而是一种有条件的批判的继承。

伊藤仁斋的"道论"内涵及其形而上学特征

中国人民大学　　贾晰

摘要：伊藤仁斋以"古义学"的方式重建"道论"，其以一元气论说天道，将天道与人道截然分开，反对宋儒以阴阳之所以然者言道，认为不可以天道为万物之来历根原；该道论体现出伊藤仁斋一贯之重实学、解构形而上学的特征。然而，在伊藤仁斋于《语孟字义》之天道、天命、人道等概念之诠释中，又处处可见形而上学之性质。其以"不得不由之而行者"解道，展现了道之正当性与原则性；又以道"不可离"展现道之普遍性。相良亨则指出，仁斋的"道论"中频繁使用的"自然而然"（おのずから）一词具有绝对性与超越性。因而，伊藤仁斋一方面建构实学、解构宋儒之形而上学，另一方面又与之相暗合。这恰好体现了儒学自身之普遍性、普世性与真理性。

关键词：伊藤仁斋；道论；形而上学；古义学

按日本学者子安宣邦所言，伊藤仁斋通过重读儒家古典，开拓了近世思想的新天地[1]。而其所创立的古义学被誉为日本儒学的开端[2]，在哲学史上具有重要地位。仁斋[3]的古义学以重返孔孟之思想为基点，以"性道教"为大纲，在与作为思想权威的程朱理学[4]的斗争中，形成了独特的思想体系。学界普遍认为

---

① "仁斎は、儒家古典の本質的な読み直しによって近世思想に新たな地平を拓いた。"子安宣邦《仁斎学講義——"語孟字義"を読む》,：ぺりかん社，2015 年，第 44 页。

② 吴震：《从伊藤仁斋"道论"的重构来看德川儒学"反朱子学"之特色》，《河北学刊》2015 年 7 月第 4 期。

③ 此后皆简写为仁斋。

④ 本文所论程朱理学、宋儒、朱子学皆指同一个概念，即以朱子学为代表的宋明理学。

仁斋的古义学具有"重孔孟""重实学""重人伦之道""解构形而上学"①等特征，但仁斋晚年所著《语孟字义》却以孔子"罕言"之"天道"为开端，后接"天命"，之后才诠释作为人伦之道的"道"字。日本学者相良亨亦指出，仁斋在论述道时所言的"自然而然"（おのずから），具有形而上学的特征②。

在仁斋所处的江户时代，以"性理学"著称的宋儒思想正当盛行，"天理"为其思想核心，形而上学建构更是宋学在对抗佛老思想的基础上对先秦儒学的继承与创新。有着朱子学出身背景的仁斋，想要回归孔孟之实学、解构形而上学，便不可避免地要面对宋儒思想之大山，故仁斋书《语孟字义》以对抗陈北溪之《北溪字义》。虽孔子罕言天道，但仁斋仍为宋儒大论特论之天道留以特殊的诠释地位，这是他对抗宋儒思想的号角。但仁斋在批判宋儒的过程中，究竟如何建构了区别于宋儒的道论？其道论如何与孔孟之古义相连接？仁斋又是否真的解构了宋儒的形而上学思想？抑或其实与宋儒之思想相暗合？

本文将以伊藤仁斋之"性道教"结构中的"道论"为中心，探究其道论之重构，辨明其"道论"思想中是否确实蕴含形而上学的特征，并探究其与宋儒思想之离合。

一、仁斋"道论"之重构

仁斋早年笃学程朱理学，其后惊觉此种精致的体系化、理论化的宋学离孔孟之旨远，故立古义学以重返圣人之意。《语孟字义》为仁斋晚年之作，最能代表其古义学思想。子安宣邦称："《语孟字義》とは、後にのべるように朱子学における《性理字義》を批判的な前提にして、仁斎古義学の立場から儒家概

---

① 参见三宅正彦《日本儒学思想史》，陈化北译，山东大学出版社，1997 年；子安宣邦《江户思想史讲义》，丁国旗译，三联书店，2017 年。

② "「おのずから」という形而上学的な思惟を内容とするのであろう。"相良亨《伊藤仁斋》，ぺりかん社，1998 年，第 224 页。

念の刷新的読み直しをはかった書である。"①子安宣邦指出《语孟字义》以批判朱子学著作《性理字义》为前提，从仁斋古义学的立场出发，力图重读儒家概念。"批判"与"重构"是《语孟字义》的两大主线，亦是仁斋古义学之筋骨。《语孟字义》中着重对"天道""道"之字义进行诠释，从道之当行与否、天道人道之分等方面，亮出了古义学对宋儒之道论的批判与重构。

（一）道与天道之再诠释

仁斋虽首论天道，但仍先对道之义进行了诠释。其于《语孟字义》篇首之"天道"曰："道犹路也，人之所以往来通行也。故凡物之所以通行者，皆名之曰道。"②仁斋以人们往来通行之路来比喻道，这种比喻方式并不陌生。朱子于《中庸章句》中便如此解道："道，犹路也。人物各循其性之自然，则其日用事物之间，莫不各有当行之路，是则所谓道也。"③在此，可以看到仁斋与朱子之道论的第一点不同：道是否具有正当性与原则性。仁斋只取"所以通行"之意论道，其"所以"亦非朱子学"所以然"之意，而仅为凭借，即万物通行之所经由的"轨迹"便是道，而朱子却以"当行之路"解道，这意味着道自身具有正当性与原则性，而这并没有在仁斋此处的诠释中体现。

但在《语孟字义》的"道"之条目中，仁斋又言："道犹途也，由此则得行，不由此则不得行，所谓何莫由斯道也，及道也者不可须臾离也是也，盖取于由此则得行之义。惟以其足以往来，故不得不由此而行矣。"④仁斋在此对道有了另一种解释——"途"，该字似乎有途径、方法之意。而按其于《论语·雍也》之"何莫由斯道"所推出的"由此则得行""足以往来"之言，可见仁斋所论之

① 子安宣邦：《仁斋学講義——"語孟字義"を読む》，ぺりかん社，2015 年，第 44 页。

② 伊藤仁斋《语孟字义》，吉川幸次郎，清水茂著《日本思想大系·33·伊藤仁斋·伊藤东涯》，岩波书店，1983 年，第 1 页。可简写为《语孟字义·天道 1》，第 1 页，下同。

③ 朱熹：《四书章句集注》，中华书局，2011 年。

④ 《语孟字义·道 1》，第 13 页。

道实则亦蕴含了正当性与原则性。按仁斋之"虽有二义，实一理也"①，可见其对道的两种诠释方式皆为正解，而第二种解释方式所体现的当行之意与宋儒颇为相似。并且，仁斋还引《中庸》之"道也者，不可须臾离也"，认可了道"不可离"之普遍性，这与宋儒之解相同。

回到《语孟字义》篇首，仁斋对天道的诠释依循道的第一种解释方式——"往来通行"而言："以一阴一阳往来不已，故名之曰天道。"②由此，天道之名得于阴阳二气的往来不已，正如人之道为人所往来通行之路一般。而在子安宣邦看来，仁斋这种用人之道"命名"天之道的方式，实则是"性理学的な天人関係はかくて転倒される"③，即颠倒了朱子学的天人关系。按朱子于《中庸章句》中所言，"道之本原出于天而不可易，其实体备于己而不可离"④，朱子确是由天道说向人道，即人道出于天道。而在朱子学中，天道与人道的关系有这样两点：第一，具有由天道落到人道的方向性；第二，天道与人道具有关联性。

反观仁斋学，其以人之道命名天之道，确实有由人道说向天道的颠倒性意向，但仁斋并未肯认人道与天道之关联性。其曰："立天之道，曰阴与阳，立地之道，曰柔与刚，立人之道，曰仁与义，不可混而一之。"⑤仁斋以阴阳言天道，以刚柔言地道，以仁义言人道，这种分而言之、"不可混"的关系，展现了天道、地道、人道各自之独立性，而这种独立性也断绝了它们相互转化的可能。因此，子安宣邦所言的天人关系之"颠倒"实则并未发生。而人道与天道之割裂，则为仁斋与朱子之道论的第二点不同之处。

（二）天道与人道之关系

在许多学者看来，仁斋对天道与人道的割裂，实则是对自然界与人类社会

① 《语孟字义·道1》，第12页。

② 《语孟字义·天道1》，第1页。

③ 子安宣邦：《仁斋学講義——"語孟字義"を読む》，ぺりかん社，2015年，第58页。

④ 朱熹：《四书章句集注》，中华书局，2011年。

⑤ 《语孟字义·道1》，第13页。

的割裂、宇宙观与伦理观的割裂，这打破了中国传统的"天人合一"模式。王家骅甚至认为，这"从根本上动摇了朱子学将封建伦理道德普遍化、绝对化的依据"，而且为"自然界客观规律的自然科学开辟了道路"①。这种论说显然夸大了仁斋的地位，并且按仁斋对道的第二种阐释，人道作为道的一种，也当具有正当性与原则性，而这同样是将伦理道德普遍化、绝对化的体现。

然而，在言人道与天道不可混的前一句中，仁斋却赫然写到"谓天人一道，则可"②。在仁斋这里，天道与人道的关系究竟是否割裂？观其言曰：

> 北溪曰："《易》说一阴一阳之谓道，孔子此处是就造化根原上论。大凡圣贤与人说道，多是就人事上说，惟此一句，乃是赞易时说来历根原。"愚谓不然。谓天人一道，则可；为道字来历根原，则不可……说卦明说立天之道，曰阴与阳，立地之道，曰柔与刚，立人之道，曰仁与义，不可混而一之，其不可以阴阳为人之道，犹不可以仁义为天之道也。倘以此道字为来历根原，则是以阴阳为人之道也。③

仁斋引《北溪字义·道》中之言，指出北溪所代表的宋儒对道之理解为：圣贤多从人事上论道，仅《易》之"一阴一阳之谓道"一句，是就造化根原而言。所谓造化根原，则说向了世间万事万物之大本大源，即天道。言下之意，天道是万物之来历根原，其亦为人道之来历根原。此种理解在宋儒之天人关系中是一贯的，而仁斋则对此十分抗拒。因此，仁斋方有"不可以阴阳为人之道"之言。若以道为来历根原，则不仅天道是人道之根原，人道亦为阴阳二气通行往来之道。而在仁斋看来，《易》之言清楚地说明了天道、地道、人道之不同，即只能以阴阳论天道，以刚柔论地道，以仁义论人道，万万不可混淆为一。由此可见，仁斋确实是持将天道与人道相割裂的观点。

---

① 王家骅：《儒家思想与日本文化》，浙江人民出版社，1990年，第135页。
② 《语孟字义·道1》，第13页。
③ 同上书，第12-13页。

然而，仁斋所言"天人一道"又当如何理解？此言出自对北溪之评价，即仁斋一方面肯定北溪天人一道之言论，一方面否定其以道为来历根原的言论。反观北溪之言，其确有后者之言，却并未说出天人一道之词。但观北溪论圣人言道之对象，即多为人事而少论天道，或可将仁斋之"天人一道"解为：天道与人道皆用一"道"字，但圣人言道，皆言人道，而罕言天道。故仁斋言"可"，是同意北溪对圣人论说道之对象的轻重之分的肯认。由此，其所谓"天人一道"并不是说天道与人道合一，或二者有可转化之可能性与关联性，而是一贯地强调天道与人道之不同，并反对以天道为人道之来历根原。

综上，仁斋以"路"与"途"解道，前者言道为物之所以往来通行者，后者言道为不得不由之而行者。其中后者之解与宋儒以"当行之路"解道相同，而其道同样具有正当性与原则性。又以此道"不可离"，而具有普遍性。对于天道，仁斋虽在其命名上由人道比喻天道，但并未真正颠倒宋儒之天人关系。在仁斋这里，天道与人道具有不可混淆的独立性，不可以天道为人道之来历根原，故其人道之正当性与原则性亦不以天道为源头。

二、天道之宇宙生成论

然而天道与人道是否真的可以划分得如此清楚？按仁斋对道的理解，"此即是天道之全体，自然之气机，万化从此而出，品汇由此而生"，天道既生生万物，当然也包括了人类；而人既为天地所生，自是由此阴阳二气而成。故人与天难以割离，而人道与天道亦是如此。但仁斋之所以明确区分天道与人道，或许是为了批判宋儒将"道"理解为造化根原，进而批判其以"理气论"言说天道。不以理为根原，是仁斋与宋儒之道论的第三点不同之处。

（一）仁斋之一元气论

在分析仁斋对宋儒的批判之前，可以先观仁斋自身对天道之理解。其以阴

阳之元气的往来消长言天道:

> 《易》曰:"一阴一阳之谓道"。其各加"一"字于阴阳字上者,盖所
> 以形容夫一阴而一阳,一阳而又一阴,往来消长运而不已之意也。盖天
> 地之间,一元气而已。或为阴,或为阳,两者只管盈虚消长往来感应于
> 两间,未尝止息。此即是天道之全体,自然之气机,万化从此而出,品汇
> 由此而生。[①]

仁斋将《易》中所言之"一"动态化,认为阴阳二气来回往复、消长运行
的动态过程就是道,而此过程是不停息的。并且,仁斋认为天地之间只有气的
存在,其称之为"一元气",盖取自元亨利贞之元字,而主生意;此元气分阴分
阳,彼此盈虚、消长、往来、感应,构成天道的全部,并且生生了万物。由此,
仁斋之天道观以《易》为基础,而言阴阳二气往来消长、生成万物的过程。此
过程以气为主体,故其天道为形而下之天道;但其气之运行"未尝止息",故此
天道又具永恒性;而"元气"之命名与化生万物之用,又体现了天道之生生的
特性。这种永恒性与生生之特性,十分接近形而上的层面,但仁斋是在现实的
层面,即形而下的层面来论说天道的,并且其十分警惕于将天道论说至形而上
之处。其言:

> 圣人之所以论天者,至此而极矣,可知自此以上更无道理,更无去处。
> 考亭以谓阴阳非道,所以阴阳者是道,非也。阴阳固非道,一阴一阳往来
> 不已者,便是道。[②]

所谓"自此以上更无道理,更无去处",是在说天道由阴阳元气构成,气之
上再无其他的存在,这将矛头指向了朱子的理气说。朱子于《太极图说解》中

---

① 《语孟字义·天道1》,第1页。
② 同上书,第1-2页。

曰："太极，形而上之道也；阴阳，形而下之器也。"①这种形而上、形而下的区分，似乎在阴阳之"器"以上又找了一个去处，即作为太极之天道，而这是仁斋所竭力反对的。仁斋文中所言"考亭"正指朱子，而其以"所以阴阳者"为道，是从理的层面来言道，这与前文论说的仁斋与朱子之道论的第一点不同相关。朱子以当行之路言道，以所以阴阳者言天道，皆以所以然之理而言；而仁斋则以通行往来言道，以阴阳通行往来言天道，拒绝一切超越阴阳元气之上的存在。"晦庵以无声无臭、所以然之理为道体……于圣人之书，本无斯理，盖渊源老庄虚无之说来。"②由此，仁斋对所以然之道的形而上论持反对意见的根本原因在于，这种论说方式并不存于圣人之书，而是来自老庄之言，有走向虚无的危险。

子安宣邦对此说到，朱子所论之天道，是"宇宙の始源であり、根元である道である。その道は宇宙生成論的には'太極'といわれ、形而上学的宇宙論では'天理'である。"③即朱子之天道，是宇宙的始源和根基，而这是在宇宙生成论与形而上的层面来论说的。但他认为这种道并不是儒家式的，因此"仁斎は道をあくまで運動・生成概念とし、根元概念としての道を否定する"④，即仁斋反对将道视为宇宙之根源，而是始终将其看作运动概念、生成概念。这或许正是为了规避老子之"道生一"，即由一个空虚之理生出万事万物的观念。

仁斋对老子的理解是否恰当暂且不论，其对朱子形而上之天理或可走向虚妄的警惕，展现了其凡事皆寻求根底、注重实学的态度，这是值得肯定的。但是否能够将程朱理学之"太极动而生阳，静而生阴"看作由理生气的宇宙生成论？答案是否定的，而在这一点上，仁斋与子安宣邦都陷入了同一个误区。

---

① 朱子《太极图说解》，《朱子全书》第 13 册，上海古籍出版社，2003 年。

② 《语孟字义·道 4》，第 15 页。

③ 子安宣邦：《仁斎学講義——"語孟字義"を読む》，ぺりかん社，2015 年，第 60 页。此句直译为：（朱子之天道）是宇宙的始源和根基之道。道在宇宙生成论上被称为"太极"，在形而上学的宇宙论中是"天理"。

④ 子安宣邦：《仁斎学講義——"語孟字義"を読む》，ぺりかん社，2015 年，第 61 页。

（二）朱子之理气论

反观朱子之理气论，其理气关系有两点：理在气中、理在气先。首先，因为理在气中，故形而上之道/太极，必当在形而下之气/阴阳中体现。而"太极动而生阳，静而生阴"，并非无声无臭的太极之理在动静，而是此理乘于阴阳之气的运动。如朱子所言："阳动阴静，非太极动静，只是理有动静，理不可见，因阴阳而后知，理搭在阴阳上，如人跨马相似。"[1]因此，按朱子所言，太极之动静本就是气之动静，而此处"生阳生阴"的"生"字，便非母生子之生，可理解为"显"，即太极所乘之气之动静，便显现为阴为阳。而其理气论，则为理在气中，而非以理生气。陈来先生对此说到："如果说到太极动静，也只是指理随气而动，理乘气而动，并不是指理在气中运动或现实世界之外还有一个独立的理的世界在运动。"[2]因此，阴阳二气之上，确实"更无去处"，因为理并不是独立于气的另一个世界，或者另一种物质存在，而是气本身具有的理。那么仁斋又为何要批判宋儒形而上之理的论说呢？这或许是因为朱子以下这段容易令人误解之言：

> 未有天地之先，毕竟也只是理，有此理便有此天地，若无此理便亦无天地，无人无物，都无该载了。有理，便有气流行，发育万物。[3]

有理便有天地、便有气流行之言，确实有从"理先气后"走向"由理生气"的危险。而仁斋之批判也确实是由此句而发："大凡宋儒所谓有理而后有气，及未有天地之先。毕竟先有此理等说，皆臆度之见"[4]。但按陈来先生所言，朱子晚年亦意识到，这种理先气后的说法"容易引起某些不易解决的矛盾"[5]，

---

① 《朱子语类》卷九十四，第2374页。

② 陈来：《宋明理学》，生活·读书·新知三联书店，2011年，第182-183页。

③ 《朱子语类》卷一，第1页。

④ 《语孟字义·天道3》，第3页。

⑤ 陈来：《宋明理学》，生活·读书·新知三联书店，2011年，第180页。

遂将其修正为：“理与气本无先后之可言，但推上去时，却如理在先气在后相似”①。理与气有形而上下之区分，故其本不论先后；若从气中抽象出具有普遍性的理之概念，则此概念可以在逻辑上先于气的存在，正如“未有君臣，已先有君臣之理”②。因此朱子将“有此理便有天地”修正为了“如理在先气在后相似”，因为这种先后关系并不是时间上的先后，故其以“如……相似”之言将此种先后论虚化。陈来先生指出，这种逻辑上的先后关系，“实际上仍然是认为理是本、是体、是第一性的，气则是第二性的”③。因而这种逻辑上的先后论，实则是理本气用的本体论。

由此，在朱子这里，以理气论解天道之生成万物是逻辑自洽的，其既强调了天理之永恒性、本体性、普遍性，又强调了理乘阴阳二气以化生万物。但在仁斋看来，“易以气言”④，直接以气解释万物之生生便已足够，再于气之上说出个形而上之理，与老庄虚无之说无异。但朱子之理并不空虚，此理亦内含于气之中，只逻辑上先在于气，故仁斋之批判难以成立。但按朱子晚年对此之修订，可见仁斋对宋儒“以理生气”的批判与误读是情有可原的。而朱子于此体现出的对待学问之精益求精，是值得关注的。朱子至去世前仍在修订《大学章句》，仁斋亦仍在去世前修订补充《论语古义》与《孟子古义》⑤，从这一点来看，二者对待学问之态度是相似的。而面对二者毕生都在自我切磋琢磨的思想，对之妄加批判是不明智、不公平的。

综上，仁斋反对宋儒以阴阳之所以然者言道，认为不可于天道之阴阳元气之上再寻去处。但按宋儒之理气论，理与气为形而上、下者，并不能由理生气，故阴阳元气之上并无去处。但理作为气之所以然，逻辑上先于气存在，这是哲学式的分析，而非现实的宇宙生成论。由此，仁斋对宋儒之批判似乎落了空；

---

① 《朱子语类》卷一，第 3 页。
② 《朱子语类》卷九十五，第 2436 页。
③ 陈来：《宋明理学》，生活·读书·新知三联书店，2011 年，第 181 页。
④ 《语孟字义·道 4》，第 15 页。
⑤ 子安宣邦：《仁斋学講義——“語孟字義”を読む》，ぺりかん社，2015 年，第 48 页。

并且在其批判宋儒之形而上学式的性理学的过程中，仁斋自身之道论表现出了形而上学的特征。

三、仁斋"道论"之形而上学特征

仁斋以形而上之理为虚，以一元气为实，不以天道为万物之来历根原，而只以阴阳流行往来、化生万物为天道之全体，并将之与人道截然分开。然而，仁斋道论中流露出道的正当性、原则性、普遍性以及生生不已的特性，都与宋儒所论形而上之理的特性相合。由此，仁斋道论中具有的形而上学特征实则早已呼之欲出。究竟如何理解仁斋道论中的形而上学？可由其于天道、天命、人道中"自然而然"之运用而观。

（一）自然而然之性质

在多数学者认为伊藤仁斋致力于批判、解构形而上学的趋势之下，日本学者相良亨却提出仁斋思想内部具有形而上学的特征，其具体表现在"自然"一词——"おのずから"（自然而然）的使用上。仁斋在道论的建构中，曾多次使用该词。仅观其于《语孟字义》"天道""天命""道"之诠释，"自然"一词便出现了五次，而带有自然而然之意的"自"字出现的次数亦多达六处[①]。若放眼于仁斋的《语孟字义》全篇，以及《论语古义》《孟子古义》《童子问》等书，便可见其对"自然而然"概念之运用不胜枚举。而将此概念提取出来并探寻其形而上意蕴的相良亨，亦可谓别具慧眼。

聚焦于《语孟字义》之道论建构，仁斋分别在天道、天命、道之诠释中

---

① 《语孟字义·天道2》中"然对待者自在流行之中"，《语孟字义·天道3》中"密以盖加其上，则自有气盈于其内"，《语孟字义·天道6》"以直道自尽，无有一毫邪曲"，《语孟字义·天命6》"理自分晓"、"天道与天命自有别"。《语孟字义·道2》"莫不自有君臣父子夫妇昆弟朋友之伦"，其"自"亦为自然而然之意。

运用了"自然而然"的概念。其中关于"天道",仁斋说到:"盖天地之间,一元气而已……此即是天道之全体,自然之气机,万化从此而出,品汇由此而生。"①仁斋不仅将天道全体看作一元气,还将之看作自然而然的气化流行,并且天道由此化生万物。在此,天道之存在,天道之为一元气,其气之流行往来,及其之化生万物四者,皆具有自然而然的性质。

如何理解仁斋所言之"自然而然"?相良亨于其书《伊藤仁斋》中,引用《大汉和辞典》对作为"おのずから"的"自"之解释曰:"自然者,不资于外也。"②"不资于外",即不以外物为依凭,而完全出于自身。在仁斋这里也有类似的表达:"盖天者专出于自然,而非人力之所能为也。"③其中"非人力之所能为",即不依靠任何人为的力量,言下之意,仅依靠自身的力量便已足够。而"专出于自然"之言,表明了天之绝对的自然属性。由此,"自然"意味着非人为性,具有不资于外、非人力能为的"超越性"。

此种非人力可改的超越性,在"天命"上能够更好地体现出来:"盖吉凶祸福、贫富夭寿,皆天之所命,而非人力之所能及。"④天命即天所降下的吉凶祸福、贫富夭寿,这是人力无法选择和改变的,且超越于人力之上。子安宣邦亦承认仁斋这里的思想具有超越性。其曰:"人間の生に超越的なあり方をもって関わってくる天道があるのであるのではないか。"⑤即其认为仁斋之天道具有对于人之生的超越性的存在方式。但子安宣邦并未就此展开对仁斋道论之性质的探析。

而在相良亨看来,天命之自然而至还具有另一种特性。其言:"人間の吉凶を左右する動き自体が、絶対性をもって人間にふりかかってくる——おのず

---

① 《语孟字义·天道1》,第1页。

② 相良亨:《伊藤仁斋》,ぺりかん社,1998年,第216页。

③ 《语孟字义·天命1》,第7页。

④ 《语孟字义·天命3》,第8页。

⑤ 子安宣邦:《仁斋学講義——"語孟字義"を読む》,ぺりかん社,2015年,第71页。

から至る——という意味であろう。"①相良亨指出,天命这种能够左右人类吉凶的存在,在降临于人之上时具有一种"绝对性"。这种绝对性表明了天命之不可阻挡、不可改易、必当如此的特性。

"自然"所具之"超越性"与"绝对性",目前还只停留在对天道的论说之中。在仁斋对人道的论述中,是否同样具有这样的性质?观其于《语孟字义》言曰:"道者,人伦日用当行之(路)道,非待教而后有,亦非矫揉而能然,皆自然而然。"②可见在仁斋看来,人道便是人伦日用当行之道;其中"人伦"意味着此道以伦理道德为内容,"日用"表示此道具有中庸之庸的平常性,即普遍性,"当行之道"说明此道具有正当性与原则性。而此道不待人教、非矫揉而能然,则意味着人道本身具有不资于外、非人力而能为的自然属性。在此,人道与天道同样具有自然而然的特性,亦同样具有超越性与绝对性,并且还具有普遍性、正当性、原则性等。正如相良亨所言:"'おのずから'という形而上学のな思惟を内容とするのであろう。"③即这是仁斋形而上学性质之思维的体现。

(二)形而上学特征下的实学

通过仁斋以一元气论对抗宋儒之理气论、反对宋儒将天道理解为本原来历、反对以理生气等观点,可以看到仁斋确实对宋儒之形而上学思想具有抵抗、批判,甚至解构的态度。然而不可否认的是,仁斋之道论本身早已遍布形而上学式的论说方式。究竟应当如何看待此种吊诡的现象?

观仁斋思想中的形而上学部分,可以发现仁斋思想之本质是实学。例如其所论之天道虽然具有超越性与绝对性的自然而然特征,却以《易》为基础,且将之纯然落实在阴阳元气之上。虽然仁斋对宋儒"理生气"之宇宙生成论的批

---

① 相良亨:《伊藤仁斋》,ぺりかん社,1998年,第215页。
② 《语孟字义·道2》,第14页。
③ 相良亨:《伊藤仁斋》,ぺりかん社,1998年,第224页。

判未能成立，但其体现出的对虚无之理的警惕，以及据于现实的经验论视角，皆体现了其一贯地对实学之重视。其所论之人道虽亦具正当性、原则性、超越性与绝对性，却也同样是具有普遍性、落实在人伦日用之中的实学。

此外，在论说天命之"绝对性"方面，仁斋也绝非以一种全然否认人之主观能动性的宿命论①而言。观其言曰：

> 《孟子》曰："莫之致而至者命也。"皆据今日之所受而言，非一定而不移之谓。孔子曰："畏天命。"孟子曰："不立乎危墙之下。"若使命果为一定之数，非今日之所能移，则奚不立乎危墙之下？②

仁斋以孟子之言解命之意涵，所谓"莫之致而至"，即不资于外、非由人为之"致力"而能"至"，这与相良亨解读出的"绝对性"相对应。然而，仁斋以之为"据今日之所受而言"，即此种非人力能为的、绝对性的、无法改易之命，是眼前之命；而未来之命，却"非一定而不移"。若天命已定，真乃人力之无法更易，又何必"畏"之？又何必"不立乎危墙之下"？之所以"畏"之，"不立于危墙之下"，正是因为人具有一定的主观能动性，这种能动性能够改易今后之命。因此，虽然天命具有自然而然之绝对性，但此绝对性在时间中处于运动

---

① 宿命论：把人生经历和历史发展看成由一种不可避免的力量所预先安排定了的宗教和唯心主义学说。这种学说认为，历史事变、社会进程、个人祸福都是由"命运"或"上帝"预先决定的。它认为人的一切行为都是由不可抗拒的命运事先安排好的，人不可能对自己的行为进行选择，只能把希望寄托在幸运的偶然性上。因而，人们的一切行为都要受命运的支配和摆布，不必作改变现实的任何努力，即使努力也是徒劳无益的。这就从根本上否认了人的主观能动性，否认了人所具有的选择善恶的能力，甚至把个人违反道德行为的道德责任都推给社会，使人们陷入消极无为和逆来顺受的境地。马克思主义批判了宿命论的观点，科学地揭示了客观规律性和主观能动性、必然和自由、认识世界和改造世界之间的辩证关系，指出客观规律性、必然性是第一性的，但人们在认识了客观性、必然性的基础上，可以充分发挥主观能动性，自觉地改造世界。——宋希仁、陈劳志、赵仁光主编《伦理学大辞典》，吉林人民出版社，1989 年。

② 《语孟字义·天命10》，第 12 页。

的状态，即今后之天命是受人行为影响的、不确定的存在。由此方有商之失天命、周之"维天之命"。

由此，在天道、人道、天命等概念之诠释中，仁斋是基于一元气、人伦日用、人之主观能动性等方面而言的，而这与其重实学、重人伦之道的特征相一致。仁斋解构宋儒形而上学之努力，实则是因为其以宋儒之形而上学为虚学，以孔孟之学为实学，故仁斋想要通过批判宋儒之形而上学，来论说孔孟之实学。然而，仁斋对宋儒之理解不免有所偏颇，因为宋儒之形而上学只是一种论说结构，其实质上同样是遵循孔孟、重视人伦、强调人为之实学。

但是反过来看，仁斋之实学之上，确实具有形而上学的特征。而持有此种观点的学者不止相良亨一人，例如丸谷晃一于《伊藤仁斎における"道"秩序の構造》中提到，仁斋所谓之气自身具有一定的法则性[1]，这种法则性就是前文所言之正当性、原则性。永田广志认为仁斋是"道学式的儒教学者"[2]，因此其并不将道德的客观正当性看作受到人类社会生活的历史条件所制约的相对之物。并且永田广志认为，仁斋之思想总体上仍是"道学式的形而上学"[3]。源了圆则提出，在重视圣贤之书方面，古学派其实也是朱子学的产物[4]。由此，仁斋学表面上虽以朱子学之对抗者的形象出现，且其古义学也确实建立在批判宋儒的立场之上，但其以回归孔孟之学为最终归宿与唯一标的之根底，以及其于道论之诠释中所带有的形而上学特征，皆表明了仁斋与宋儒思想之暗合。

若将视角从仁斋学、朱子学中抽离出来，可以看到这样的现象：即使在中日两国对儒学之不同甚至相互斗争的理解与诠释之下，二者仍旧能够走向类似的道路。这或许意味着，形而上学之内涵本就是孔孟儒学的一部分。而这或许

---

[1] 丸谷晃一：《伊藤仁斎における"道"秩序の構造》，《人文学部研究論集》（第6号），2001年5月。

[2] 永田广志：《日本哲学思想史》，陈应年、姜晚成、尚永清等译，商务印书馆，1992年。

[3] 同上。

[4] 源了圆：《德川思想小史》，郭连友译，外语教学与研究出版社，2009年。

也恰好展现了儒学本身所具有的普遍性与真理性。吴震先生亦指出，"儒学原本就有一种跨地域、跨文化的普世性"①。儒学内在之普遍性、真理性、普世性，并不随着诠释可能性之范围的扩大而消失；相反，正是由于其历经千年、流传万世，儒学内在之特性才更能为人们所辨明彰显。

① 吴震：《从伊藤仁斋"道论"的重构来看德川儒学"反朱子学"之特色》，《河北学刊》2015 年 7 月第 4 期。

山鹿素行"德者得也"解

——以对朱子"德者得也"的批判为起点

中国人民大学　王 蕾

摘要：山鹿素行作为日本古学派的先驱，率先对朱子学展开批判。集中在对朱子"德者得也"的理解上，山鹿素行主要针对"得于心而不失"进行批判，据此赋予"德"以三层内涵，并从身心关系、知行关系、德才关系与公私关系上充盈其"德"之义涵。

关键词：山鹿素行；德；致知；知行；公共性

山鹿素行（1622—1685）是日本江户时代初期的儒者，是最先倡导古学的先驱式人物，同时也是山路派兵法的开山祖师。名高佑，字子敬，号素行①，通称甚五右卫门。出生于会津的浪人之家。九岁时经人介绍在林罗山门下学习儒学，十一岁时为人讲说小学、《论语》、《贞观政要》等，十五岁时师从小幡景宪②、北条氏长③学习兵法，十七岁时在广田坦斋等门下学习神道，二十一岁时，出版《兵法神武雄备集》五十卷。此外，山鹿素行在和歌、中国文化等方面亦有很高的造诣。三十一岁后大量编纂兵学方面的著作，诸如《武教小学》《武教全书》《武教本论》等，由此在筑城、武器、战法韬略均成完备体系，并以创立

---

① 井上哲次郎著：《日本古学派之哲学》，王起译，中国社会科学出版社，2021 年，第 3 页。

② 小幡景宪（1572—1663），日本安土桃山时代至江户时代初期武将、兵学者。小幡昌盛三子。作为甲州流兵学创始人，景宪教授了许多弟子，其中北条氏长、近藤正纯、富永胜由、梶定良四人被称为"小幡门四哲同学"。

③ 北条氏长（1609—1670），日本江户时代前期幕臣。甲州流军学者。后北条氏一族北条繁广之子。

"山鹿派兵学"闻名于世。而其在儒学上的转向，普遍认为始于其四十一岁时，对《近思录》中无极、太极的解说产生的怀疑，由此开始对朱子学产生怀疑，并表现出了倡导古学的倾向。时至四十四岁，伴随着《圣教要录》的刊行，山鹿素行明确展开了对朱子学的批判，表明其复归孔孟原典的立场，即古学的立场。在对朱子学的批判中，山鹿素行对其核心概念予以重释，并加之古学式的理解。其中，"德"作为朱子学乃至中国哲学的核心范畴，在山鹿素行处亦得到高度关注，而"德"之思想的展开也关乎山鹿素行的整体学说体系的建构，可谓其学说的核心一环。并且，山鹿素行作为古学派的创始人之一，其对"德"之内涵的赋予，也必然会影响古学派的后之学者，尤其对荻生徂徕的影响显得尤为深刻。因此，对山鹿素行的"德"之内涵的梳理，不仅是揭开其思想幕布的环节，更是明晰"德"之概念在古学派内部发展变化的关键所在。山鹿素行对"德"的重新解读，可以从其对朱子"德者得也"的批判着眼。

一、以朱子"德者得也"批判为起点

山鹿素行对朱子学批判的开始，在《先哲丛谈》中有所记录：

宽文六年春，著《圣教要录》三卷，刊行于世。非斥程朱，辩驳排诋，无所忌惮。其意盖在讽刺于崇奉宋学者，当时之人，自王侯贵族至士庶，尊信程朱者极众矣，遂以斯获罪，被幽于播州赤穗矣。①

《圣教要录》的刊行，是山鹿素行正式排斥程朱思想的开始，也是其古学思想初现端倪所在，在《圣教要录小序》中，首先对山鹿素行之思想倾向作出了说明：

---

① 朱谦之：《日本的古学及阳明学》，人民出版社，2000 年，第 18 页。

圣人杳远，微言渐隐，汉唐宋明之学者诬世累惑，中华既然，况本朝乎。先生勃兴二千载之后，垂迹于本朝，崇周公孔子之道。[①]

门人所记，素行[②]以为圣人远矣，其中的微言大义也随之隐没，又为汉唐之训诂、宋明之理学所累，圣人之道可谓远也。至素行，返归周公孔子之道，以寻圣人之道、圣人之学，表明其学说立场不同于汉唐与宋明之"异端"，专"师周公孔子""学志圣教""行专日用不事洒脱"。并进一步批判汉唐训诂之学、宋明理学为"各利口饶舌，而欲辨惑，惑愈深，令圣人坐于涂炭，最可畏"。知其学说的基本立场，再观其"德"之相关论述。

首先，在《圣教要录》中有专述"德"之一章，其言如下：

德者得也，知至而有得于内也。得之于心，行之于身，谓德行。[③]

素行此段对于"德"的解释，就上述其思想的倾向和批判对象而言，是对朱子"德者，得也"之解的批判，如朱子在解释《论语》"据于德"时说到：

德者，得也，得其道于心而不失之谓也。得之于心而守之不失，则终始惟一，而有日新之功矣。[④]

观二者对"德"之定义的相异之处，素行首先肯认的"得"之对象是"知至"或者是"知"，并以"得之于内"言"得"的场所，进一步在得知于心的基础上言"行"，即将"心"作为"得"之寓所，并通过身之行外现，称之为"德行"。此一"德"具有两种性质，一是公共之"德"，非一人之私德，而通此"德"

① 広瀬豊：《山鹿素行全集·第十一卷》，岩波书店，1940年，第33页。
② 以下皆称之为素行。
③ 広瀬豊：《山鹿素行全集·第十一卷》，岩波书店，1940年，第42页。
④ 朱熹：《四书章句集注》，中华书局，1983年，第94页。

于天地之间，是为天德、明德；二是"蹈实地"之"德"，这一性质与"行专日用"倾向具有一致性，强调实在性。此外，对于朱子解释"据于德"的观点，素行也有所疑问：

> 或人问：德得之而后守之不失之谓？师曰：朱子注《论语》"据于德"曰"据者，执守之意，得之于心而守之不失"。①是朱子乃因据字来说也。凡德者，言之于口而未得之于身，德也。行之于身而未得之于心，不可谓德。得之于心，行之于身，言之于口，其德方全。然乃守而不失者，非得其实。至得其实，自然见于面而盎于背，施于四体，四体不言而通②。是有德之全也。③

在素行看来，朱子的"得于心不失"不能为"德者得也"的正解，其认为，凡言德须具备三个条件，得之于心，行之于身，言之于口（可作言必信一说），其德才全。守之不失，只停留在"得之于心"的层面，而没有以"行"之践行，所以说"非得其实"，如若得其实，则会自然而然从身体中显发出来，如同孟子所言的"君子所性，仁义礼智根于心，其生色也，睟然见于面，盎于背，施于四体，四体不言而喻"的状态，才是德的完成。又援引胡伯量之言：

> 论语小注曰："胡氏以通必得于心而不失之说为主，谓胡泳伯量所记胶。"先生因执扇而语曰："德字当须用不失之训，如得此物之得之谓。稍失之非得也。"此句含两意，一谓有生之初得者，不可失之于有生之后。一谓昨日得者，不可失之今日。愚谓，是朱子为学者设言也，信其说甚差谬。④

---

① 原文：据者，执守之意。德者，得也，得其道于心而不失之谓也。得之于心而守之不失，则终始惟一，而有日新之功矣。
② 焦循：《孟子正义》，中华书局，1987 年，第 906 页。
③ 広瀬豊：《山鹿素行全集·第九卷》，岩波书店，1941 年，第 420 页。
④ 同上。

胡伯量主朱子"得于信而不失"之观点，并进一步追述朱子所言"不失"的程度。在素行看来，朱子的"稍失"有两层含义，一是以出生前后为界限，即从朱子"天命之性"与"气质之性"的角度来言说，是初生与有生之后的同时保有；二是以昨日与今日为限，这里恐从学问之道来说。两者的区别在于前者具有先天性，后者是在先天保有基础上的进一步持有，才可谓是"不失"。在素行看来，朱子理解的"德者得也"为学者设定了一种解释的框架，这种典范式的理解，实则也是对于"德"解释的障碍。关于朱子对"德者得也"的理解，则是从"得道"的角度而言的，"道"在其处亦即"理"，所谓理又是"所以然之故""所当然之则"①的天理，这在素行处，是决然不通的，因其言：

有条理之谓理。事物之间，必有条理，条理紊则先后本末不正。性及天皆训理，尤差谬也。凡天地人物之间，有自然之条理是礼也。②

由此可知，素行理解的"理"是有条理之理，条理与理之间的关系是"条理紊时其理不明"③，并对程朱所谓"理一"作出解释：

或人问程子、朱子皆曰："万物各具一理，而万理同出一原"。师曰：万物各有一理，是其有用之条理，其之条理万物皆然，是理一。推其本之时，公而不私，是万物本也。若以一言为一简工夫，乃理之外有一原存，其言同趣向之异，详味之。④

在素行看来，此"一理"并非程朱所言的"天理"，而是事物之"用"之条理，从每一物皆有条理的意义上来说，是皆有（条）理，是所谓"理一"。推其

---

① 黎靖德编，王星贤点校：《朱子语类》，中华书局，1986年，第383页。
② 广濑丰：《山鹿素行全集·第十一卷》，第42页。
③ 广濑丰：《山鹿语类》《山鹿素行全集·第九卷》第406页。
④ 同上书，第410页。

理之本是为"公理"（这里的公理似乎与"天理"具有相似的意义），但就程朱执一"理"而言，是一种"利口饶舌"的（私家之言）。可以说，在素行处，理是一种经验的、具体的理，非具有形而上意味之理。并且还需要强调此理的实在性，体现在"用"之条理上，这是其批判朱子的基点。另外，关于"德者得也"的相关探讨，在《山鹿语类》中也多有提及，首先，素行强调所谓"德"体现在"心"与"身"两个方面：

> 师曰：笃得之于心，行之于身，皆德也。浅露薄轻非笃实，只涉于见闻觉知之间，若不踏其之实地，不可谓之德。①

就以上所言，素行对德有两个层面的理解，一是在心上有所得，强调得之于心之"笃实"，这与上述讨论的"蹈实地"具有一致性；二是将"行之于身"也看作德，但素行也将其称作德行。就"德"与"德行"而言，二者实则是具有差别的。那么，素行是在何种意义上将二者合并为"德"来理解的？在《辨或人问德之说》中有：

> 或人问，东莱吕氏曰："今人不识'德'字，往往见一事之善则谓之德，殊不知此乃行也。"②师曰：一事之善亦得其质，乃应谓德。《皋陶谟》有六德三德③之分，小大精粗不一，各适其理，是德也。然不可谓全德。夫子曰："骥不称其力，称其德也。"④是骥亦以德称之。故德，有得于中而不见于外。无得于中，必为外物所动而惑，是德字，在得字之上。尤当味也。⑤

---

① 広瀬豊：《山鹿语类》《山鹿素行全集·第九卷》第 417-418 页。
② 吕祖谦著，蒋金德点校：《丽泽论说集录》，浙江古籍出版社，2017 年，第 134 页。
③ 《尚书》有"日宣三德，夙夜浚明有家，日严祗敬六德，亮采有邦。"
④ 朱熹：《四书章句集注》，第 157 页。
⑤ 広瀬豊：《山鹿语类》《山鹿素行全集·第九卷》第 423 页。

吕祖谦区分了"德"与"（德）行"，认为事上所见之善不可称为"德"，应作"德行"理解。对此，素行反对对二者进行区分，认为一善事中有德之质存在，如此，也当称作德。并进一步举《尚书》"三德""六德"各有不同，然其所同之处在于"各适其理"。上文谈到素行对理的理解有两种内涵，一为条理，一为蹈实。据此而言，不同之德各适其条理，才有所谓"德"，但这里的"德"是单数的一，并非"全德"，只就一个条理性质上而言。骥虽有才，即所谓力，但不以力称之，而以德称之，强调德的内在。进一步对"德"进行阐发，以说明"得于中""见于外"的区别，只有在得于中的基础上才能不为外物所动，其所言中、内即心，此时的心就相对于身来说，具有优先性，也是将"有得于内"的观点一以贯之。此处，呈现两层内涵，首先区分德与全德，其次区分德之内外。在这里，我们暂且搁置德与全德的问题，先继续探讨内外的问题，即身、心与德之关系。在前述对"得于心""得于身"的讨论中，明显可以看出素行重视前者，且以前者为基的思想倾向，如其言"无得于中，必为外物所动而惑"，那么，素行是否皆以"得于心"为重？诚然，答案是否定的。而对于"得之"对象的论说，也是素行从"德者得也"问题转向"明德""天德""全德"的基点。

二、从"德者得也"至"德"的公共性转化表述

山鹿素行对"德"之内涵的解释，起始于对朱子"德者得也"的批判，进一步以此为基，展开了由"明德""天德"等具有公共性之德的解释路向。其于弟子言：

师曰：行笃于身，德得于心，其知能穷万物，是曰明德。明字尤有味。谨厚笃实之徒，亦得德于身也。于其明辨睿智，若有少通处，不可谓德之明。故

曰：德者得也。于身心之间有所得，皆是德也。①

这里涉及行与身、德与心以及知的关系，在此基础上提出了对"明德"的界定。对于"明德"的理解，是结合身与心的双重理解，并非只是单独一心或者一身，是一种"双得"，并且兼含"德"与"行"，此种状态是在身心之间有所得，一旦身心之间有间隙，便不能说是明之德，换言之即"不明"。需要注意的是，这里的谨厚笃实之人所得于身之"德"是"德行"意义上的德，更侧重身之德。但素行所强调的是身心并重之德。至于得于心与得与身孰先孰后，是否存在先后关系上的优先性，还需进一步考察。对于"明德"，素行强调其"通"的作用，如其言"其德公共而通于天地，不昧万物，是曰天德明德"②，强调德之不昧，此种"明"更表现在"公共性"上：

师曰：德之字通于大小吉凶，皆曰德。《易》曰：吉人则为吉德，凶人则为凶德。《中庸》曰："小德大德"③是也。凡一简之物，亦有得处，是为德也。唯圣人之至德是公共底，对越上帝，德至此，是天德、至德、明德、峻德也。④

由其言可知，只有圣人之至德才是具有公共性的，而单个的可以言说的"德"并不能成为一种公共意义上的德，虽在一物处各有所得，可以为一"德"。但在公共意义上，德进一步成为所谓天德、明德、至德等。概言之，在素行处，承认一物一德的存在，对标一物各有一条理。但目前，我们尚未能对素行之德做一个性质的概括。但至德、明德、天德是一种公共性的德，确定无疑。那么，

① 広瀬豊：《山鹿语类》《山鹿素行全集·第九卷》第 418-419 页。
② 広瀬豊：《山鹿素行全集·第十一卷》，第 42 页。
③ 《中庸》：仲尼祖述尧舜，宪章文武，上律天时，下袭水土。辟如天地之无不持载，无不覆帱，辟如四时之错行，如日月之代明。万物并育而不相害，道并行而不相悖。小德川流，大德敦化，此天地之所以为大也。
④ 広瀬豊：《山鹿语类》《山鹿素行全集·第九卷》第 418 页。

进一步来看其所谓天德、至德（峻德）之间的关系。在解释《论语》"为政以德"一句，素行答或人之问，以说明天德与明德之关系：

> 或人问："为政以德"之德，指何等。师曰：此德字甚重，世儒只以言行笃实为德，且以北辰不动比之，其说尤浅薄。此德是兼德行明德来。为政，其德惟正其行惟法，其事物究理惟明也。故非纷扰琐碎，天下国家以治齐。于北辰之众生，其所系如此，故北辰少动能转天度。众星不紊，条理尤明也。德之至如此当谓天德。[①]

以"为政以德"为开端，认为此中"德"字的内涵深刻，对世儒仅仅以"言行笃实"为德作出批判，且以北辰之不动的样态比拟之，认为是对"德"之理解的浅薄意见。素行认为为政应包括两层内涵，一是德惟正，二是行惟法，也是从德与行的层面拓展到正与法，将德、行进一步具体化。以前述性质的德行为据，事物之条理便可以彰明较著，由此而无纷扰杂乱，因为此处的"德"已经是一种明之状态的德，可以通晓事物之条理，以达到治国平天下的为政效验。以此现实之事理与北辰众星相譬喻，北辰与众星的关系便可以明，北辰动而众星随之动而不紊，其中之条理得以彰显。此所谓"天德"。从中我们可以发现，素行的"天德"首先是必然与"天"相关联的存在，具有一种超越性，如其在答"或人问天德之说"时，亦不断言说天德的所属：

> 或人问天德之说，先儒皆曰："元是自家天然完全自足之物"。师曰："天德，德配上帝之谓也。人之天德，岂究尽而具来乎？先儒认切于性善之说，故以天德为自家天然自足之物也。"

此处是对宋儒"天德元是自家天然完全自足之物"的回应。天德所属上帝

---

① 広瀬丰：《山鹿语类》《山鹿素行全集·第九卷》第 421 页。

之谓，人之天德，穷尽而无法获得。之所以有如此认知，是因先儒（宋明理学家）以性善之说为根基，将天德视为如性善一般的自足之物。也即说，素行虽然承认天德具有超越性意味，但这样一种超越性是普通人无法获及的，并非一种先天存有之物，如性善等自足于人的心中。可以说，素行与宋儒在对待天德的超越性上截然不同，双方皆以天为"天德"的超越性来源，在这一点上是一致的，而在超越性所属问题上产生了分歧。进一步深究，从超越性延伸出的仍然是公共性问题。其次"天德"并非囿于某一事物之一德，而是具有全体性特征，从这一意义上似乎可以理解素行所一再强调的公共性的德，是作为一种为政、治理国家的政德而存在的"德"，此种德也是其所谓的至德。那么，素行何以有此种对天德、至德、明德的理解？其背后的深因何在？在答或人问的回答中，可以进一步掘发出深层的缘由：

> 或人问，朱子曰："德是得于天者，讲学而得之，得自家本分底物事。" 师曰：人物都是天地之造化，皆得于天也。何必限于德。是又以天德，为自家本分底物事，是释氏所谓自家之宝藏也。[①]

素行先肯定人物是天地造化的结果，在此意义上德也是从天上来的。但否认朱子将德视为自家本就存有之物，认为不仅仅是德之一物从天而来，人物之其他亦是如此，并不仅限于"德"。换言之，承认"德"的超越性，否定对"德"的限制，且德在素行看来是公共的存在，而非私有的存在。那么，素行一直极力否定的所谓私有的德，是怎样的存在？在《朱子语类》中似可得到答案。在解释"至德""至道"时说道"道者，人之所共由；德者，己之所独得"，又有"盛德以身之所得而言""存之于中谓理，得之于心为德，发见于行事为百行"[②]之说，在朱子处，区分了道与德，在相对意义上道是一种公共

---

① 広瀬豊：《山鹿语类》《山鹿素行·全集第九卷》第 422-423 页。
② 黎靖德编，王星贤点校：《朱子语类》，第 101 页。

性的存在，而德是个人"行道而有得于心"的存在，相对于道来说是一私有性质的德。亦即说，从道（理）至于德的过程，是从天下之一理转变为人身之一德的过程，是由公到私的转化，但实际上人同时保有了公和私两种面向的德，此前我们谈到朱子对天德的认知是具有超越性的，这种超越性伴随着"得于心"的内在性，具有了双重特质，且具有先验的特征。而此与性善相关的先验性的"德"是不为素行所认同的。因为在素行看来德从天到心的过程，并非一种由公到私的转化，天德原是公的存在，不存在可以转化为私的可能性。而其所说的"德"是一种具体在事物上有所呈现的"德"，相对来说"至德"是公共的，一德是己所有的，但素行并未言明此种德是否是"私"的存在。如果说"至德"是圣人所属，也表现为属于上帝的"天德"，那么如此"至德"除上述所述之外，还有何种表述？或许，可以用素行所谓的"全德"加以叙述。在言说圣人之德时：

圣人之全德不可阙一。《中庸》所谓"唯天下至圣，为能聪明睿智，足以有临也；宽裕温柔，足以有容也；发强刚毅，足以有执也；齐庄中正，足以有敬也；文理密察，足以有别也。"盖言圣人之德无所不蓄也，若有一不足，不足以谓圣也。今人曰德，多缺数般才用，以一言必（有）信，行必果为德。岂比于圣人之德。[1]

在素行看来，若指称圣人之德，必以"全德"来言说，如《中庸》中所言的圣人之德"聪明睿智""宽裕温柔""发强刚毅""齐庄中正""文理密察"之类，圣人之德无所不包，如若有一德缺失，便不足以为圣人。在这里，素行言常人之德是根据才用而言的，上述谈到素行肯认"骥不称其力，称其德也"，强调德对于才的重要性，那是否说明才只是针对常人而言的，在圣人处，才之作用并未凸显？对圣人之德与才的关系，素行说道：

---

[1] 広瀬豊：《山鹿素行全集第九卷·山鹿语类》第419-420页。

圣人之德必兼才，德中有所得，而才能著用。修身正心者属德，天下国家之均齐属才。故夫子以至德称泰伯，以才之美称周公。是大学不谓唯德，称明德也。明明德之时，修内身齐外家治国而平天下。[①]

圣人之德是为全德，而说圣人之德必须兼而有才。德与才的划分，对应《大学》中的修身正心、齐家治国平天下。前者属于个人修养领域，后者属于治政领域。如此，圣人之德便兼含两义，即德才兼备。于修身正心中有所得，即为德，在德中亦有所得，才方可以彰显。所以在圣人之德兼含两义的基础上，德在实质上排在才的前面，也与《大学》本身修齐治平的序列具有一致性。[②]当明晰圣人之德是怎样的存在，素行的圣人观也自然成为需要关注的问题。对于圣人的界定，《圣教要录》专有一章：

圣人者知至而心正，天地之间无不通也。其行也笃而有条理，其应接也从容而中礼、其治国平天下也，事物各得其处矣，别无可谓圣人之形，无可见圣人之道，无可知圣人之用。唯日用之间，知至而礼备、无过不及之差，上古君长皆教之导之，后世不然别立师。既衰世之政也，天下所由乃圣人之道，而知者过愚者不及。[③]

前文谈到"得于心"的内容是"知至"，此处圣人是知至的完成状态，是有全德的状态，而全德具有明德、至德的特质即"通"，故在身心间有所得，是通于天地之间的。行笃实而有条理，应接事物从容中道，于治国平天下可使得事物各有所得之处。于此种种之间看见圣人之行迹、圣人之道与圣人之用。其用于人伦日用之间，表现为齐家治国平天下之才，此皆是在"知至而有得于内也"

---

① 広瀬豊：《山鹿语类》《山鹿素行全集·第九卷》，第 419-420 页。
② 对于《大学》中八条目之间的序列、次序问题，学界多有争议。此处基于修身—齐家—治国—平天下的逻辑序列。
③ 広瀬豊：《圣教要录》《山鹿素行全集·第十一卷》，第 35 页。

的基础上实现的。那么，由此追问，何为"知至"？

　　人者万物之灵长也，有血气至属者，莫知于人。圣贤也知之至也，愚不肖也知之习也，知之至在格物，天生蒸民，有物有则，能至其物无不尽，则其知至而无不通者，圣人也。思曰睿，睿作圣。

　　知而不力行，则不可谓至，力行而不省察，则知鳖行荡，又不可谓至，力行省察而后知之至也。[①]

　　在知至的认知上，素行将主体限制为圣贤，认为圣贤才可"知至"，而愚不肖者只能通过习达到知。前者的途径是格物，至其物而有所穷尽，就达到了知至的境地，由此而无不通。此处虽说圣贤，但重点还是强调"圣"。此外，单论知不足，知还需要通过力行得以发显，力行也并不完满，还需省察，从知——力行——省察——知至是一个整体的过程。呈现在知行关系的看法上为"知行并立不可偏废，故论其纲领曰知曰行，论其所要曰致知曰力行。论其难易乃行是难，论其先后以知为先"[②]。即知行并立，二者不可有所偏废，知行同为纲领，只不过有难易先后的区别。那么，何为知？

　　师曰：知乃性心之妙用，犹目有明，为耳之闻，如口之言发。其所知者，性心之固有也。人禀二五之中，其知越万物而喻实理。能尽能至时无不通也。唯人皆从积习而不致其知，故以悉知惯习为实而外诱为本。真知竟泯没，安于其所熟识，其停于小成日新之功也。是以致知为要也。[③]

　　素行肯定的"知"有着自然而然与生俱有的特质，如同目自然会明，耳自

---

① 広瀬豊：《圣教要录》《山鹿素行全集·第十一卷》，第36页。
② 広瀬豊：《山鹿语类》《山鹿素行全集·第九卷》，第18页。
③ 同上书，第17页。

然会闻，口自然会言。在他看来知是心性固有的。在理想状态下，人之知能超越万物，在尽知、至知之后，则无不通。素行反对的是只从积习方面的致知，认为这只是一种外在的习惯，结合其对于"德"的理解，"得"不仅于身有所得，还要于心有所得，对于"知"的理解也是如此。外在积习所知不能称为真知，因此称此知所得为"小成"，因此更加凸显致知之要。由此，何为"致知"？

> 愚谓专博见闻学问，亦不得思其极时，唯博学多识，无所取用，是不可谓致知。不致知则博学多识，悉知为弊。知既闭塞时，心性不得周遍。不明明德，知日鑿，性日习，愚益愚也。故致知之要在详其思而尽其公私，天地人物已以不可容之诚推之，先天后天之不违则明，而后烛其理而粲然。是致知之至也。①

在素行看来，博学见闻而不思不能称为致知，致知与博学见闻是共通的。如若不致知而只专注于外在的博学见闻，则知是为浅层。专注博学见闻会使得知"闭塞"，于是心性不能通，不可谓明德，于是真知渐落，性而随之不能周遍流通。因此提出，致知之要在于"思"而尽公私，并且以诚推广之，而后可以明德，事物之条理得以显现。是所谓致知之至。知之至为真知，真知须格物，格物之中也必然涉及见闻之知与真知的关系：

> 是谓自得之知也，自得亦因见闻积累而自得也。知水火自然不踏，是格物来其知之至也。是又见闻之知，格物而尽也。何以别见闻之知与真知？愚按，真知乃推天下之公共也。以何致得真知，唯在格物之间也。故格物之时，以见闻之知皆为真知，不格物时乃自得之知亦臆说也，不足为信。②

前述得于心，得于身皆为自得，需在见闻之知的基础上自得。格物而后有

---

① 広瀬豊：《山鹿语类》《山鹿素行全集·第九卷》，第 21-22 页。
② 同上书，第 28-29 页。

见闻之知，而见闻之知与博学多闻属同一层级，并非知之至，也并非真知。在素行看来，真知也与公共性有关，亦须通过格物来获得，然不能仅停留在见闻之知的层面，故批判在格物与不格物之间所区分的自得之知。

至此，素行对于"德者得也"的理解脉络就较为清晰。针对"德者得也"的解释，素行区分了得之内容与得的方向，内容为知至，方向为"内"，并在此基础上展开对"德行"的界定，兼含心与身、知与行，区分了身心关系以及知行关系。如此的界定是在对朱子"德者得也"批判的基础上展开的。在朱子所得之内容是道，虽然方向亦为心之内，但更强调得之而后的守之不失。朱子之所以有得于道的理解，源于其理本论的建构。素行批判其守之不失的观点，批判的基点在其对知行关系与内外关系的认知上，并据此引出对于德的三层界定"得之于心，行之于身，言之于口"，方可以将德说全，"守之不失"只停留在了"得之于心"的层面，并未得"德"之实。进一步援引胡伯量之言，认为朱子对"德者得也"的界定已经为后世学者的理解设置障碍的藩篱。在批判所得内容上，素行与朱子的出发点便显现出了本质的不同，体现在对"理"的解释上。朱子以天理、道、太极为理，而素行却以条理解理，在条理与理的关系上，条理是理的解释，也是优于理的存在，因此在解释朱子"理一"时，用万物皆有一条理，如此的理是具体、经验之理，并没有抽象意义。此即言，在对理的认识上，二者就依然产生了较大的差别，也可以显现出素行学说的倾向，如其言"道"：

> 道者日用所共由当行，有条理之名也，天能运地能载，人物能云为，各有其道，不可违。[①]
> 道有所行也，日用不可以由行则不道，圣人之道者人道也，通古今互上下，可以由行也。若涉作为造设，我可行，彼不可行；古可行，今不可行，则非人

---

① 広瀬豊：《圣教要录》《山鹿素行全集·第十一卷》，第41页。

之道，非率性之道。①

以日用伦常之所当行来界定道，道在理的意义上也可以称作条理。道并非一人私有之物，而是各有其道。圣人之道也是在日用可以由行的基础上界定的，且此道是一种公道，并非私自可以设立之物，具有普遍性与公共性。在对具体概念诸如道、理的解释上，素行已经显现出其重日用、重实的倾向。这一倾向在将德等同于德行的言说中愈发凸显，强调笃行的重要性。并在"明德"的解释中强调双得，将行的地位相对提高。在明德的语境下，说明"德"的特质即"通"，具有"公共性"，如此特质的明德与所谓天德、至德有共同之处，一是承天而来，保障德的超越性，二是全体性，与治国理政相结合。此种解释的背后有着更深层的考虑，即肯定德的超越性，否认对德的限制，换言之，承认德之公共性，反对简单地将天德作为私有之德来把握。除"至德""天德"外，亦有"全德"一说。圣人是"全德"的保有者，圣人与今人的德之不同，也表现在前者是全德，后者只是一德而已。在言说德时，德才关系也蕴含于其中，虽有"德必兼才"，但是德为基。与此相关的，是素行的圣人观，圣人是知至的存在，由"德者得也"的定义，自然可以推出圣人是德之完成状态，即上文所说的全德状态，并含德之特质，可通于天地，于身心上兼含德行，是对知行关系最完满的诠释，且在日用当行之间有所显现。由圣人观可进一步导向知的问题，同时也是对于德（"知至而有得于内"）的表述。由前述可知，知至是圣人可以达到的境地，具体表现为"至其物而无不尽"，也即格物，在格物的过程中兼含知、行与省察。"知"与目明、耳闻一般具有与生俱来的特质，是性心之用，可以理解为一种与生俱来的能力，理想的知的状态便是圣人状态。然于常人来说，还需通过博学多闻实现，但博学多闻是建立在致知的基础上的，而致知之要在于"思"而"尽其公"。

---

① 広瀬豊：《圣教要录》《山鹿素行全集·第十一卷》，第 42 页。

三、小结

　　山鹿素行对于德的基本界定是基于"知至而有得于内也"的，在此基础上对朱子"德者得也"的批判基于两个层次：一是得之内容，二是得之方向。就得之内容上来看为"知"，就方向上而言似与朱子同得于"内"，但在其同等看待德与德行时，就已不再局限于内的方向。据此批判朱子的"得于心而不失"的观点，引出对德之内涵的解释，内涵有三层：一为得之于心，二为行之于身，三为言之于口，认为朱子之"得"只停留在了第一层面，所以不足以称之为德。由此引出的是朱子与山鹿素行在基本概念界定上的差异，如理、道，前者的理具有极大的超越性特质，并可以在得的过程中转化为个人私有之理，后者则是站在公共性的层面区分出理的内涵，为条理，且并未赋予其私的内涵。以公共性言德是山鹿素行的特点，并据此进一步解释德之相关概念，如明德、天德、至德与全德，这些概念具有两个显著的特点，一是在与天的联系上具有超越性，二是在治国平天下的层面具有全体性与公共性，但二者共通之处在于落实，这与其对"道"的解释倾向具有一致性。在言说全德时，相应引出了圣人观。其实，在"德者得也"的解释中业已暗含了对圣人的解释。与圣人相关的是"知"的问题，亦是"德"的问题，其中对格物的理解。概言之，即对"德者得也"的理解，与身心关系、知行关系、德才关系、公私关系相结合。

参考文献

［1］朱熹.四书章句集注［M］.北京：中华书局，1983.

［2］黎靖德.朱子语类［M］.北京：中华书局，1986.

［3］吕祖谦.丽泽论说集录［M］.杭州：浙江古籍出版社，2017.

［4］焦循.孟子正义［M］.北京：中华书局，1987.

［5］朱谦之.日本的古学及阳明学［M］.北京：人民出版社，2000.

［6］井上哲次郎著，王起译.日本古学派之哲学［M］.北京：中国社会科学出版社，2021.

［7］広瀬豊.山鹿素行全集·第十一卷［M］.东京：岩波书店，1940.

［8］広瀬豊.山鹿素行全集·第九卷［M］.东京：岩波书店，1941.

日本近世"天下人"观念的形成
与圣王意识的成熟

湘潭大学　瞿　亮

随着天下观念和统治意识的成熟，日本用"天下人"一词称谓执掌政权的统治者。起初在早期王朝国家趋于形成的时代，企图聚合宗教神权与世俗王权的首领逐渐汲取中国经史典籍中的"天下"观念，对其控制地区具有了模糊的支配意识。到了天皇执政的古代王权时期，以《日本书纪》为首的"六国史"选择性地剔除了道家"齐物"和墨家"亲民"等内容，着重运用儒家强调统治合理性的一面①，神国与天下趋于合一。而随着天皇政权的式微，武家作为新兴的政治力量逐渐掌握实权，为了摆脱在神皇观念下因血统固化而隶属于"臣位"的意识，武家统治者借用"天下"观念确立其世俗统治的合法地位，以有别于在宗教、祭祀和文教中占主导的公家势力。而虽丧失实权的天皇、公家势力依然极力运用儒家的王道、霸道等内容与"武家天下"进行对抗，企图在名实之争中居于优位以确保皇权的绝对至上。而随着武家文教水平的提高与绝对实力的增长，以足利义满为首的武家头领在内外政策上都将王道、霸道聚合于一身，通过对明自称"日本国王"向外宣称其的至高统治权。而历经诸侯纷乱的战国时代，织丰政权用"天下布武"再度令日本趋于统一的同时，也致力于融合佛教、儒教构建新的世俗与信仰权威，形成了既拥有强大实力又具备优良道德、品行的"天下人"观念，将推行王道政治的主体彻底转移到武家头领上。这种思想意识的转向为近世德川政权维系"天下泰平"统治秩序提供了理论依据，也规范了近世初期的历史书写与历史评论。

---

① 方克立：《中国哲学大辞典》，中国社会科学出版社，1996年，第76页。

　　日本学界对于"天下人"的研究着重于强调武家统治者构建有别于神皇正统的另一套权威体系。以神田千里等学者为代表，认为"天下静谧""天下布武"中的"天下"指的并不是传统认知中的整个日本，而是以将军为顶点的、以京都为核心的五畿内地区，即幕府将军所支配的天下。①本文从连续性视点出发，力图从天下观念与圣王意识结合的衍变入手，把握日本"天下人"观念确立的脉络，以期从实际政治和思想意识两个方面进一步理清公武双方权威构建的各自理路。

一、天皇亲政时代向武家执政之初的王霸之分

　　日本的"天下人"观念可上溯到古坟时代。熊本县江田船古坟发掘出土的五世纪后期铁剑上已经出现了"治天下獲□□□鹵大王"②的表述，而琦玉市行田稻荷山古坟出土的铁剑上亦有"吾左治天下令作此百练利刀"③的文字，这是常年与中国交流过程中受其天下意识的影响而形成的，意在对内确立起地方大型部族征伐小部落的正当性和权威。④进入律令制时代之后，为了强化大和朝廷的权威和"公地公民"意识，"天下观念"进入官修"六国史"记载中。《日本书纪》（神代卷）在叙述完国土生成之后就用"已生大八洲国及山川草木，何不生天下之主……此子光华明彩，照彻于六合之内"⑤突出天照大神的

---

① 神田千里：《織田信長》，筑摩書房，2014 年。

② 原文为"治天下獲□□□鹵大王世奉事典曹人名无利旦八月中用大鉄釜并四尺廷刀八十練九十振三寸上好刊刀者長寿子孫洋々得□恩也不失其所統作刀者名伊太和書者張安也"，江田船山国宝展实行委员会「江田船山国宝展」，2001 年。

③ 原島礼二：《古代東国の風景》，吉川弘文館，1993 年，第 11-14 页。原文为"其児名加差披余其児名乎獲居臣世々為杖刀人首奉事来至今獲加多支鹵大王寺在斯鬼宮時吾左治天下令作此百練利刀記吾奉事根原也"。

④ 古田武彦：《関東に大王あり一稲荷山鉄剣の密室一》，創世紀，1979 年。

⑤ 経済雑誌社：《国史大系.第 1 卷 日本書紀》，経済雑誌社，1897 年，第 9 页。

统治合理性。而在"神武天皇卷"中"彼地必当足以恢弘天业，光宅天下，盖六合之中心"①和"备舟楫，蓄兵食，将欲一举而平天下"②则把统治权力下放到世俗的最高统治者，到了"仁德天皇纪"中已经用儒家"天下"意识为天皇统治基础做系统诠释，"君天下以治万民者，盖之如天，容之如地。上有欢心，以使百姓，百姓欣然，天下安矣……大王者风姿岐嶷，仁孝远聆，以齿且长，足为天下之君"③。《续日本纪》开篇文武天皇即位的宣命也继续使用了"天皇天纵宽仁，愠不形色，博涉经史，善尤射艺……诏大命，集皇子等王臣百官人等，天下公民诸闻其诏"④的表述从仪礼层面强调天皇正统性。⑤总之，"六国史"时代的纪传灵活运用中国的天下思想为天皇统治意识形态服务，虽然它带有以大和王权为中心、以其他异族为边缘的小中华色彩，但"治天下"依据的是皇室固化的血统和神话缔造的"天命"，距离中国历代经史倡导的"有德者治天下"相距甚远。⑥到平安时代后期，随着班田制瓦解和律令国家的崩溃，天皇朝廷本身力量已经无法延伸到地方，虽然院政时代上皇在权门斗争中依然保留了"治天之君"的名号，但白河天皇"不遂我心愿者乃加茂川之水，双六之博运和山法师"⑦的慨叹被总结为"天下三不如意"，⑧朝廷逐渐失去了对寺院和庄园的控制，"治天下"概念变得有名无实。而大庄园主与地方豪强也随其实力的扩大开始构建与天皇王权分庭抗礼的新权威，938 年，发动关东八国叛乱的平将门就自诩"昔振兵威取天下者，皆史书所见也，将门承天之所与……

① 経済雑誌社：《国史大系.第 1 卷 日本書紀》，経済雑誌社，1897 年，第 77 页。
② 同上书，第 78 页。
③ 同上书，第 190-191 页。
④ 同上书，第 1-2 页。
⑤ 熊谷公男：《即位宣命の論理と「不改常典」法》，東北学院大学学術研究会：《東北学院大学論集 歴史と文化》，2010 年，第 9-39 页。
⑥ 津田左右吉：《古事記及日本書紀の研究》，岩波書店，1924 年，第 79-80 页。
⑦ 山田孝雄：《平家物語 上》，岩波書店，1945 年，第 81 页。
⑧ 片平博文：《白河法皇の怒りと歎き：歴史地理学から「天下三不如意」の深層に迫る》，立命館地理学会：《立命館地理学》2013 年，第 47-65 页。

今世之人必以胜者为君，纵我非朝臣，然拥金人之国……盖以力可虏领"①，欲通过武装暴力为基础"霸道"对抗天皇。而此时皇室则坚守"夫帝王之业非可以智竞，复非可以力争……此尤苍天所与也，何恌不权之议"②，王道论和霸道论成为论证治理天下资格的最有效工具。

进入庄园领主掌握实权的时代后，以武家为首的领主新权威和公家朝廷的旧权威，都需完善它们统治的合理性与合法性基础，源于孟子的儒教"王霸论"在中世的土壤中成长起来。1185 年，源赖朝为筹建幕府争取名分，向后白河天皇上奏的文书和致九条兼实的书信中都用到了"天下草创"的表述，这一表述在《吾妻镜》和《玉叶》两部镰仓时代初期的重要史籍中也都反复出现。③丸山真男认为"赖朝自称天下草创，创造出幕府这一政治军事机构，在日本史上具有划时代意义"④。源赖朝向公家朝廷表述的"草创"并非草率匆忙搭建之意，而是表达出取代皇室真正成为执掌天下新主的决心，黑田俊雄认为这是为了突出幕府创立初期公武关系实现逆转的政变性效果而有意为之。⑤"草创"最早出现在中国《后汉书》范升向光武帝谏言"今陛下草创天下，纲纪未定"⑥，《三国志》也用到"时天下草创，多不奉法"⑦表达秩序未定、纲纪未稳，而后《梁书》中的"今天下草创，饥馑不已，丧乱未可知"⑧与《陈书》中的"初高祖时，天下草创，诸王受封，仪注多阙"⑨也因袭之前史书的释义。《日本书纪》《怀风藻》与《续日本纪》在使用"草创"时也基本与中国史籍无异，⑩但《玉叶》和

---

① 《將門記》，古典保存会，1924 年，国会图书馆藏，书誌 ID：000000925798，电子版第 41-43 页。

② 同上，第 42 页。

③ 森新之介：《源頼朝と天下草創》《鎌倉遺文研究》，2018 年，第 77-85 页。

④ 丸山真男：《忠誠と反逆》，筑摩书房，1998 年，第 401 页。

⑤ 黑田俊雄：《日本中世の国家と宗教》，岩波书店，1975 年，第 312 页。

⑥ 范晔著，李贤等注：《后汉书》，中华书局，1965 年，第 1228 页。

⑦ 陈寿著，裴松之注：《三国志》，中华书局，1971 年，第 386 页。

⑧ 姚思廉：《梁书》，中华书局，1974 年，第 312 页。

⑨ 姚思廉：《陈书》，中华书局，1972 年，第 359 页。

⑩ 森新之介：《源頼朝と天下草創》《鎌倉遺文研究》，2018 年，第 78-79 页。

《吾妻镜》文脉中的语义却发生了变化。《玉叶》记载1185年源赖朝上奏后白河法皇自称"运令其上，勋功不空，始终讨平伏敌，奉世于君，实现君日来之本意……今天下草创也，尤可究行渊源，遵意奉行天之所令"①，随后九条兼实以"天下草创也，可究竟政道之渊源，已是可镇乱致治矣，而内览两人之条，偏祸乱之源也，非敢静谧计之"②为由，迫使后白河天皇革除近卫基通等近臣。此时的"草创"是初建之意，而源赖朝初建的"天下"已不是"六国史"所书天皇受命于神胤的"天下"，突出了武士治政时代的到来。而《吾妻镜》在书写承久之乱中北条政子召集御家人捍卫关东武士集团的政权成果时，也用"故右大臣将军征罚朝敌，草创关东以降，予官位予俸禄，其恩高于山岳，深于溟渤，报谢之志浅之乎"③强调源赖朝所创天下对于武士家臣团的恩惠，可见此时"霸道"基础已经不再停留在军事武力，还扩大到主君恩情。面对镰仓幕府强势实力，坐视大权旁落的朝廷公家意识到只有在原来神授天命基础上赋予新的正当性才能维持至尊的权威。自清和天皇起，为了突出皇室除血统合法性之外还具有王道政治的合理性，天皇家族借鉴《贞观政要》的仁政观，在每一代天皇名字中都使用"仁"字，这一传统延续至今。④但是镰仓至南北朝时期反幕府倾向大觉寺体系的历代天皇及皇子讳名分别为：后鸟羽（尊成）—顺德（守成）—仲恭（怀成）—后二条（邦治）—后醍醐（尊治）—后村上（义良）—长庆（宽成）—后龟山（熙成），他们都除去了名中的"仁"字。《玉叶》中记载了后鸟羽天皇开此之先河是为了体现朝廷公家重新恢复军事与政治势力的倾向，当时藤原兼实等公卿举出"永仁""尊成"两个名号，新主以"近代虽多用仁字，中古以往不必然，尊字后三条院，成字天历圣主，此两字已彼二代之御讳也，加之六府三事允治，即是非禹之功哉，帝王之功始于禹，今已

---

① 藤原兼实：《玉葉》第3，国書刊行会，1898年，第125页。

② 同上书，第127-128页。

③ 国书刊行会编：《吾妻镜：吉川本　中卷》，国書刊行会，1924年，第151页。

④ 铃木国弘：《権門体制国家論台頭の史学史的背景と問題の所在》，日本大学文理学部人文科学研究所研究紀要，2012年，第1-26页。

可谓草创之主，尤可受尊之大功"①为由止用"仁"字，意在以"霸道式的王权"恢复天皇亲政。②后醍醐天皇召集尊皇武士进行建武中兴正是"霸道"王权对抗论延长线上的顶点，他的讳名"尊治"就是效仿后鸟羽天皇"尊成"而起，欲彻底废止王道仁政的王权构造，并继承后白河、后鸟羽、后嵯峨等上皇运用权谋强硬对抗武家的传统而建立新庙堂。这也致使镰仓幕府实际掌权者北条氏和开创室町幕府的足利氏，极力干预皇位继承扶持持明院统系皇子以"仁"的讳名即位，最终导致了南北朝对峙分裂。③

二、足利时代"日本国王"名号与史籍中的王霸结合论

到室町幕府三代将军足利义满平定了明德之乱、应永之乱，成功压制实力的守护大名及关东豪强反幕府行动，怀柔南朝并实现统一后，就渐次开展进一步削弱王权，巩固幕府统治基础的各项行动。足利义满首先实现了多重身份的构建。对武家而言，他是继承其先祖遗业的武家首长，依然向东国武士集团称"镰仓将军"。对公卿大臣则自命"室町殿"，欲统合以京都、吉野为核心的关西武家、寺社和朝廷公卿，成为诸权门共同遵奉的"公方大人"，而武家首领"公武统一"的这一举动在日本历史上也仅此一例。④根据今谷明的研究，足利义满在任征夷大将军后又任朝廷的太政大臣，同时操纵武家家臣和朝廷关白

---

① 藤原兼实：《玉叶》第2，国書刊行会，1898年，第620页。
② 铃木国弘：《『治天の君』論序説：『王家』の精神史をめぐる一試論》，日本大学文理学部人文科学研究所研究紀要，2018年，第12-13页。
③ 山崎藤吉，堀江秀雄：《南北朝正闰论纂》，铃木幸刊，1911年。
④ 支配有力大名的资料参见市澤哲：《中世王権論のなかの足利義満》、歴史評論649、平成16年，尝试驱使支配公家社会的资料参见家永遵嗣：《室町幕府将軍権力の研究》、東京大学日本史学研究室、平成7年、桃崎有一郎：《足利義満の公家社会支配と「公方様」の誕生》，宗教寺社进行控制的史著参见太田壮一郎：《室町幕府宗教政策論》、中世後期研究会編：『室町、戦国期研究を読み直す』、思文閣、平成19年。通史类的参加櫻井英治：《室町人の精神》、講談社、日本の歴史、平成13年。

以下的官僚，再通过广义门院、崇贤门院等母亲对皇子的影响致使天皇家族继任男丁无力对抗幕府，进而册立妻室日野康子为后小松天皇准母，立次子足利义嗣为亲王，最终使自己成为天皇家长"治天之君"，"唯独义满压制了天皇制度的核心，并欲以足利家替换皇统"①。但面对"六国史"以来构建的天皇信仰神话和镰仓幕府大觉寺系统深入人心的尊皇倒幕观念，足利义满深感从内外两面另立权威的必要性。内部政治构造上，为了论证室町幕府实现统一并执掌天下之权的合理性，足利义满接受了义堂周信"今诸教徒若无本寺八讲则学佛法者扫地矣……八讲论义，悉从旧例……儒书中宜读《孟子》"②的谏言。幕府上下采取以禅入儒的方式，"自宋朝以来，儒学者皆参吾禅宗，一分发明心地……凡古今君臣相疑不善始终者，上下不以赤心相待故也，殿下若以赤心得天下人，则无事不济"③，用《孟子》和朱子学中君臣关系的相对性动摇了记纪神话中固定的君臣位置。足利义满进而接受了"意在治国家者，先明德正心诚意修身最为紧要……四书之学弗怠则天下不待令而治矣"④的建议，突出用儒学治理天下的合理性，进而运用"修德为文，正戈为武，武之用在安天下，不必事干戈，故武王诛纣，厉兵修文，《尚书》武成曰武王伐纣乃偃武修文是也"⑤的"异姓革命"论强调足利幕府之所以兴武掌握兵权是为了行仁政尚王道，向公武两家宣扬"有德者居君位"的合法性。⑥对外方面，足利义满也掌控了与中国交涉的主导权。

众所周知，自古坟时代以来天皇权威很大程度也仰仗中华王朝的册封与文化交流，无论是卑弥呼时代、倭五王时代、圣德太子改革还是大化改新，提升

① 今谷明：《室町の王権—足利義満の王権簒奪計画》，中央公論新社，1990 年，第 178 页。
② 義堂周信著，新井白石抄：《空華老师日用工夫略集》，近藤瓶城：《続史籍集覧 第 3 册》，1930 年，第 169 页。
③ 同上书，第 185 页。
④ 同上书，第 190 页。
⑤ 同上。
⑥ 玉懸博之：《日本中世思想史研究》，ぺりかん社，1998 年，第 296-298 页。

王权皆与中国王朝有密切关系。[①]在南北朝对峙时代，后醍醐天皇之子怀良亲王就曾以助剿倭寇为由，欲以明朝为后盾对抗足利幕府拥立下的北朝并征讨九州地方豪强。[②]而足利义满向明朝皇帝以"日本国王"和"臣"身份相称，除了彰显日明官方之间的贸易意图，更有对外宣称其才是日本真正国主的意图。《善邻国宝记》记载足利义满先后在建文帝和永乐帝时期都采取了自封"日本国王"的外交策略，以此获取明朝对其统治天下的认同。1401 年，足利义满向建文帝致国书称"日本国开辟以来，无不通聘问于上邦。某幸秉国钧，海内无虞。特遵往古之规法，而使肥富相副祖阿通好"[③]，消解之前南朝与明外交的影响，也得到建文帝"兹尔日本国王源道义，心存王室，怀爱君之诚，逾越波涛，遣使来朝，归逋流人……俾天下以日本为忠义之邦，则可名于永世矣。王其敬之，以贻子孙之福"[④]的肯定。而他向朱棣致的国书则首先向明朝强调北朝在建文帝时期就致力于递交国书抹去南朝与明的外交意义，进而主动向朱棣表明不再任用派遣拜谒建文帝的使节，获取明朝新主的理解，"应永年中随天伦一菴行，

---

① 《中国古代国家と東アジア世界》，東京大学出版会，1983 年；荒野泰典，石井正敏，村井章介：《アジアのなかの日本史Ⅰアジアと日本》，東京大学出版会，1992 年；《古代東アジア世界と日本》，岩波現代文庫，2000 年；《東アジア世界と册封体制》《西嶋定生東アジア論集》第三卷，岩波書店，2002 年；《東アジア世界と日本》《西嶋定生東アジア論集》第四卷，岩波書店，2002 年；石井正敏：《東アジア世界と古代の日本》，山川出版社，2003 年。

② 关于怀良亲王是否为《明实录》记载下接受朱元璋册封的"日本国王良怀"，中日史学界有分歧与争论，藤原明、石原道博、栗林宣夫持质疑态度，而田中健夫、佐久间重男、村井章介则认为册封确有其事，中国学者陈尚胜、刘晓东、王来特等认为南朝确实有向明册封举动。无论明当时册封哪一方，对于外交与日本国内的征讨而言都将处于有利位置。近期的研究参见荒野泰典、石井正敏、村井章介：《倭寇と"日本国王"》，吉川弘文館，2010 年；刘晓东：《"倭寇"与明代的东亚秩序》，中华书局，2019 年；王来特：《明初的对日交涉与"日本国王"》，《历史研究》2017 年第 5 期；马光：《明初赵秩使日问题新探》，《江海学刊》2020 年第 2 期。

③ 瑞溪周鳳：《善隣国宝記》，近藤瓶城：《改定 史籍集覧 21》，近藤出版部，1922 年，第 33 页。

④ 同上书，第 34 页。

则谢建文帝来使之意也，然及至彼国永乐帝即位，天伦一菴为前帝使，免入国耳，不得反命，于是竖中号贺新主之使仍通此表"①，进而向朱棣表明"彼国与吾国将相为王，盖推尊之义，不必厌之。今表中自称王，则用彼国之封也，无乃不可乎"②，这种先自称国王，再向明朝"请封"的策略，实际上就是从天皇手中夺过外交权和中国对日本国主的承认权。而根据今谷明的研究，足利义满向明称臣也是出于篡夺王权之需，"当时的一般观念认为虽然可以自称国王，但不可自称为臣。然而，义满反而插入'臣'字，其意图是向明皇帝表明臣属，而绝不向天皇臣服的坚定决心……自周凤至近来的研究，无一例外都把臣子放到屈辱外交的位置上，而这更体现出义满对天皇的挑战，即向国内表明他篡夺的决意"③。而朱棣回足利义满的国书也充分体现出承认其对日本的王道统治，"日本国王源道义，知天之道，达理之义，朕登大宝，即来朝贡，归响之速，有足褒嘉，用锡印章世守尔，服兹海甸……朕今命尔，唯谦勤可以进学，唯戒惧可以治心，唯诚敬可以立身，唯仁可以抚众，唯信可以睦邻"④，无论是赐印还是对其王化抚众的期待，都承认了足利氏治理日本的合法性。值得注意的是，清代之前的朝贡制度下，藩国往往需要使用中华王朝皇帝的年号与历法，⑤但是义满治下的日本却未见使用大明年号和大统历的痕迹，其向明称臣不过是对

① 瑞溪周凤：《善隣国宝記》，近藤瓶城：《改定 史籍集覧 21》，近藤出版部，1922 年，第 35 页。

② 同上。

③ 今谷明：《室町の王権—足利義満の王権簒奪計画》，中央公論新社，1990 年，第 120 页。

④ 瑞溪周凤：《善隣国宝記》，近藤瓶城：《改定 史籍集覧 21》，近藤出版部，1922 年，第 36 页。

⑤ 在明清易代之前的中华朝贡宗藩体系下，奉行正朔是藩属国臣服的重要表征，但清代之后藩属国存在华夷之辨和小中华意识，故年号和正朔就发生了明奉清而暗用明年号的情况，具体参见朱云影：《中国文化对日韩越的影响》，广西师范大学出版社，2007 年，第 177-202 页；孙卫国：《大明旗与小中华意识——朝鲜王朝尊周思明问题研究》，商务印书馆，2007 年，第 226-253 页；牛军凯：《王室后裔与叛乱者：越南莫氏家族与中国关系研究》，兴界图书出版社，2012 年，第 180-201 页。

外以"日本国王"谋求专属贸易的便利，对内则以"国王"名分取代天皇成为日本名实兼具的统治者。①虽然义嗣、义持至义量时期"日本国王"号仅限定在对朝鲜外交中使用，但到足利义教回复勘合贸易时，作为幕臣的满济就提出"用王字当无所忌惮，因执政理所当然为霸王所致"②的谏言，再度运用王霸论以对霸者执掌天下进行肯定，对明贸易依旧使用"日本国王"号。由此可知，无论是足利尊氏将领地和司法大权收揽于幕府，还是足利义满对内用《孟子》和朱子学汤武革命观灌输有德者治天下意识，向外开启以足利氏为主体的"日本国王"朝贡贸易体系，都极大程度撼动了自古以来天皇为中心的王权构造，令"万世一系"的天皇制陷入危机。

但足利义满之后，室町幕府以守护大名联盟作为统治根基的安定局面随着足利家争夺继承人和管领、职家操控幕政被打破。早在应仁之乱前，足利义教与关东的镰仓公方足利持氏就因为将军继任和关东统治权产生矛盾，最终致使关东州郡发起"永享之乱"③，虽然关东叛乱被平定，但镰仓公方新立的足利成氏又掀起攻杀关东管领上杉宪忠并对抗幕府的"享德之乱"④，关东地区已经提前脱离了幕府掌控。虽然足利义教和之后的足利义政对明贸易时依然使用"日

---

① 《善邻国宝记》记载足利义满致明国书的内容，使用的都是日本"应永"年号，而村井章介在《中世日本の内と外》中也指出足利义满并没有使用明朝的大统历，参见村井章介：《中世日本の内と外》，筑摩eブックス，2018年，kindle版第176页。

② 《满齐准后日记》《続群書類叢　補遺一》，第587-588页。

③ 永享之乱是发生在永享10年（1438年）的镰仓公方足利持氏反叛室町幕府的事件。1425年，第四代幕府将军足利义持去世，因为无人继嗣，足利义持之弟足利义教被拥立为将军，足利持氏对此不满。1438年，足利持氏擅自为嫡子贤王丸足利义久元服，关东管领上杉宪实进谏，不纳，反出兵讨伐上杉宪实。幕府借此机会出兵讨伐足利持氏，削弱关东公家势力。后来足利持氏叛乱失败，不久后自杀。

④ 1454年（享德三年）12月，有着镰仓方公官位的足利成氏，杀了关东领管上杉宪忠。对此京都幕府命令近邻的守护讨伐足利成氏。足利成氏就从镰仓逃往古河（今茨城县古河市），自称古河公方。他拒绝幕府使用的年号，自立年号，在关东武士中很有影响力。这种做法实际上就是否认来自京都的权力，自立为王，建立关东独立王国。这在日本历史上称之为"享德之乱"。

本国王"，但从"海东八州都督，矛盾于王室者，有岁于此矣"①记载可看出，镰仓公方已经摆出常年对抗姿态。②执掌天下者也从皇室、将军旁落到有实力的地方大名身上。在频繁的"下克上"政变和复杂的权力斗争环境下，王霸之争变得苍白无力，王权与幕府的公武紧张格局也暂且让位给地方割据势力，各大名用神佛加护与神秘主义的"天道"观论证独霸一方和兼并斗争的合理性，限定在地方领国范围的"公仪"取代了全国性的天下意识。16 世纪末赴日的葡萄牙耶稣会传教士所编纂《日葡辞书》中，并没有收录表示日本全境的"Hinomoto"一词，反而在补遗收录 Yamato（大和）、Aqituxima（秋津岛）、Yasoxima（八十岛）、Ixxu（一州），用境内某一地区指代全土，而该辞书用"Taimin"（大明）或 Taito（大唐）来称大一统的中国，也意在与当时分裂厮杀状态的日本相区别。③耶稣会传教士如此之举，是因为见证了室町幕府中央权力衰弱致使日明贸易式微，意识到各地大名持续厮杀后势必会呈现再度统一的局面，故用当时六十余州中的某一个领国来指代全境，暗含着期待新的统一天下者意图。④

三、织丰时代史著与霸者天下人观念的形成

到了织田信长"天下布武"时期，他开始兼用神道、佛教的宗教神格化与儒教的世俗王化两种权威构建方式，塑造新的"天下人"意识。以往的研究一般认为信长一味打击佛教势力并制造了烧毁比叡山、镇压石山本愿寺等"灭佛

---

① 辻善之助：《都鄙和睦と禅僧の居中斡旋》《日本仏教史之研究　続編》，金港堂書籍株式会社，1931 年，第 169 页。

② 波田永实：《日本国王号に関する一考察——国家論の視点》，《流経法学》2016 年第 2 期，第 18-23 页。

③ 土井忠生等編訳：《日葡辞書：邦訳》，岩波書店，1980 年。

④ 東光博英：《ヴァリニャーノ〈日本巡察記〉--イエズス会総長への機密報告（外国人の見た日本・日本人〈特集〉；江戸時代以前の日本論）》《国文学：解釈と鑑賞》，至文堂，1995 年，第 30-37 页。

行径"，但日本学者近年研究发现，信长不仅与禅僧策彦周良、泽彦宗恩关系密切，①从《长筱合战图屏风》所绘信长麾旗上书写着"南无妙法莲华经"的描述可以看出，他还利用和扶持了法华宗。②兴建善光寺，效仿源赖朝崇敬东国武士护佛，并令明眼寺僧人可心编造"太子托梦告诉其天下归信长"的故事，信长随即在热田神宫发出"我亦见如此之梦，近必应大庆也，尽天下之力兴建太子寺"③的昭示。在神道领域信长也构建出自己就是"津岛牛头天王"的神格化形象。从江户时代刊行文书"织田信长公深信牛头天王，神轿、水引之类尽染织田家木瓜纹，遂误使人以为此为牛头天王之纹"④的记载来看，信长时代所定织田木瓜纹的家徽与津岛牛头天王的神纹、京都祇园神社中防止瘟疫的神纹吻合，而 1568 年（永禄十一年）他拥立足利义昭入京都所奉举的就是木瓜纹旗印，这不仅令京都地区人们对织田家势力有了深刻了解，也使得人们自然将信长与牛头天王等同起来以树立其上洛的威信。⑤而弗洛伊斯致耶稣会书信中还记载了信长兴建寺院将自己作为神明供奉，"全日本的领主信长把建立的这座寺庙命名为摠见寺，尊崇它的人所得功德与利益如下：第一，富裕者来这崇敬它会日益富庶，下贱而被怜悯的穷人来这崇敬它，会因为他们所行功德而成为富者，希望有子女或继承家业后代的来这则可得子孙，长寿与安乐和平；第二，生命可延至八十岁，所患疾病可迅速治愈，得到健康平安……布告领内诸地，令市町村无论男女贵贱都在他所诞生的五月份到寺院参拜他的神体"⑥。

---

① 竹貫元勝：《新日本禅宗史——時の権力者と禅宗たち》，禅文化研究所，1999 年，第 136-146 页；小田和哲男：《戦国武将を育てた禅僧たち》，新潮選書，2007 年。

② 神田千里：《ルイス・フロイスの描く織田信長像について》，東洋大学文学部紀要史学科篇，2015 年，第 49-76 页。

③ 英俊等，《多聞院日記 第 3 卷》，三教書院，1937 年，第 212 页。

④ 丈我老圃：《天保佳話》《随筆文学選集 1》，書斉社，1927 年，第 524 页。

⑤ 赤木妙子：《織田信長の自己神格化と津嶋牛頭天王》，《史学》1991 年第 1 期，第 129 页。

⑥ 村上直次郎訳、柳谷武夫：《イエズス会日本年報 上》，雄松堂書店，1969 年，第 209 页。

《信长公记》也记载了摠见寺建成之后众人祭祀的盛典，"邻国之大名小名及连枝武士众人皆于安土到席，过上百桥至摠见寺……此次无论大名小名皆自持礼钱百文参拜……或直送信长手中或于之后投寄，他国众人亦备金银、唐物各类珍奇尽数献上"①。而信长死后各地供奉的信长像也与牛头天王、速须佐之男关联起来。②以往武家采取两种方式来构建权威：一种是平清盛将本族女眷同天皇联姻的形式，以皇家外戚身份获得控制朝廷的正当性；另一种是源赖朝和足利尊氏获取朝廷授权建立幕府，在公武共存的关系下倚靠强大军事力量控制实权。③但是信长既没有效仿平家外戚专政，也排斥甚至打击以足利义昭为首的幕府，不仅需要神佛而且还运用儒教和武家伦理等多重理论构建出新的武家政权，与皇室和旧有武家栋梁分庭抗礼的新"天下人"观念日渐成熟。

利用武家首领"源平交替说"，将原本苗字"藤原"改为"平"，以平氏后继者的身份对抗打着源氏旗帜的足利将军。永禄十一年信长以辅佐将军义昭上洛为由向上杉谦信致书要求其遵循"天下之公仪"，④而后逐渐以"奉公天下"的名义号令大名。比如针对九州的局势，1580 年信长致岛津义久的书信中就开始介入调停大友和岛津两大名之间的纷争并鼓动向毛利用兵，"夫不得与大友方锋盾用兵，终究当归于和合无事……近年本愿寺缓怠，当依仪法诛罚，愿恩望退散大阪之由……待畿内无不静谧，来年当出马艺州用兵毛利，此时再进恳昵之礼，乃对天下之大忠也"⑤，这已明显体现出支配天下者并非幕府而是织田方。这种以"天下布武"名义建立霸业的模式不仅用于对外征讨活动，还用

---

① 太田牛一：《信长公记》；近藤瓶城：《改定史籍集览19》，近藤出版部，1920 年，第255-267 页。

② 赤木妙子：《織田信長の自己神格化と津嶋牛頭天王》，《史学》1991 年第 1 期，第137 页。

③ 燁権：《織田信長の政権構想："天下布武"の実態をめぐって》，広島大学日本語・日本文化研修プログラム研修レポート集，第 23 期，第 20 页。

④ 《志賀槙太郎氏所蔵文書》二，《八幡町史 資料編8》，八幡町史編纂委員会，1994 年。

⑤ 東京大学史料編纂：《大日本古文書 島津家文書1》，東京大学出版会，1942 年，第 238 页。

于处决反叛的家臣，信长开始用到了孟子的忠义论，将奉公于天下等同于奉公于其自身。例如《信长公记》书写信信长部署其次子信雄镇压荒木村重叛乱，就使用了"出势用兵于上方，第一当以天下为所虑，为父奉公亦须重待尔兄成介"①的名分，而将荒木一族兵败身死归结为"身蒙天罚"②。而他所确立的新"天下人"既有着裁断反叛者的权力，也承担着守护维持新秩序的义务，这种绝对的专制君主性质为近世武家头领德川氏构建与记纪神话相对抗的权威打下了基础。

小濑甫庵撰写的《信长记》，不仅注入了武家行王道、大义的儒教观念，还进一步把"天下人"的霸业与大众人心关联起来。在《信长记》开篇平手政秀谏言信长时，就增加了《信长公记》中未曾记载的儒教治天下观念，"心底若不兴义心，何以治天下乎？治法工夫非在今世执所之才智，假令纵有卓越才艺，度量不大非能屈伸者，治道难成。圣贤格言曰，万事从宽则其福自厚，故君之御心乃万人之御心。昔异朝武王为救天下之穷民而讨讨，昨日天下尚未殷商之民心，今日已化为周之民心"③，而汤武革命的合理性正式出现在史籍之中。它书写桶狭间合战前祈祷文鼓励士气，就先强调乱世生灵涂炭致使国家不得安宁，"人王百有七代之御宇，世既及浇漓，瑞凤不至，祥麟不出，人心不淳，奸邪并生。四夷举兵革，八荒动干戈，更不闻有理世安民之政矣"④，进而把信长发动战争的原因归为民除害和济世安邦，"信长苟为平相国绵绵瓜迭，受生于弓马之家，仅继箕裘之业以来，远悔先祖之无道，近忧叔世之极乱，再欲兴帝都衰微，治国家之扰乱，致君于尧舜，救民于涂炭之外"⑤，"今举义兵，全非

---

① 太田牛一：《信长公记》，近藤瓶城编：《改定史籍集览19》，近藤出版部，1920 年，第 171 页。

② 同上书，第 179 页。

③ 小濑甫庵：《信长记》，三宅米吉、黑川道真校辑：《日本历史文库4》，1912 年，第 58-59 页。

④ 同上书，第 93 页。

⑤ 同上。

私用私欲，而为起王道之衰，救民间之危也"①。这种书写不仅用于军事战争，也用于信长进京都上洛的政治行动，佐久间信盛向信长进言评定近江势力，"君既已定美浓、尾张、伊势、三河、远江五国，扫荡天下，平治逆徒……至一统之御世，发挥杂学，兴起真儒，复废黜之礼乐，救生民于涂炭，退邪匡正，万民浴其化"②。1573 年信长向时任将军的足利义昭上"十七条谏言"，而小濑甫庵增补出《信长公记》所未记载的内容中，就有"天下乃天下之天下，万事当以此为肝要，为善作恶皆如影随形，其响音必应"③，"好食色货利者气必吝，好功名事业者气必骄。或诗曰：国正天心顺，官清民自安；妻贤夫祸少，子孝父心宽"④，"为再兴御当家，为至天下无为，不得含私意，当放佞徒，近贤才，诸事纳谏，不漏政道"⑤等源于《礼记》"大道之行也，天下为公"⑥和《吕氏春秋》"天下，非一人之天下也，乃天下人之天下也"⑦的观念，将天下、民心与个人道德密切关联起来。

《信长记》也标志着武家的天下意识从霸道彻底转向了王道与人心，中国历代儒教经典中所突出的君主为天下苍生谋公益的圣王观成为近世历史叙述和评论的焦点。

由《信长记》缘起的新天下观念也延续到《太阁记》和《丰内记》。《太阁记》书写丰臣秀次的妻妾以权谋私遭致京都上下不满并在城墙上留下"天下乃天下之天下，故关白家之罪乃关白家自身旨取所致，若求理之正当，不得如平

---

① 小濑甫庵：《信长记》，三宅米吉、黑川道真校辑：《日本历史文库 4》，1912 年，第 94 页。

② 同上书，第 130 页。

③ 同上书，第 300-301 页。

④ 同上书，第 302 页。

⑤ 同上书，第 305 页。

⑥ 阮元校刻：《礼记·礼运第九》，载《十三经注疏》卷二十一，中华书局影印，1980 年，第 1414 页。

⑦ 高诱注，毕沅校：《吕氏春秋》，第一卷《孟春季·贵公》，上海古籍出版社，2014 年，第 15 页。

人之妻子导致今日狼藉自由，其行始末末非政道，当留意用心因果报应"①的笔墨，并对此评价"秀次公赏赐杀伐不过徇一人之私……其来因果忽报，哀年幼之君早亡，亦感该言辞之切，彼实若纣王焚炙忠良"②，认为残暴不体恤民情终将得到应有报应，这实际上已凸显了儒教"惩恶扬善"的观念。《丰内记》开篇记载秀次切腹时也用到"天下非一人天下，乃天下之天下也，专义者子孙永荣，擅利者子孙忽灭，一治一乱理之常而不能无之者也"③，并总结丰臣政权灭亡的原因为"太阁秀吉公虽智谋才智胜觉，行万事皆日本无双，然不知圣人之道致万民苦役，一人荣华至极而未传惠于子孙，遭致早祸"④。由于《太阁记》和《丰内记》成书年代已经到了大阪城之战落幕、元和偃武之后，朱子学的秩序观念业已成为德川幕府治理天下的意识形态基础。

到幕府撰写《德川实纪》，"东照宫御实纪"书写家康临终遗言时称"将军平天下之事，宁息安心，将军之政道非理能言尽，救亿兆之民于艰困之间，除其之外非他人能任。夫天下非一人之天下，乃天下之天下，纵便取代他人行天下之政务，四海安稳万民蒙泽仁恩，此家康本意，无遗憾无愧矣"⑤，延续了《信长记》《太阁记》的笔法。而在"台德院御实纪"中，又从秀忠的视角再次突出了家康临终遗言的重要性，而"天下非一人之天下，乃天下人之天下，吾等不得悖逆……当耳提面命待大树之令……诸国大名若有违大树之命，怠惰参觐，举一门世臣暗自发兵者，则例行诛戮"⑥。儒教观念下形成的"天下人＝将军"和幕藩体制促成的"天下公仪＝幕府法度"意识，令遵道德、得民心的圣

---

① 小瀬甫庵：《太閤記》，近藤瓶城编：《史籍集覧 第 6 册》，近藤出版部，1920 年，第 428 页。

② 同上书，第 429 页。

③ 《豊内記》，近藤瓶城编：《史籍集覧 第 13 册》，1924 年，第 449 页。

④ 同上书，第 467 页。

⑤ 《德川実紀 1》，经济雑誌社编、黒板勝美校訂：《国史大系 統》第 9 卷，经济雑誌社，1903 年，第 276 页。

⑥ 同上书，第 826 页。

贤明君成为名实皆备的"天下人",为之后幕府推行锁国禁教和德川华夷体系奠定了基础。

四、结语

原本由皇室借鉴中国的治理天下理念发展出的皇统承胤的"天下人"观念,到公武分离之后出现了裂变。武家为了寻求执掌天下的合法性和正统名分,不断借鉴中国经史典籍中王霸论的合理资源,先是有源赖朝和北条执权倡议出"天下草创"的新体系以对抗天皇公卿,虽然后醍醐天皇等南朝之君意欲通过"治天之君"和讳名等方式构建尊皇讨幕的大义名分,但到足利义满时代借鉴禅宗和儒教"有德者居天下"观念从内外两个维度营造出"日本国王"乃一国之主的实态。战国时代虽然足利家的天下人观念因为诸侯纷争而崩溃,但足利义满的中华皇帝构想到织丰时代又得以继承和发扬,武家无论是通过自我构建神格化还是借鉴朱子学"天下乃天下人之天下"的名分转移,已经在名与实上成为最高统领。自此,天下人意识已经趋于成熟,与中国自古以来经史所凸显的圣王明君观念达成吻合,这为近世史学开端就凸显编年体例,强调汤武放伐正当性打下了基础,也与幕府"御威光"意识形态形成对接,它对于幕藩体制的稳定及学问繁荣起到了积极作用。直到近世中后期尊皇论和新的正统论出现,才逐渐被动摇和瓦解。①

---

① 详见瞿亮《日本近世正统论的发明与权威转移》,《第三届全国世界史中青年论坛论文集 三》,2019 年,第 69-90 页。

长崎"来舶文人"与儒佛思想
在江户日本的传播

沈阳航空航天大学　　　　徐金凤

摘要：在江户初期，大批明末文人来到日本长崎，这些来日文人在日本的一些史料记载中被称为"来舶文人"。朱舜水的学问为水户学的发展奠定了基础。陈元赟精通道家思想与诗文、绘画、书法、陶艺、茶道，与当时日本的上层阶级交往密切，影响了日本上层文化的发展。隐元不仅将黄檗宗带到了日本，在书法、绘画、画像、寺庙的建设等方面都对日本产生了极大的影响。"来舶文人"为儒佛思想在江户日本的传播做出了不可替代的贡献。

关键词："来舶文人"；朱舜水；陈元赟；隐元

一、前言

　　长崎是江户时期日本东西方文化交涉的舞台，东西方文化都通过长崎输入日本。在江户初期，大批明末文人来到日本长崎，仅元禄年间以前就多达 40 人以上，这些来日文人在日本的一些史料记载中被称为"来舶文人"，他们多居住于长崎，以此为据点分布在日本各地，同时把明代的文化传播到了日本各地。江户初期思想界的变动也与明朝的思想动向相契合，有复古国粹主义的特征，同时又具有向近代转型的特质。同时明末儒学家的到来加快了日本儒学从佛家中独立出来的速度。

　　明末阳明学的大家朱舜水（1600—1682）曾七渡长崎，最初是受郑成功之托去日本求援，第七次到达日本是在 1659 年，并在 1665 年 7 月接受水户藩主德川光圀的邀请移居水户，成为德川光圀的宾师，直至 1682 年去世。

在去水户之前的六年间，朱舜水一直居住在长崎，受到安东省安的极大尊重与接济，二人结下了深厚的师生情谊。在当时朱子学一边倒的时代，安东向朱舜水学习阳明学，被伊藤东涯尊称为"西海巨儒"（一说"关西巨儒"）。

1668 年，德川光圀在驹笼（现东京大学农学部所在地）为朱舜水建立了专门的府邸，在此朱舜水向德川光圀传授古今仪礼，对水户学思想产生了巨大的影响。并著有《学宫图说》，在他的指导下建立了文庙、启圣堂、明伦堂、进贤楼、尊经阁、学舍、射圃、门楼、墙垣等，一说朱舜水的《学宫图说》成为日本后来学校制度的起源。除了传授学问，朱舜水还不遗余力地传播养蚕、医学、种痘、耕作、料理、机织等实学才能，为水户学的发展奠定了基础。

除朱舜水之外，1619 年来日的陈元赟（1587－1671）精通诗书与绘画，与林罗山、松永尺五（1592－1657）、石川丈山（1583－1672）等文人皆交往密切，1625 年曾到江户拜见德川家光将军，1635 年接受尾张德川义直的邀请成为尾张的幕僚。陈元赟精通道家思想与诗文、绘画、书法、陶艺、茶道，与当时日本的上层阶级交往密切，影响了日本上层文化的发展。据说空手道的始祖就是陈元赟。

除了文人，渡来的僧人也为日本近世佛教思想的发展做出了不可替代的贡献。如隐元不仅将黄檗宗带到了日本，在书法、绘画、画像、寺庙的建设等方面都对日本产生了极大的影响。

二、朱舜水与日本儒学

（一）朱舜水的渡日经历

『長崎実録大成』卷十、唐船方來歴之部、長崎渡儒士医師等之事の条中记录了朱舜水来航的信息：

浙江餘姚縣人　　　儒士

右ハ万治二年（1659）明末ノ亂ヲ避テ長崎ニ渡来、在留七年、寛文五年
（1665）水戸黄門公其徳義ヲ被爲及聞召、公儀ニ聘召ノ事ヲ御願アリ、同年
七月舜水、其門弟並通譯高尾兵左衛門附添江府ヘ参上シ、同九月水戸ニ到ル。
禮接尤鄭重ニシテ、數年ノ間經史ヲ談論シ、道儀ヲ講究セラレ、厚ク其學才
ヲ尊信有之。天和二年（1682）四月八十三歳ニテ卒。[①]

关于朱舜水的 7 次来航信息，　　『長崎文献叢書第一集第二巻長崎實録
大成』记录如下：

1645　順治 2 年　正保二年　朱舜水長崎へ赴く（第一次）「自舟山至日本」

1647　順治 4 年　正保四年　朱舜水　長崎へ赴く（第二次）

1652　順治 9 年　承応元年 5 朱舜水　長崎へ赴く（第三次）

1653　順治 10 年　承応二年　　「唐僧澄一渡海、以後興福寺中興崇福寺二
代住持ト成ル」

朱舜水　安南から長崎へ赴く（第四次）

1654　順治 11 年　承応三年　艘　「唐僧隠元和尚渡海、興福寺ニ在住有之」

朱舜水　長崎へ赴く（第五次）

1658　順治 15 年　萬治元年　朱舜水　安南から長崎へ赴く（第六次）

1659　順治 16 年　萬治二年　朱舜水　長崎に渡来（第七次）

1663　康熙 2 年　寛文三年　　正月、朱舜水長崎に滞在

1665　康熙 4 年　寛文五年　　朱舜水、六月長崎を出発、 7 月江戸到着

1669　康熙 8 年　寛文九年　　朱舜水 70 歳の誕生を祝われる[②]

---

① 『長崎文献叢書第一集第二巻長崎實録大成』長崎文献社，1973 年 12 月，245 頁。

② 松浦章根据石原道博著『朱舜水』吉川弘文館，1961 年 12 月，「略年譜」282〜294
頁，及び『長崎文献叢書第一集第二巻長崎實録大成』254〜257 頁整理。松浦章：朱舜水
日本来航時の日中文化交流東，アジア文化交渉研究，2011-03-31，345-371 頁。

从以上朱舜水赴日的经历亦能窥见当时中日交往的频繁与密切。

（二）朱舜水与安东省菴

安东省菴（1622—1701），名守约，字鲁默，号省菴，亦写作省庵。据《古字通假会典》，菴是庵的古字。省菴出生于柳川的宫永小路，少年时代柳川的初代藩主立花宗茂就盛赞省菴的才能和人品，鼓励其立志于学问。其一生大致与水户黄门时代相对应，在当时是儒学的黄金时代。林鹅峰、林凤冈、松永尺五、新井白石、木下顺庵、山鹿素行、野中兼山、山崎暗斋、伊藤仁斋、熊泽蕃山、贝原益轩等儒者辈出。

朱舜水第七次到日本时，从长崎登陆的唐人亦不能随便久居，不得已朱舜水打算回到大陆。得知朱舜水要回航的消息后，安东省菴联合了多位文人学者联名向当时的长崎镇巡黑川正直请书，黑川正直向肥前小城藩和幕府报告，在多方的斡旋努力下，朱舜水得到了在日的居留许可。

「従寛永十六年至寛文三年　古来より御役所引継ニ相成候掟定書之類」「長崎御役所書留」目录中记载：

……朱楚與申博学之唐人長崎在留之儀……相伺候処一々御下知被仰下候事。[1]

同书所见本文寛文三年八月十九日付「覚」也记载：

一去年罷越候朱楚　と申博学之唐人有之候。彼者長崎ニ被差置被下候様ニと唐人通事并住宅之唐人捧訴状候事是者一両年差置其様子次第ニ可仕事。[2]

『唐通事会所日録』一、寛文三年正月十五日的记录中也记有：

儒者朱楚嶼（之瑜、號舜水）御禮ニ被罷出候、中間何も同道、獨立（性

---

① 太田勝也編『近世長崎・対外関係史料』思文閣，2007 年 10 月，6 頁。なお［王巽］の字は一字であるが、印字に際して表記できないため便宜上［王巽］と記した。

② 太田勝也編『近世長崎・対外関係史料』思文閣，2007 年 10 月，52 頁。

易、崇福寺）御政所へ御禮ニ今日被罷出候、惣右衛門同道仕、取次申候。[①]

从上文中可以读到的信息是朱舜水在得到居留日本的许可后，向长崎通事，镇巡表示感谢之情。

留在长崎的朱舜水生活无保障，在其困顿之际，安东省菴自己节衣缩食，拿出俸禄 200 石的一半赠与朱舜水，二人结下了亦师亦友亦亲的仁义之交。二人每日读书论道，除了儒学，朱舜水还向省菴传授当时最先端的学艺。

水户藩儒者安积觉（1656—1737）在「省菴文集序」记载了二人的交游情况：

闻明徵君舜水朱先生來長崎、往見之、遂執弟子之禮。先生亦悅其天資純粹、以為元定真吾老友、屬意最深。而先生流落海外、孤塋無所立……間有知者、叩之不能究其精、探之不能發其蘊。唯省庵切問近思、入其室、造其奧、自朱陸之辨、以至窮理盡性精一執中之旨、靡不講究刮磨、得之於心而驗之於操履之實。故其為文、根據於理道、而夷粹平實、一切浮靡詭之言、無所從出。[②]

搬仓胜明（1809—1857）在《省菴安東先生傳》中亦写道：

舜水流落海外、孤塋無依。先生懇求鎮廾、多方以留之、自分俸祿之半以養之……舜水素嚴毅、不妄許可、至知己二字、尤不假人、獨與明王翊為石交、晚得先生於萬里外、以為奇遇云。餘姚張斐來寓長崎、聞先生聲名、屢寄書以推獎。伊藤東涯稱為關西巨儒、於是其名益顯、上自縉紳諸公、下至書生武弁、莫不景慕。[③]

---

① 東京大学史料編纂所編纂『大日本近世史料　唐通事会所日録一』東京大学出版会，1955 年 2 月，3 頁。

② 徐興慶：異域知識人の出会いー朱舜水と安東省菴の思想異同試論ー，日本漢文学研究 4，219-255 頁。原注为：『省菴先生遺集』卷首，頁 373-374。本序文は 1716 年に書かれた。

③ 徐興慶：異域知識人の出会いー朱舜水と安東省菴の思想異同試論ー，日本漢文学研究 4，219-255 頁。

关于朱舜水与安东省菴的交际，国内有朱谦之整理《朱舜水集》中收录的《与安东守约书二十五首》《答安东守约书三十首》《答安东守约问三十四条》及安东省菴《祭朱先生文三首》《上朱先生二十二首》等。这些都是研究朱舜水与安东省菴思想交流的珍贵资料。

徐興慶在《異域知識人の出会い－朱舜水と安東省菴の思想異同試論－》一文中从《學蔀通辨》与《初學心法》出发考察了省菴在朱舜水影响下的儒学态度与受容。

在《學蔀通辨》自述中省菴写道：

益勤不怠亦有年、然初不知為學之方、經則泥乎訓詁、文則喜乎絢縟、中焉以為有少得焉。談經只恐註釋不該博、操觚只恐句語不華美、久焉駭懼以為向之所為者、皆恥而已矣。痛悔深懲、悉焚前作、因扁恥齋二字、揭左右以為戒焉、靜而思之。

《初學心法》是省菴收集的宋·元·明各朝、儒者十八名名言论述集。内容分为：立志篇（朱熹·王陽明）、存養篇（朱熹·陳北溪·胡敬齋·羅整庵）、省察篇（朱熹·張范陽·陸象山·吳臨川·薛敬軒·陸澄）、勉學篇（楊龜山·朱熹·陸象山·薛敬軒·王陽明）、致知篇（朱熹·張勉齋）、力行篇（朱熹·薛敬軒）、克己篇（尹和靖·朱熹·薛敬軒·王陽明）、慎言篇（李延平）、改過篇（真西山·王陽明）、雜論篇（楊龜山·李延平·朱熹·張南軒·呂東萊·真西山·許魯齋·薛敬軒·王陽明·羅整庵）十大类共计三十九篇文章。其中朱子八篇、薛敬軒六篇、王陽明五篇、羅整菴·陸象山·楊龜山·真西山·李延平各二篇、其他各一篇。[①]

关于朱舜水的学派，国内学者众说纷纭且无定论，但在他的影响下，安东省菴对朱子学派采取了分析的、批判的态度，关于佛儒问题以及陆王的心学和程朱理学如是说：

---

① 徐興慶：異域知識人の出会い－朱舜水と安東省菴の思想異同試論－，日本漢文学研究 4，219-255 页。

或曰夫道一而已矣。天下之學、非儒則佛、非朱則陸。今是編也、獨朱子以子稱之、似尊之者、然而開卷繼朱子以陽明、終篇繼陽明以整菴、整菴乃朱之徒、陽明乃陸之徒也。子依阿兩間不歸於一、何為雜也？曰：學者當先去客氣、平勝心、至於至公無我之地、而後言朱陸之同異是非、是朱非陸有近於支離之嫌、是陸非朱有近於禪寂之嫌、區區蛙見、未知是非、如何顧其末流之弊。爾世學朱者、以窮理為先務、以說心為異端、博求諸談說誦讀之餘、其所得者所謂說鈴書肆耳。…其學陸者、離事物捨形器、頡求諸言語文字之外、窈冥恍惚、遂失其所以為心者、是其所以流弊入於禪寂也。愚今哀朱子說心者、使學者知朱子說心莫弗該備也。曰然、則程子所謂聖人本天、釋氏本心、其言非與。曰不然、是謂其所以本心之非、非非本心、心與天豈有二乎？曰『傳習錄』自第二條至以博文為約禮工夫、皆真切之言。而如知行合一及致良知、亦陽明之宗旨也、子盍取之？曰雖言切而意見異者、非臆度所定、其不取也、乃欲歸於一也。世辨陸王者、縱客氣、馳勝心、舍其瑾瑜、斥其瑕類、舍其所同而是、攻其所異而非、豈此謂至公無我之論乎？子其審之。[1]

朱舜水回答省菴的為學問之道時言：

中國以制義取士、…彼原無意於修身、齊家、治國、平天下也。…即嘉隆萬曆年間、聚徒講學、各創書院、名為道學、分門別戶、各是其師。聖賢精一之旨未闡、而玄黃水火之戰日煩。高者求勝於德性良知、下者徒襲夫峨冠廣袖、優孟抵掌、世以為笑。是以中國問學真種子幾乎絕息。…賢契慨然有志於此、真千古一人、此孔孟程朱之靈之所鍾、豈以華夷、近晚為限？幸惟極力精進、以卒斯業、萬勿為時俗異端所撓也。[2]

在朱舜水的影响下，安东省菴重新思考陆王心学与程朱理学，对朱子学派进行了务实的思辨的接受。

---

① 徐興慶：異域知識人の出会いー朱舜水と安東省菴の思想異同試論ー，日本漢文学研究 4，219-255 頁。

② 徐興慶：異域知識人の出会いー朱舜水と安東省菴の思想異同試論ー，日本漢文学研究 4，219-255 頁。原注：朱舜水「與安東守約書」，『朱舜水集』上冊，173-174 頁。

（三）朱舜水与水户学

朱舜水认为"学问之道贵在实行，圣贤之学亦在践履"，在行动上也是如此。在水户藩的朱舜水著有《学宫图说》，主持建立了现位于汤岛的孔子庙（圣堂），除了学问，还传授养蚕制丝技术、医药、种痘处方等，"农圃梓匠之事、衣冠器用之制"，朱舜水都是内行。在他的影响下，木下顺庵、山鹿素行、伊藤仁斋等都反对学问的义理空谈，而以经邦弘化为真学问。

在德川光圀的主持下，1657年朱舜水、木下道顺和山鹿素行等共同编纂《大日本史》，这是日本的一部纪传体史书，共397卷，该史书用汉文撰写，所涵盖的内容，起至神武天皇，终于南北朝结束的1392年。其中包含七十三篇本纪，叙述帝王之事；七十篇列传，记载后妃、皇子、皇女、群臣、幕府将军、将军家臣、文学、歌人、孝子、义烈、隐逸、方技、叛逆之臣的事迹以及周边国家和民族的情况；二十六篇志，收纳关于神祇、氏族、职官、国郡、食货、礼乐、兵、刑法、阴阳、佛事的文章；二十八篇表，收录了关于臣、连、伴、造、公卿、国郡司、检非违使、将军僚属的文章。在整体上说，全书贯彻着大义名分论的尊皇思想，水户藩籍水户学扶植了尊敬天皇的尊皇思想。

一说《大日本史》的编纂是水户学的成立缘起。第九代水户藩主德川齐昭，设立弘道馆作为藩校，大幅度扩展水户学的内容，自此之后，水户学以"文武两道"为宗旨；作为学问，除了儒学、国学等的思想，也包括天文学、医学等的自然科学，成为综合性的学科。

在水户藩诞生的水户学，给幕末尊王攘夷运动带来了很大的影响，也是明治维新的原动力之一。

三、陈元赟

陈元赟（1587－1671），本名珦，字义都，又字士升，号芝山、升庵，另号虎魄道人、瀛壶逸史、菊秀轩、羲都甫、既白山人、玄香斋逸叟等。生于浙江杭州府余杭（在今浙江杭州），祖籍为河南禹州。陈元赟自幼学书文，青年时代入少林寺习武艺。据说通晓武术、书法、绘画、诗词、建筑、医术、制陶技术，为文武兼备之才。[①]

东京爱宕山有"起倒流"门人于 1779 年立有"起倒流拳法之碑"，碑文撰写者是江户中期的汉学者平沢旭山，碑文中有"拳法之有传也，自投化人陈元赟而始"内容，由此有学者断定陈元赟是日本柔道的始祖。

名古屋平和公园的建中寺内，有墓碑铭"明国武林既白山陈广学元赟""既白山人游息之处"，小墓碑刻"白翁道元信士"，那是陈元赟、源太郎元明父子墓。

名古屋东爱知县濑户市的定光寺，有尾张藩初代藩主德川义直的"源敬公庙"，它是由陈元赟参与设计的儒教式灵庙，而"烧香殿"地面铺设的陶板和围绕灵庙的围墙上嵌入的陶板则是陈元赟烧制的。名古屋有一处"元赟烧窑遗迹"。名古屋有一种名为"元赟烧"的小点心，呈 8 字形，面粉制外裹豆面，流传至今。这也充分表明了日本对陈元赟的纪念与喜爱之情。

陈元赟对江户初期日本诗坛也产生了重要的影响。陈元赟与日莲宗僧侣元政交往密切，元政是公安派诗人袁宏道的推崇者，并把性灵派的诗风传到了日本。陈元赟与元政唱和的汉诗收入《元元唱和集》，于宽文三年（1663）刊行。

[①] 陈元赟的事迹在 1999 年出版的《东方格斗术大观》（天津古籍出版社 2002 年的简体版改名为《东方格斗文化》）中有详述，书中内容主要根据中日史料考证，其中第四章"柔术史探讨"专门考证陈元赟在日传授武艺的史实，第一节题目 秘传少林武艺的日本禅师，第二节题目 离不开兵器的擒人之术，第三节题目 陈元赟拳法之奥秘，第四节题目 陈元赟拳法之道，第五节题目 盘根错节的拳法与柔术，第六节题目 嘉纳治五郎创新柔术。东京三田四丁目的曹洞宗寺庙正山寺有"陈元赟先生之碑"，上有小字为"文武之德万世传"。

《元元唱和集》是中日文化交流的结晶与见证。

陈元赟受到晚明三袁影响，传承中国公安派文学。除《元元唱和集》外，其著作还有《虎林诗人集》《既白山人集》《升庵诗话》《老子经通考》《陈元赟书牍》等。

陈元赟在中国虽鲜为人知，在日本却为学者所重视，一直被视为重要的历史人物和思想家。历来不乏记载他的事迹的书籍和文章，近年来还有研究他生平和思想的专著。日本大正11年（1922年）11月，名古屋市建中寺曾举行"陈元赟先生二百五十年追远会"，并展览了他的遗物。京都宇治黄檗山曾印过一册《陈元赟研究》，作为《善邻丛书》的第一册。日人童船堂舲涛曾编过《陈元赟年谱》，日人原念斋在所撰的《先哲丛谈》中，把陈元赟、朱舜水与日本著名学者藤原惺窝、林罗山、伊藤仁斋、荻生徂徕、安东守约等并列为日本的"先哲"。日本著名学者、社会教育家、日本本草奠基人贝原益轩在他的著作《武训》中肯定了充满道家思想的陈元赟，并说由他带来了中华拳法。日本出版的古籍《罗山诗文集》《尾张故记》《名人忌辰录》《陶器考》等书，辑录有陈元赟若干轶事。

小松原涛在《陈元赟研究》中曾记述，在世界大战期间，日本的军阀疯狂地搜罗全国民间铁器、铜器，作为造炮弹之用，很多有历史价值的金属物遭劫毁失。名古屋圣德寺宽文二年（1662年）铸的一口梵钟也在征缴之列，因为发现了有陈元赟署名的铭词，得以免毁，留作今日的国宝。在陈元赟死后280年，他署名的几行金文，还能消除疯狂、为世界和平做出贡献，足见他在日本影响之广、之深。这口梵钟的铭文为："运丁灰劫，再新琳宫；琳宫司漏，多孔鸣铜；警醒旦暮，震觉昏蒙。百千万劫，圣德善功。"1955年，日本古武道研究会在东京还为陈元赟建立了纪念碑，以志永久纪念。①

---

① 因条件所限，以上所提的原文未能查到，留待日后课题来做。

四、长崎渡来僧人

以隐元为代表，长崎的中国僧人为数众多。众僧人以长崎为起点，逐渐深入日本其他地方，在建筑、文学、绘画、佛教、医学等各方面促进了中日文化的交流，为日本文化的发展做出了不可替代的贡献。

（一）长崎三寺

江户幕府成立之初，滞留长崎的唐人是以奉小笠原一庵命令创建的悟真寺（1598 年）为菩提寺的，后来在长崎代官①末次平藏的努力下，有了专门的唐人墓地。但寺请制度施行以后，在留唐人不得已需要建立自己的檀那寺。最早的是由来自南京和浙江的华商们出资于 1624 年建成的兴福寺，开山为真园。真园原为商人出身，后出家成为兴福寺的第一任主持。《長崎寶録大成正編》中记载：

當寺開創ノ事ハ、元和六年唐僧眞圓當表ニ渡來リ、三ケ年ノ間今ノ興福寺境内ニ庵室ヲ結ヒ住居セリ。其頃邪宗門御制禁嚴厲ナリシ時節、日本渡海唐人ノ内天主耶蘇教ヲ信敬スル者混シ來ルノ由風聞專ラナリシ故、南京方ノ船主共相議シ、唐船入津ノ最初ニ天主教ラ尊信セサルヤ否ノ事ヲ緊シク穿鑿ヲ遂ヶ、且ツ海上往來平安ノ祈願又ハ先主菩提供養ノ爲、右眞圓ヲ開基ノ住持トシテ禪院ヲ

創建成シタキ旨、御奉行所ニ相願フノ處免許有テ、東明山興福寺ヲ開創シ、諸船主共布施寄進緣銀及ヒ香花料ヲ進呈シ、佛殿並船神媽祖堂ヲ造立シ、毎船持渡ル處ノ佛神ノ像ヲ殘ラス寺内ニ持來シメ、住持眞圓ヲ始寺中ニ役僧ヲ立置、委細可遂吟味ヲ旨第一肝要ノ寺役ニ被仰付之、市中ニテ

---

① 管理行政贸易寺院神社等的长官此官职，持续到明治维新时期。

南京寺卜稱ス。①

接下来是 1628 年建成的福济寺，主要是福建省泉州和漳州出身的华侨出资修建的，开山为觉海。《長崎實録大成正編》中记载：

当寺開創ノ事ハ、寛永五年唐僧覺海當表二渡来レリ。其頃漳州方ノ船主共相議シ、唐船入津ノ最初二天主教ヲ尊信セルヤ否ノ事ラ緊シク穿鑿ヲ遂ケ、且ッ海上往来平安ノ祈願又ハ先亡著提供養ノ爲、其頃薩州二住居セシ唐人陳沖同子藤左衛門ヲ檀越ノ頭取ニテ、右の覺海ヲ住持トシテ、禪院ヲ創建成シタキ旨……市中二テ漳州寺卜稱ス。②

最后，1629 年以福建省福州的华侨为中心出子建立了崇福寺，开山为超然。根据创建人的出身，以上三四级分别又被称为"南京寺""泉州寺（漳州寺）"和"福州寺"③。《長崎實録大成正編》中记载：

当寺開創ノ事ハ、寛永六年唐僧超然當表二渡来レリ。其頃福州方ノ船主共相議シ、去ル元和六年、南京方二興福寺、寛永五年漳州方二福濟寺、開創有シ例二準シ、唐船入津ノ最初二天主教ヲ尊信セルヤ否ノ事ヲ緊シク穿鑿ヲ遂ケ、且ッ海上往米平安ノ祈願、又ハ先亡著提供養ノ爲、林仁兵衛ヲ檀首ニテ右の超然ヲ住持トシテ、禪院ヲ創建成シタキ旨…… 市中二テ福州寺卜稱ス。④

三福寺在开山之初就不属于固定的宗派，福济寺的默子如定、逸然性融，福济寺的蕴谦戒琬、崇福寺的道者超元等名僧都没有明确宗派的归属。明末中国的佛教表现出儒佛道三教融合的特征。最初唐寺并没有固定的宗派归属，但唐寺作为唐人交流的集会所，也成为与日本人交流的场所。同时，唐寺通过举

---

① 『長崎實録大成正編』，長崎文献第一集・第二卷，長崎文献社，1973 年 12 月，第 133 頁。

② 同上书，第 143 頁。

③ 中村質「唐三か寺」『日本歴史大事典 3』小学館，2001 年，第 25 頁。

④ 『長崎實録大成正編』長崎文献第一集・第二卷，長崎文献社，1973 年 12 月，第 145-146 頁。

办多等活动，成为联系唐人与日本的窗口之一，亦成为中国文化尤其是佛教向日本传播的桥梁。

（二）隐元

1654 年，隐元隆琦率众多弟子东渡日本，隐元率弟子刚到日本时居住在兴福寺，随从隐元渡日的有 30 人左右，除了僧人，画师、技师等也有数人随从。此外，临济宗、曹洞宗等其他宗派的僧人也有跟随而来的。后来隐元到京都，被赐予万福寺，成为日本的佛教史上光辉的一页，长崎的三福寺都归到隐元的临济宗黄檗派。隐元不仅将黄檗宗带到了日本，在书法、绘画、画像、寺庙的建设等方面也对日本产生了极大的影响。

在"禅静合一"的大背景下，隐元的禅学容静于禅、静禅结合，将净土的信仰融入禅宗觉悟本心的学说中，同时，隐元认为儒家理论与参禅的宗旨是一致的，并把儒家伦理纳入禅法之中。[1]这从隐元关于何为禅的回答中能看出来。

一棒当头穿。……父天母地，难忘覆载之恩；佛日法语，全藉沾临之德；师雷友电，幸蒙激发之功；夫风妇月，不无琴瑟之乐；桂子兰孙，却有继述之志。三纲立，五伦正，万善备，以成人道。生能奉养，死能祭葬，又请法以荐其亲，可为孝矣。夫孝一世二亲，不如孝顺无量劫来父母，以至无量生灵，不亦广乎！然无量劫来父母与无量生是同一性也，岂可逆欤！逆则逆吾父母也。故我沙门茹素，护念生灵，不忍戕一物以资其身，伤一命以肥口腹，思及禽鱼，情与无情俱以荐亦，诸人还信得及么？一片孝诚亘万古，何愁父母不超升。[2]

由此可以得出，隐元认为人道是参禅的前提，三纲五伦伦理规范确立后，人道得以确立，孝又是伦理规范的核心。世间的人事要遵循儒家伦理，出世则要心向佛法。此外，隐元还注重禅僧的道德修养。这一观点与江户幕府尊崇的

---

① 张谷，《中国佛教哲学在日本的传播和影响：以禅宗为中心》，人民出版社，2017 年，第 116-121 页。
② 性果等：《普照国师法语》卷下，第 82 卷，大正一切经刊行会，1924-1932 年。

儒学观念是一致的，得到幕府的支持与推崇，有利于黄檗宗的广泛传播。

隐元之后，木庵性瑫（1611—1684，泉州晋江人，1655 年渡日）继任万福寺主持。其任主持期间，谒见将军德川家纲，获赐山林田园和白银等，天皇也赐给他象征最高荣誉的紫衣，并在江户建瑞圣寺，将黄檗宗的影响扩大到关东，更加兴盛起来。

五、结语

江户时代日本幕府出于稳固自身政权的需要，推行闭关锁国政策。与日本相对稳定的社会与政治环境相反，在明清交替之初，中国大批的文人与僧人以及民间有志之士漂洋过海来到日本，随之中国文化的精髓也传到了日本。传统儒教的宋明理学、朱子学、阳明学，传统佛教的天台宗、三论宗、法相唯识宗、华严宗、律宗、净土宗、禅宗等皆悉传入日本。此外，中国的武术、拳法、医学、美术等也输入和移植到日本。结合中国的文化，在原有本土文化的基础上，长成了日本文化的大树。中国儒教、佛教等对日本的影响不仅限于学问和宗教领域，而是延伸到日本文化的各个方面，构成日本文化的一个重要方面。

近代的外交与经济思想

日本对外认识研究的演变与趋势[*]

中国社会科学院日本研究所　熊淑娥[**]

摘要：从历史变迁看，日本的对外认识研究可以分为近代、二战后至冷战结束、冷战后至今三个阶段；从主题看，存在西洋与东洋、区域与国别、权力与秩序、对外与自我认识四组关键词。近年日本的对外认识研究逐步打破以政官财人士的言论及其现实政策影响为研究对象的政治外交史研究范式，以及以各时代典型思想家为研究对象的思想史研究范式的壁垒，呈现出学科相互交叉与融合的趋势。其中，日本学界对于近代日本历史分期的新观点值得关注。

关键词：日本对外认识；近代历史分期；政治思想史；国际政治学；学科融合

通常而言，一个国家采取的某项对外政策或行动，往往是基于某种价值判断的。对外认识，是指一个国家或一个国家的人们采取何种对外态度与行动，其总是与人们对国际形势、外国事务的判断有关。通常来说，其不仅与对外行

＊本文系中国社会科学院重大专项课题"中国与周边国家关系研究"［编号：2020ZDGH016］阶段性成果。感谢中国人民大学林美茂教授、钱昕怡副教授的意见和建议，文中若有疏漏和不足概由笔者负责。

＊＊熊淑娥，法学博士，中国社会科学院日本研究所助理研究员，主要研究方向为日本思想史、日本文化与社会。

动、政治、军事、经济、社会、教育、宗教、思想、文化等方面的国内政治变革有关，也与时人对国际形势、外国状况的认识与判断有深刻联系，这些认识与判断或隐或现地发挥着积极或消极作用。[①]

一切历史都是当代史。同理，对外认识的研究，也是一个既与国内现实生活密切相关，也与历史紧密联系的问题。日本的对外认识是与日本人的内外能动性、实践性密切相关的精神领域的重要组成部分。[②]明治维新后日本以欧美为榜样，取得了长足的发展，率先步入发达国家行列，成为亚洲具有影响力的国家之一。150 多年来，围绕明治维新以后日本的国家转型和社会变化，日本人不断尝试从各种角度对其进行解读和回答。与此相关联，日本的对外认识研究，成为一个指涉对象众多、研究内容丰富的主题，广义上可指日本国内外学界一切有关日本人对于外部世界状况的判断与行动的研究，狭义上则指日本学界有关日本人对外认识的研究。囿于篇幅与内容，本文主要集中于狭义的日本对外认识研究展开论述。据此，本文的主要目标是考察近代以来日本的对外认识研究的历史脉络，概括研究主题，归纳基本特征，揭示最新趋势，发现其中问题，以期为中国学者理解日本的对外认识提供参考。

一、日本对外认识研究的源流

日本的对外认识研究可追溯至第一次世界大战后世界对战争悲剧根源的反思以及对和平的渴望。日本国际政治学也几乎在同时期形成，国际联盟等国际组织研究与国际政治规范研究是其主流。一战以前，国际政治学尚未发展成一门独立的学科，国际现象研究尚未被纳入政治学领域，通常只出现在国际法或外交史研究领域。英美国家的情况如此，日本亦是如此。因此，日本国际政

---

① 熊淑娥：《明治时期日本人的对外认识》，知识产权出版社，2021 年，第 2 页。

② 芝原拓自「対外観とナショナリズム」、載芝原拓自・猪飼隆明・池田正博校注『日本近代思想大系 12・対外観』、岩波書店、1988 年、第 458-459 頁。

治学的拓荒人之一神川彦松才会感慨道："像我辈这样的远东一小学徒，与全世界学徒同时且从同一起点为开创和发展一门新学问而努力的例子，在我国学界是极为罕见的。"①

日本国际政治学在成立之初，有三种研究方法。一是以外交官出身的信夫淳平为代表的国际法研究路径，他自 1925 年起连续出版了日本国际政治学第一套成体系的著作，即四卷本的《国际政治论丛》：第 1 卷《国际政治的进化及目前形势》（1925）、第 2 卷《国际政治的纲纪及连锁》（1925）、第 3 卷《国际纷争与国际联盟》（1925）以及第 4 卷《外交监督与外交机关》（1926）。这部论丛被认为是日本国际政治学的集大成之作。②此外，尾佐竹猛也出版了国际法研究著作《从国际法看幕末外交物语》（1926）。③二是以神川彦松为代表的外交史研究路径，代表作是其博士论文《国际联盟政策论》（1927）。三是以蜡山政道为代表的政治学研究路径，他从 1923 年开始发表《国际政治组织及其单位问题》《国际政治学的指导原理》等论文，其后结集出版了论文集《国际政治与国际行政》（1928）。

几乎在同一时期，日本思想史领域也出现了与近代日本对外认识相关的研究。日本思想史研究的开端，可以追溯到津田左右吉运用文学素材撰写出版的四卷本思想通史《文学中的我国民思想研究》④（全四卷，1916—1921）。至于从思想史角度研究日本对外认识的最早著述，当属吉野作造的《我国近代史中

---

① 神川立彦「わが国際政治学の生立ちについて」、『日本学士院紀要』第 25 卷第 1 号、1967 年、第 24 頁。

② 参见信夫淳平『国際政治の進化及現勢』（国際政治論叢第 1 卷）、日本評論社、1925 年；『国際政治の綱紀及連鎖』（国際政治論叢第 2 卷）、1925 年；『国際紛争と国際聯盟』（国際政治論叢第 3 卷）、1925 年；『外政監督と外交機関』（国際政治論叢第 4 卷）、日本評論社、1926 年。

③ 尾佐竹猛『国際法より観たる幕末外交物語』、文化生活研究会、1926 年。

④ 津田左右吉『文学に現はれたる我が国民思想の研究』（全四卷）、洛陽堂、1916-1921 年。

政治意识的发生》(1927)。[①]其后，吉野思想的继承人冈义武发表了《明治初期自由民权论者眼中当时的国际形势》[②]（1935），他采用的代表人物研究方法成为近代日本对外认识研究的典型方法，为后世学者所继承与发展。

综上所述，日本的对外认识研究有思想史与国际政治学两条传统路径。思想史路径主要是选取有代表性的学者、思想家，分析其言论背后的认识结构与社会背景等，以社会思潮研究最为典型，重点在于研究对象人物对外部环境的认识。国际政治学路径则是选取某个历史时期中上层政治家、官僚及相关财界、军界等人士，也就是以参与国家对外政策制定的当事人为研究对象，考察他们的言行与对外政策出台过程的相互影响，重点在于研究对象人物的认识本身。两种路径在具体研究细节上可能存在差异，但基本都认同研究对象人物的言行与其对国内社会和国际形势的认识是互为表里、不可分割的关系。

二、日本对外认识研究的演变

（一）以反思近代战争与追求战后和平为主要特征的研究阶段（1945—1991 年）

每一次世界大战的平息都会催生一波思考战争与和平、战争责任的思潮，和平问题也成为二战后日本的一大研究问题。1946 年 1 月，《世界》杂志的创刊号登载了横田喜三郎的《国际民主生活原理》。该文开宗明义地指出，日本今后必须作为民主主义国家而重生，因为近代日本在国际民主生活中经常无视民主主义原理，总是反其道而行之，它的极端便是最终走上了太平洋战

---

① 参见吉野作造「わが国近代史における政治意識の発生」，吉野作造編『政治学研究：小野塚教授在職廿五年記念』（第二巻），岩波書店、1927 年。

② 岡義武「明治初期の自由民権論者の眼に映じたる当時の国際情勢」，篠原一・三谷太一郎編『岡義武著作集』（第 6 巻），岩波書店、1994 年。

争道路。[①]1950 年，以安倍能成为首的"和平问题谈话会"第三次发表声明，指出战后日美媾和问题体现了美苏两个世界的斗争，作为世界上唯一遭遇核爆的国家，日本应该坚持非武装中立、避免成为超级大国的同盟国，杜绝再度成为侵略国家的可能性。[②]需要指出的是，除去战争反省，战后日本和平主义思想的形成，离不开其战败国的身份、被美军单独占领的经历以及冷战时期特殊的国际环境等历史条件。[③]

1952 年，丸山真男将二战期间发表的三篇论文汇集成《日本政治思想史研究》[④]一书出版，开创了日本政治思想史这一学术领域。[⑤]书中引述"海防论""富国强兵论"和"尊皇攘夷论"来分析日本"早期"民族主义的形成史与形态。在《现代政治的思想与行动》（上卷）中，丸山从思想的角度分析了战前日本法西斯主义，并将日本与欧洲和中国进行对比，指出明治维新以后日本民族主义的复杂性来自日本意识形态的分歧性与多样性。[⑥]1959年丸山发表的《开国》[⑦]一文则指出日本经历了三次象征性的开国，分别是在

① 横田喜三郎「国際民主生活の原理」、酒井哲哉編『平和国家のアイデンティティ』、岩波書店、2016 年、第 3-4 頁。

② 平和問題談話会「三たび平和について」、酒井哲哉編『平和国家のアイデンティティ』、岩波書店、2016 年、第 42-81 頁。

③ 熊淑娥：《从反安保法案斗争看日本的和平主义现状》，载杨伯江主编：《日本研究报告（2016）：日本"安全蜕变"与中日战略博弈》，社会科学文献出版社，2016 年，第 117 页。

④ 丸山真男的《日本政治思想史研究》中收录的三篇论文均曾发表在《国家学会杂志》上，分别是「近世儒教の発展における徂徠学の特質並にその国学との関連」（1940 年）、「近世日本政治思想における『自然』と『作為』—制度観の対立としての—」（1941—1942年）、「国民主義理論の形成」（1944 年，后将标题改为「国民主義の『前期的』形成」）。参见丸山眞男『日本政治思想史研究』、東京大学出版会、1952。中译本参见丸山真男：《日本政治思想史研究》，王中江译，生活·读书·新知三联书店，2000 年。

⑤ 米原謙『日本政治思想』（増補版）、ミネルヴァ書房、2017 年、第 218 頁。

⑥ 丸山眞男『現代政治の思想と行動』（上下巻）、未来社、1956—1957 年；増補版、1964 年。中译本参见丸山真男：《现代政治的思想与行动》，陈力卫译，商务印书馆，2018年，第 149-68 页。

⑦ 丸山眞男「開国」、『講座現代倫理 第 11 巻 転換期の倫理思想（日本）』、筑摩書房、1959 年。

室町幕府至战国时期、幕末维新时期以及现在（二战后）。在《日本的思想》（1961）前言中，丸山真男再次论述了日本的自我认识、传统思想与外来思想以及开国的意义所在，即所谓"开国"具有双重意义，既包括将自己向国际社会开放，同时又意味着面对国际社会将自己"画"为一个国家——统一国家。[①]

在丸山真男开创日本政治思想史学术领域的同期，以 1956 年日本国际政治学会（The Japan Association of International Relations，JAIR）的成立为标志，日本的国际政治学也在兴起。[②]在日本政治思想史研究与国际政治学同步发展的背景下，战后日本的对外认识研究基本围绕着中国、朝鲜等亚洲国家，英国、美国等日本近代对外交往的主要对象国，以及具有代表性的思想家、政治家展开。

在日本对外认识研究变迁中，《近代日本的对外态度》[③]一书的意义不容忽略。它具有三个开创性特征：第一，该书邀请美国南加州大学的罗杰·丁曼（Roger Dingman）等三位教授合著，开创了日本学界就对外认识主题开展国际合作研究的先例；第二，三谷太一郎摒弃传统的政治外交史路径，从华盛顿体系下日美两国金融部门的紧密合作关系的视角，阐述了国际金融资本对远东国际政治以及日本对外认识的影响。[④]第三，渡边昭夫开创了以首相、外相的国会演说为研究文本的方法，指出日本人在国际社会的自我定位中使用的联合国、自由主义阵营与亚洲三个基本认识框架，在二战前与二战后具有一定的连

---

① 丸山眞男『日本の思想』、岩波書店、1961 年。中译本参见丸山真男：《日本的思想》，区建英、刘岳兵译，生活·读书·新知三联书店，2009，第 4-10 页。

② 日本国际政治学会自 1957 年起由有斐阁出版其机关杂志《国际政治》，2001 年起由英国牛津大学出版社出版英文杂志 *International Relations of the Asia-Pacific*，首任理事长是神川彦松。

③ 佐藤誠三郎·R·ディングマン編『近代日本の対外態度』、東京大学出版会、1974 年。

④ 三谷太一郎「日本の国際金融家と国際政治」、佐藤誠三郎·R·ディングマン編『近代日本の対外態度』、123-154 頁。作者后将此文扩充成研究专著，参见三谷太一郎『ウォール·ストリートと極東—政治における国際金融資本—』、東京大学出版会、2009 年。

续性。①

在以近代日本思想家、政治家的对外观为主线的研究中，《近代日本的政治思想坐标——思想家和政治家的对外观》②颇具代表性，其显著特征是，除了编者宫本盛太郎，其余七名作者均出生于 1945 年以后，20 世纪 80 年代末正值其年富力强时期，他们具有敏锐的问题意识，敢于挑战新的研究问题，拓展研究范围。如在研究对象上，宫本盛太郎选择大正时期《东洋经济新报》的新自由主义言论来分析日本的英国观③，岛田洋一选择有"极端的日美亲善论者"之称的清泽洌（1890—1945）的外交观来考察昭和前期日本的美国观④，二者在当时的对外认识研究中均具有一定新意。

二战后日本出版的几套思想丛书也反映了日本对外认识研究意识的深化。自 1968 年起，筑摩书房率先出版了《战后日本思想大系》⑤（1968—1974 年），这是第一套汇集了 1945 年以后日本思想研究成果的丛书。与此同时，筑摩书房还出版了 20 卷本的思想丛书《日本的思想》⑥（1968—1972 年）。这套丛书以人物思想为主，也收录了《历史思想集》与《幕末思想集》这两卷涉及日本对外认识主题的论集。特别值得一提的是，丸山真男在为《历史思想集》撰写

---

① 渡辺昭夫「対外意識における『戦前』と『戦後』—首相・外相の議会演説の分析に基づく若干の考察—」、佐藤誠三郎・R・ディングマン編『近代日本の対外態度』、第 225-274 頁。此书中还有其他关于日本人对外认识框架的考察，参见佐藤誠三郎「幕末・維新期における対外意識の諸類型」、佐藤誠三郎・R・ディングマン編『近代日本の対外態度』、第 1-34 頁。

② 宮本盛太郎編『近代日本政治思想の座標—思想家・政治家たちの対外観—』、有斐閣、1987 年。

③ 宮本盛太郎「日本の新自由主義—東洋経済新報社の人々—」、宮本盛太郎編『近代日本政治思想の座標—思想家・政治家たちの対外観—』、第 263-288 頁。

④ 島田洋一「アメリカと日本—清沢洌—」、宮本盛太郎編『近代日本政治思想の座標—思想家・政治家たちの対外観—』、第 187-210 頁。

⑤ 『戦後日本思想大系』（全 16 巻）、筑摩書房、1968—1974 年。

⑥ 『日本の思想』（全 20 巻）、筑摩書房、1968—1972 年。

的解说文《日本的历史观的历史》中，提出日本思想中存在一种解构外来思想的共通模式，即"历史意识的'古层'"论，这为后来学者观察近代日本思想史提供了或可依据或可批判的角度。[①]

此外，岩波书店推出的 67 卷本的思想丛书《日本思想大系》[②]（1970—1982年），收录了从古代到幕末时期的思想类著作，与日本对外认识主题直接相关的共有《幕末政治论集》[③]、《洋学》（上、下）[④] 与《西洋见闻集》[⑤]。随后，岩波书店又出版了 24 卷本的《日本近代思想大系》[⑥]（1988—1992 年），收录了自幕末时期至 1945 年的思想言论著作，其中《开国》[⑦]《法与秩序》[⑧]《言论与媒体》[⑨]《对外观》[⑩]《历史认识》[⑪]《翻译的思想》[⑫]等均直接涉及近代日本的对外认识。[⑬]

---

① 丸山眞男「歴史意識の『古層』」、『日本の思想 6 歴史思想集』、筑摩書房、1972年、第3-46頁。

② 『日本思想大系』（全 67 卷）、岩波書店、1970—1982 年。

③ 吉田常吉・佐藤誠三郎校注『日本思想大系 56 幕末政治論集』、岩波書店、1976 年。

④ 参见沼田次郎・松村明・佐藤昌介校註『日本思想大系 64 洋学』（上）、岩波書店、1976 年；広瀬秀雄・中山茂・小山鼎三校註『日本思想大系 65 洋学』（下）、岩波書店、1972 年。

⑤ 沼田次郎・松沢弘陽校注『日本思想大系 66 西洋見聞集』、岩波書店、1974 年。

⑥ 『日本近代思想大系』（全 24 卷）、岩波書店、1988—1992 年。

⑦ 田中彰校注『日本近代思想大系 1 開国』、岩波書店、1991 年。

⑧ 石井紫郎・水林彪校注『日本近代思想大系 7 法と秩序』、岩波書店、1992 年。

⑨ 松本三之介・山室信一校注『日本近代思想大系 11 言論とメディア』、岩波書店、1988 年。

⑩ 芝原拓自・猪飼隆明・池田正博校注『日本近代思想大系 12 対外観』、岩波書店、1988 年。

⑪ 田中彰・宮地正人校注『日本近代思想大系 13 歴史認識』、岩波書店、1991 年。

⑫ 加藤周一・丸山眞男校注『日本近代思想大系 15 翻訳の思想』、岩波書店、1991 年。

⑬ 『戦後日本思想大系』（全 16 卷）、筑摩書房、1968—1974 年。

简而言之，一方面，二战结束后至冷战前，日本的对外认识研究与日本人的战争认识、历史认识与自我认识的变化紧密相连；另一方面，诸多大部头思想丛书的出版，是二战后日本迅速恢复重建并实现经济高速发展之后，日本人渴望重新认识和评价近代历史、重新定位战后日本的体现。

（二）以国际秩序与自我认知为主要特征的研究阶段（1991 年至今）

冷战结束后日本对外认识研究的第一个变化是，受到国际秩序分化与重组的影响，国际秩序观成为热点问题。小林启治运用建构主义的方法，通过论述近代日本的对外行动、对外交事务的看法等，考察了日本在二战前国际社会中的地位，分析了囊括日本帝国的 20 世纪国际社会的形成、特征和变迁。[1]国际秩序观成为热点的另一个原因是，全球化背景下的日本政治思想史研究在不断拓展研究领域，特别是有意识地尝试开展政治思想与国际政治学科的交叉研究。

学科交叉研究的尝试，从《思想》杂志 2003 年第 1 期刊登了一组主题为"帝国、战争、和平"的专题论文可见一斑。[2]第一个专题"总体战争的世纪"考察了约翰·阿特金森·霍布森（John Atkinson Hobson）的帝国主义政治理论、汉娜·阿伦特（Hannah Arendt）的帝国主义与极权主义思想、爱德华·卡尔（Edward Carr）《二十年危机》中的国际秩序理论以及雷蒙·阿隆（Raymond Aron）的殖民地思想；[3]第二个专题"从战中走向战后"聚焦于 20 世纪上半

---

① 小林啓治『国際秩序の形成と近代日本』、吉川弘文館、2002 年。

② 特集「帝国・戦争・平和」、『思想』2003 年第 1 号。

③ 参见川崎修「帝国主義と全体主義——ハンナ・アレント、ローザ・ルクセンブルク、ホブスン——」、『思想』2003 年第 1 号、第 8-26 頁；中村研一「帝国主義政治理論の誕生——ホブスンの戦争批判と自由主義批判——」、第 27-46 頁；遠藤誠治「『危機の 20 年』から国際秩序の再建へ——E.H.カーの国際政治理論の再検討——」、第 47-66 頁；北川忠明「フランス植民地帝国の解体と知識人——レイモン・アロンを中心に——」、第 67-85 頁。

叶的国家主权概念、国际法秩序、社会主义思想、日本帝国的殖民统治以及和平论；[①]第三个专题"后冷战时期的战争与和平"围绕美国的"国际主义"、迈克尔·沃尔泽（Michael Walzer）的正义战争论以及"后主权"的政治思想展开。[②]

《思想》这组专题论文的特点，一是主要采用了历史和思想相结合的路径来研究国际秩序；二是以整个 20 世纪的国际社会为研究对象，突破了以往对外认识以一国一时或某个民族国家为研究主体的局限性；三是研究主题紧扣帝国、战争与和平三个关键词，对人类社会具有普遍意义，与其相关联的主权、社会、正义、秩序等正是 21 世纪国际秩序重构中不可忽视的议题；四是 12 篇论文的执笔者除中村研一外，基本上出生于 20 世纪 50 年代，他们的成长环境与前述《近代日本的政治思想坐标——思想家和政治家的对外观》的作者相比发生了比较大的变化，在研究视野和价值取向上已经不同于上一个世代，反映了日本学界对外认识研究视角的转变，即从以往的"从日本看世界"转变为"从世界看日本"。

政治思想与国际政治的交叉研究，还体现在日本国际政治学会主编的杂志《国际政治》第 139 期的标题"日本外交的国际认识与秩序构想"当中。[③]黑

---

① 参见篠田英朗「国際関係論における国家主権概念の再検討—両大戦間期の法の支配の思潮と政治的現実主義の登場—」、『思想』2003 年第 1 号、第 86-103 頁；小畑郁「世界戦争の時代における国際法秩序の構想—ヴォルフガング・フリードマンと『国民国家の危機』—」、第 104-120 頁；酒井哲哉「国際関係論と『忘れられた社会主義』—大正期日本における社会概念の析出状況とその遺産—」、第 121-137 頁。米谷匡史「矢内原忠雄の〈植民・社会政策〉論—植民地帝国日本における『社会』統治の問題—」、第 138-153 頁；苅部直「平和への目覚め—南原繁の恒久平和論—」、第 154-171 頁。

② 参见西崎文子「アメリカ『国際主義』の系譜—ウィルソン外交の遺産—」、『思想』2003 年第 1 号、第 172-189 頁；杉田敦「二分法の暴力—ウォルツァー正戦論をめぐって—」、第 190-206 頁；遠藤乾「ポスト主権の政治思想—ヨーロッパ連合における補完性原理の可能性—」、第 207-228 頁。

③ 「日本外交の国際認識と秩序構想」、『国際政治』第 139 号、2004 年。

泽文贵在序章中提纲挈领地用马修·佩里（Matthew Perry）叩关、一战、二战和冷战结束作为划分日本外交的四个历史节点，指出日本外交在不同时期面对不同对象时，均存在相应的等级制国际秩序观，这种观点可能是日本传统的"场"文化与国际关系中等级制理论相结合的结果。[①]特别值得注意的是，松浦正孝以"泛亚主义"为关键概念，从政治经济史的角度考察了"岛国"日本从"大陆帝国"到"海洋帝国"的意识转变过程。[②]这一问题意识应该与 20 世纪 80 年代中后期国际政治经济学的兴起、海洋国家理念的普及有关。

作为对全球化、国际化的一种反思，冷战后日本对外认识研究的第二个变化，是出现了从"对外观"到"对内观"的变化动向。"对外观"是研究本国与外国关系的传统视角，而"对内观"则是对本国"对外观"历史的再审视。正是基于这种问题意识，1994 年《季刊日本思想史》刊登了一组关于日本"对外观"的论文，意在回溯日本在古代、中世、近世、近代等不同历史阶段的对外认识与自我认识。[③]其中，田崎笃朗以《日本灵异记》中的地狱观为视角，分析了古代日本对中国文化的憧憬与本土意识的确立过程。[④]市川浩史从觉宪（1131—1212 年）的《二国传灯记》中天竺、震旦、本朝（日本）三国秩序的关系出发，认为日本中世初期对外观中存在淡化宗教权威的倾向。[⑤]M. W. 斯蒂尔（M. William Steele）通过分析江户时代瓦版画上的构图，指出江户时代的日本人并不否定日本落后于西洋的现实，但瓦版画上出现的"大日本""献上"

---

① 黒沢文貴「序論　日本外交の構想力とアイデンティティ」、『国際政治』第 139 号、2004 年、第 1-12 頁。

② 松浦正孝「『島国』、そして『陸の帝国』から『海の帝国』へ」、『国際政治』第 139 号、2004 年、第 107-124 頁。

③ 特集「対外観」、『季刊日本思想史』第 44 号、1994 年。

④ 田崎篤朗「古代に見られる中国文化への憧憬と自土意識—『日本霊異記』における地獄観の成立をめぐって—」、『季刊日本思想史』第 44 号、1994 年、第 3-22 頁。

⑤ 市川浩史「覚憲『三国伝燈記』と三国—中世初期における対外感の一側面—」、『季刊日本思想史』第 44 号、1994 年、第 23-37 頁。

等字样也显示出日本人以自我为中心的民族主义心理在不断高涨。[①]

此外，20世纪90年代日本学界对古代对外认识的研究都提到了"白江村战役"（663年）。森公章的《古代日本的对外认识与通交》基于日本天皇称号的成立、对唐朝的认识等，分析了古代日本外交政策与对外交往情况，以及白村江战役之前的东亚形势，指出古代日本的对外认识存在"事大主义"（权势主义）和"日本中心主义"双重构造。[②]《丰臣政权的对外认识与朝鲜侵略》分析了丰臣秀吉政权的对外认识、朝鲜战争与东亚形势之间的关系，作者北岛万次认为丰臣秀吉侵略朝鲜与神功皇后的征伐三韩有相似之处，都是由日本对朝鲜的蔑视而起的。[③]这两本著作的不同之处在于研究对象分别是中国唐朝和朝鲜，共性则是从与对外战争的内在联系来考察对外认识，这一角度是值得参考借鉴的。

冷战后日本对外认识研究的第三个变化是国际共同研究显著增多。21世纪伊始，日本与韩国实施了两次共同研究，包含日韩两国之间相互认识在内的成果值得瞩目。日本与韩国学者从思想史角度，分别阐述了17世纪至19世纪两国民众对本国的认识，并从多个角度分析了日韩关系中与近代化进程同步进发的民族主义与相互认识。[④]日韩共同研究是双方在21世纪既竞争又合作的国际秩序中，将"国家理念"重新置于各自历史条件下，探讨其内涵与对外认识关系的一种尝试，具有很强的现实意义。

为了促使东亚民众正确理解历史，中日韩三国共同历史编纂委员会分别撰

① M•W•スティール「庶民と開国—新たな対外世界像と自国像—」、『季刊日本思想史』第44号、1994年、第47頁。

② 森公章『古代日本の対外認識と通交』、吉川弘文館、1998年。

③ 北島万次『豊臣政権の対外認識と朝鮮侵略』、校倉書房、1990年。

④ 朴忠錫・渡辺浩編『国家理念と対外認識』、慶応大学出版会、2001年。

写出版了《东亚三国的近现代史》①与《超越国境的东亚近现代史》②。正如《超越国境的东亚近现代史》上卷的副标题"国际秩序的变迁"所示，这本书从国际关系演变的角度叙述东亚三国近现代史的结构变化。接着，同样基于为民众建立跨越国境的历史认识的初衷，中日两国历史学家采用"同一题目，交换意见，充分讨论，各自表述"的方式，共同撰写了《中日共同历史研究报告》，报告分为古代史卷和近代史卷，两国学者分别撰写的"中国人与日本人的相互认识"出现在"古代史卷"，从中可以看出中日学者在研究方式与认识方法上存在差异。尽管两国民众要在历史问题上取得相互理解具有一定困难，但此报告的完成与公布对于促进理解和尊重与"自己的意见相左的意见"具有积极意义。③

最后，冷战后日本对外认识的第四个变化是，冷战结束与全球化浪潮、日本国内"1955 年体制"的终结等内外因素变化也反映在近年出版的丛书和著作当中。《日本思想史讲座》④全五卷（2012—2015 年）与《岩波讲座日本的思想》⑤全八卷（2013—2014 年），展现了日本对外认识研究的最新成果。其中，《岩波讲座日本的思想》第三卷的标题是"内与外：对外观与自我形象的形成"，此卷通过日本的"内"和"外"思想的交汇碰撞案例，考察了"日本"在与外部交流过程中所形成的自我认识及对外认识的变迁。⑥对外认识的归结点是自我认识，对外认识与自我认识是表里一体的关系。在此意义上，"对外观"即"对内观"。

---

① 中日韩三国共同历史编纂委员：《东亚三国的近现代史》，社会科学文献出版社，2005 年。

② 中日韩三国共同历史编纂委员：《超越国境的东亚近现代史：国际秩序的变迁》（全 2 册），社会科学文献出版社，2013 年。

③ 步平，北冈伸一：《中日共同历史研究报告》（全 2 册），社会科学文献出版社，2014 年。

④ 『日本思想史講座』（全 5 卷）、ペリカン社、2012—2015 年。

⑤ 『岩波講座日本の思想』（全 8 卷）、岩波書店、2013—2014 年。

⑥ 『岩波講座日本の思想 第 3 卷 内と外—对外観と自己像の形成—』、岩波書店、2014 年。

三、日本对外认识研究的主题

日本对外认识的研究范畴涉及政治学、历史学与哲学三大学科，主要归属于政治思想史和国际政治学的学科交叉领域。尽管日本的对外认识研究经历了近代、二战后及冷战后三个发展阶段，但其关注的主题已经具备相对稳定性。通过对相关文献的分析和梳理发现，日本对外认识研究的主题总体上可以归纳为西洋与东洋、区域与国别、权力与秩序、对外认识与自我认识四组主要关系。

（一）西洋与东洋认识研究

日本对外认识的研究，首先便是对"西洋"与"东洋"这一对概念的内涵进行探讨。

"西洋"与"东洋"最初是表示海域的词语，元代汪大渊所撰《岛夷志略》、明代张燮所撰《东西洋考》两本书中，均把南海东部及其附近诸岛（大约为北半球东经 110 度以东——主要是加里曼丹岛、菲律宾群岛等）称为"东洋"。因为日本位于中国之东的海中，清朝以来，中国人便称日本为"东洋"。17 世纪以后，日本开始使用"西洋"来称呼欧洲国家，并且赋予"西洋"文化上的内涵，即代表一种与日本及至东亚异质的社会形态。[①]与之相对，日本开始使用"东洋"来称呼东方国家，同样也赋予其文化内涵。在日本人的意识中，"东洋"与"西洋"是世界两大文化圈。将东洋与西洋作为相对概念理解，又将二者统一起来，是近代以后日本人认识世界的根本方法。[②]

日本学界的西洋认识研究，多以反思西洋文明为主。筑后则的《明治初期日本关于近代文明的三大争论》一文，以明治启蒙思想家中的代表性人物福泽

---

① 严绍璗：《日本中国学史稿》，学苑出版社，2009，第 216 页。

② 河原美耶子「日本近代思想の形成過程　その一──東洋対西洋観を中心として─」、『教育学雑誌』第 27 号、1993 年、第 16-27 頁。

谕吉、西村茂树和中江兆民的西洋观为研究视角，通过对三位思想家所主张的
"功利""道德""义理"的综合比较分析，探讨了近代日本引进西洋文明的历
史走向。[①]此外，还有一些研究具体考察了在日本近代启蒙思想形成过程中，
日本对西洋各国的态度、对西洋文明的看法。这些研究指出，日本西洋观的转
变与启蒙思想的形成，需要在克服传统思想的基础上实现。[②]与此相对，日本
的东洋认识研究则比较系统，而且现有研究均在不同程度上指出"东洋"概念
具有多重内涵。[③]其实，对"东洋""东洋史"的诠释，既隐藏着日本人试图去
除中国在历史与传统等方面对日本的影响，也是日本人为了同西洋相抗衡以确
立日本独特性的尝试。

（二）区域与国别认识研究

日本对外认识研究的第二个重要主题，是区域与国别认识研究。其中，又
以选取近代日本思想史上的代表人物来考察其亚洲认识[④]、中国认识[⑤]、朝鲜认
识[⑥]、美国认识[⑦]等研究尤为突出，这是因为这些国家是近代日本交往的主要对

---

① 筑后则：《明治初期日本关于近代文明的三大争论》，《日本研究》2007 年第 2 期，
第 16-19 页。

② 植手通有『日本近代思想の形成』、岩波書店、1974 年。

③ 李小白：《明治维新时期日本人西洋意识的诸类型》，《东北师大学报（哲学社会科学
版）》2006 年第 5 期，第 60-64 页；钱国紅『日本と中国における「西洋」の発見』、山川
出版社、2004 年。

④ 参见古屋哲夫編『近代日本のアジア認識』、緑蔭書房、1996；岡本幸治編『近代日
本のアジア観』、ミネルヴァ書房、1998 年；子安宣邦：《近代日本的亚洲观——重新认识
日本近代化》，赵京华译，生活·读书·新知三联书店，2019 年；安川寿之辅：《福泽谕吉
的亚洲观》，孙卫东、徐伟桥、邱海水译，香港社会科学出版社有限公司，2004 年。

⑤ 参见野村浩一『近代日本の中国認識—アジアへの航跡—』、研文出版、1981 年；
松本三之介『近代日本の中国認識—徳川期儒学から東亜協同体論まで—』、以文社、2011
年；子安宣邦：《近代日本的中国观》，王升远译，生活·读书·新知三联书店，2020 年。

⑥ 中塚明『近代日本の朝鮮認識』、研文出版、1993 年。

⑦ 参见澤田次郎『近代日本のアメリカ観—日露戦争以降を中心に—』、慶応義塾大学
出版会、1999 年；長谷川雄一編著『大正期日本のアメリカ認識』、慶応義塾大学出版会、
2001 年。

象国。而且，无论是在文化意义还是在地理意义上，中国始终是日本无法回避的存在。与此相关联的，朝鲜也被列为重要的研究对象。整体上看，无论是新闻媒体的视角还是文学的视角，对朝鲜认识的研究丰富了日本对外认识研究的内涵。

此外，从相互交流的视角来重新认识包括中国在内的亚洲认识视角[①]，以及重新反思日本与美国的相互认识[②]等研究，也同样值得注目。为增进地域与国别之间的相互认知，日本学界还与其他国家就对外认识主题开展了国际合作研究。这种合作研究通常集结了不同背景的学者，并以两种语言同时出版成果，起到了良好的效果。[③]遗憾的是，受政治和历史因素的影响，目前此类国际合作研究似乎难以为继。

（三）权力与秩序认识研究

权力与秩序，也是日本对外认识研究中的一组关键词。如同田中明彦与川岛真所指出的，近代世界体系的特征是，以具有相互排他性的国境线为标志的主权国家组成的国际体系与跨越国境线的世界经济体系相互并存。[④]在日本的国际秩序观研究以近代时期为主流的情况下，一部由出生于 1970 年以后的日本青年学者合著的《历史中的国际秩序观》，从历史的维度探讨了 20 世纪包括日本在内的不同国家和地区面对美国霸权的国际秩序观，研究视野与立论视角

---

① 山室信一『思想課題としてのアジア—基軸・連鎖・投企—』、岩波書店、2001 年。

② 加藤秀俊・亀井俊介編『日本とアメリカ—相手国のイメージ研究—』、日本学術振興会、1991 年。

③劉杰・楊大慶・三谷博編『国境を越える歴史認識—日中対話の試み—』、東京大学出版会、2006 年；刘杰、三谷博、杨大庆：《超越国境的历史认识：来自日本学者及海外中国学者的视角》，社会科学文献出版社，2006 年。

④ 田中明彦・川島真編『20 世紀の東アジア史 I 国際関係史概論』、東京大学出版会、2020 年、第 VI 頁。

均具有一定新意。[①]

酒井哲哉运用这种方法论，将国际关系的谱系置于 20 世纪思想史中，从思想史和政治史两个角度考察近代日本国际秩序论的发展，分析了近代日本对外思想中的亚洲主义与"脱亚论"的二元对立。[②]同样是运用思想史与国际关系结合的方法论，大木康充以二战前德国陷入本民族文化至上主义为教训，从与"军国主义"相对抗的角度，指出了"文化主义"在思想史上的意义，并指出"文化主义"与二战后"文化国家"理念之间的关系。[③]

（四）对外认识与自我认识研究

如前所述，对外认识的归结点是自我认识，日本人的对外认识问题，归根结底也是日本如何认识自身的问题。特别值得一提的是，桂岛宣弘摆脱了单一研究的形式，将对外认识与自我认识——自他认识纳入研究范畴，以德川到明治时代的对外认识及其深层的自我认识为切入点，考察了儒学、宗教、近代天皇制、民族主义等，并对日本思想史学及东亚思想史学做了反思和批判。[④]的确，自他认识及其相互影响、相互作用机制，是值得进一步深入研究的课题。

对于如何看待和谈论"日本人"和"日本"的问题，田中优子认为江户日本已经出现了近代民族主义思想的早期形态，因此从以江户时代日本人自我认识为起点的研究中可以获得启发。她指出，理解江户时代日本自我认识的关键

---

① 葛谷彩・小川浩之・西村邦行『歴史のなかの国際秩序観—「アメリカの社会科学」を超えて—』、晃洋書房、2017 年。

② 参见酒井哲哉『近代日本の国際秩序論』、岩波書店、2007 年；高蘭『アジア主義における脱亜論—明治外交思想の虚像と実像—』、明徳出版社、2007 年。

③ 大木康充「近代日本における『文化主義』の登場とその展開—桑木厳翼・金子筑水・土田杏村—」、伊藤信哉・荻原稔編著『近代日本の対外認識 II』、彩流社、2017 年、第 110-153 頁。

④ 桂岛宣弘：《从德川到明治：自他认识思想史》，殷晓星译，中国社会科学出版社，2019 年。

是，日本对统摄于"华夷秩序"中的虾夷、琉球等外部区域的态度，与内部作为"和国""武国""神国"等自我意识是共存的。①尽管这个结论并不新鲜，但它使用能、春画、歌谣、净琉璃等为素材的研究手法仍然值得肯定。

综上所述，日本的对外认识研究围绕这四组研究主题铺开，总的来说呈现出两个特点。第一，近代日本国际秩序论的研究，受到冷战后至 21 世纪世界秩序的现实影响。松本三之介的"东亚协同体论"研究便是典型案例。②上文详述的日本国际政治学会杂志《国际政治》刊发的"日本外交的国际认识与秩序构想"专题论文亦是如此。第二是媒体、舆论历史研究的兴起。信息技术的发展推动了报纸、杂志的电子化，有利于研究者开展检索和资料收集，进行系统研究。近代日本的朝鲜认识研究以杂志和出版物为主要研究素材，通过文本分析考察了近代日本人的朝鲜观。③以《外交时报》为对象的研究，也采用了同样的研究方法。④同时，还出现了在对同一时期报纸论调做比较的基础上，归纳其背后舆论趋势的研究⑤，这种研究颇具启发意义。

---

① 田中優子編『日本人は日本をどうみてきたか—江戸から見る自意識の変遷—』、笠間書院、2015 年、第 4-9 頁。

② 同类主题的研究还有：石井知明・小林英夫・米谷匡史編著『一九三〇年代のアジア社会論—「東亜協同体」論を中心とする言説空間の諸相—』、社会評論社、2010 年。

③ 参见里上竜平「近代日本の朝鮮認識—朝鮮保護政治期の雑誌・出版物にみる日本人の朝鮮観—」、尾崎ムゲン「教育雑誌にみるアジア認識の展開」、載古屋哲夫編『近代日本のアジア認識』、緑蔭書房、1996 年；琴秉洞編・解説『資料・雑誌にみる近代日本の朝鮮認識：韓国併合期前後』（全 5 巻）、緑蔭書房、1999 年。

④ 伊藤信哉「一九二〇年代『外交時報』にみる日本知識人の対外認識—半沢玉城と末広重雄を中心に—」、武田知己・萩原稔編『大正・昭和期の日本政治と国際秩序—転換期における「未発の可能性」をめぐって—』、思文閣出版、2014 年、第 82—112 頁。

⑤ 片山慶隆『日露戦争と新聞—「世界の中の日本」をどう論じたか—』、講談社、2009 年。

四、近年日本对外认识研究的新趋势和新观点

日本的对外认识研究主题处于相对集中和稳定时，也出现了学科相互交叉与融合的趋势。而且，对于近代日本历史分期，日本学界提出了新的观点，值得关注。

（一）近年日本对外认识研究的新趋势

以西洋与东洋、区域与国别、权力与秩序、对外与自我为主要论题的日本对外认识研究，近年呈现出一些新趋势，值得关注。

第一，就研究对象而言，打破了常规的以政治家、官僚、财界、军界等人士的言论如何对现实政策产生影响为研究对象的政治外交史研究范式，以及以代表时代思潮的思想家言论的背景、影响等为研究对象的思想史研究范式的壁垒。例如，伊藤信哉选择国际法学者、法制官僚、日本外交史的奠基人有贺长雄为研究对象，以其在《外交时报》上的著述为内容，分析了其从日俄战争到一战期间的对外认识，指出与抽象的观念和一以贯之的外交思想相比，有贺长雄在国际政治中更重视的是维护国家利益和扩张民族生存空间，发挥了作为"帝国主义外交"传道者的作用。[1]服部聪的《二战结束前日本外务省的国际联盟认识》，分析了日本加入国际联盟的动机、活动和效果，认为国际联盟没有发挥预想的作用，日本因此开始对国际协调持否定态度。[2]

第二，与传统的以亚洲与欧美、东洋与西洋等特定对象和概念的研究不

---

① 伊藤信哉「有賀長雄の対外認識—ある学者官僚の栄光と蹉跌—」、伊藤信哉・荻原稔編著『近代日本の対外認識 I』、彩流社、2015 年、第 29-75 頁。

② 服部聡「終戦前後における日本外務省の国連認識—国際連盟での教訓と国際社会への復帰—」、伊藤信哉・荻原稔編著『近代日本の対外認識 I』、彩流社、2015 年、第 268-303 頁。

同，有些研究并不拘泥于地理范围。同时，还对相近类型的思想家的对外认识进行对比研究。例如，荻原稔就对活跃于 20 世纪 30 年代的两位右翼思想家满川龟太郎和北一辉对于"大东亚战争"（是日本美化侵华战争和太平洋战争的称谓）、"九一八事变"的反应，以及对中国和西洋列强认识的异同等进行了对比，指出日本对于"泛亚主义"理念的执着在一定程度上引发了"大东亚战争"，并提出日本在亚洲的战争对于"右翼"的意义的问题。[①]

第三，在现实政策和设想之外，还以未能付诸实践的设想和认识为研究对象。比如，中谷直司就重点关注了巴黎和会到华盛顿会议的交涉过程，指出一方面既往的日美关系史研究强调它是美国"新外交"理念的实践结果，形成了一种有别于传统大国间政治的新秩序，即"华盛顿体系"；另一方面，日英关系史研究则强调这种有别于第一次世界大战前的新秩序并不是在华盛顿会议上形成的，因为华盛顿会议并无有计划、有组织的议程和理念，只是各国相互交易与妥协的结果。在此基础上，中谷认为"华盛顿体系"内潜藏着日美英三国的理念对立，而美国未能加入国际联盟是一战后东亚秩序逐步走向紧张的原因之一，并在很大程度上影响了英国的亚洲外交政策。[②]

第四，提出了日本对外认识研究中的"现实""认识"与"表现"的三分法。坂野润治是这一观点的首创者，他通过对比福泽谕吉的《脱亚论》（1885）和《时事小言》（1881），指出福泽在前文中认识到"欧美对亚洲的侵略不仅危及中国、朝鲜，也同样危及日本"，而在后文中指出"日本也可能参与欧美对亚洲

---

① 荻原稔「1930 年代の日本の右翼思想家の対外認識—満川亀太郎・北一輝を中心に—」、伊藤信哉・荻原稔編著『近代日本の対外認識 I』、彩流社、2015 年、第 228-267 頁。

② 中谷直司「『強いアメリカ』と『弱いアメリカ』の狭間で—『ワシントン体制』への国際政治過程—」、伊藤信哉・荻原稔編著『近代日本の対外認識 I』、彩流社、2015 年、第 113-157 頁。

的侵略”，两种认识差异背后是其对国际形势认识转变的一种“夸张表现”。[①]
在此基础上，作者进一步指出必须区分以下三种类型：（1）客观国际形势的“现实”；（2）著述者对“现实”的“认识”；（3）著述者对“现实”的“表现”。换言之，研究者必须清醒地认识到著述者的“表现”只是其对外观的表象，“表现”后隐藏着著述者对“现实”的“认识”，必须从著述者的具体对外政策等对外论中分析其“思想”。[②]这种“三分法”在对外认识的研究中具有方法论的指导意义。

（二）当前日本对外认识研究的新观点

历史时段和地理空间，是对外认识研究的两个基础条件。如何界定研究对象的时间和空间，是研究者问题意识与价值取向的体现。当前日本对外认识研究中，有学者提出了重新界定近代日本历史阶段的观点。

关于近代日本历史阶段的划分，思想史领域一般将其界定为始于幕末危机止于第二次世界大战结束。末木文美士的《日本思想史》是一部以神权与王权为基本视角，审视飞鸟·奈良时代至平成时代的最新思想通史，其对于近代日本的历史分期也基本遵循了以明治维新为开端和以昭和前期为终点的通行分期法。[③]而国际政治学领域所言的近代日本，通常是指从 1853 年美国海军将领佩里（Matthew C. Perry）率领黑船抵达江户湾至 20 世纪 50 年代美军主导的民主化改革结束的 100 年左右的时间。

具体到近代日本的起始时间，日本学界有 1853 年佩里叩关和 1868 年明治维新两种观点。以 1853 年佩里叩关为近代日本的起点的早期事例，有 1907 年

---

① 坂野潤治『近代日本とアジア—明治·思想の実像—』、筑摩書房、2013 年、第 14-16 頁。
② 同上书，第 21 页。
③ 末木文美士『日本思想史』、岩波書店、2020 年、第 168-207 頁。

至 1908 年大隈重信主持撰写的上下两卷本《开国五十年史》①。《开国五十年史》全面叙述了佩里叩关后 50 年内，日本在政治、思想、经济、军事、外交，以及工业、商业、农业、矿业、传媒业等领域摸索改革与追求独立富强的过程，该书资料翔实，具有较高的研究价值，是近代出版的日本政治外交通史的奠基作品。入江昭于 1966 年出版的《日本的外交》，是二战后较早将 1868 年明治维新作为日本进入近代的标志的国际政治学通史类研究专著，该书的副标题"从明治维新到现代"清晰地界定了历史分期。②2020 年有斐阁出版了清水唯一朗等三名日本中青年学者合著的《日本政治史》，书中将佩里叩关作为日本近代国家、近代国际关系开始形成的标志事件，并以日本战败投降为近代日本结束的标志。③

另外，以 1945 年为近代日本历史的终结点，"战前"与"战后"成为其历史分期方法的两个象征词，特别是日本历史学界对于昭和历史的论著，多用"战前""战后"或"昭和前期""昭和后期"表述，如七卷本的《昭和史讲义》中就包含了"战前文化人篇"和"战后篇"。④整体而言，从明治时代到令和时代，百余年来日本对于近代历史的分期已基本形成共识。

然而，值得注意的是，针对日本学界通行的将 1853 年至 1945 年或 1868 年至 1945 年作为近代的历史分期方法，2015 年日本彩流社出版的《近代日本的对外认识（Ⅰ）》提出了以 19 世纪 90 年代中后期至 20 世纪 50 年代中期为近代的主张。此前，日本的目标是追求国家独立和与欧美国家取得对等地位，以 1895 年为分界线，日本人开始将目光投向广阔的海外世界，并且就日本的前途展开思想论争。该书选择将 20 世纪 50 年代中期作为近代日本结束的依

---

① 大隈重信：《日本开国五十年史》（上下卷），上海社会科学院出版社，2007。

② 入江昭『日本の外交—明治維新から現代まで—』、中央公論新社、1966 年。

③ 清水唯一朗・瀧井一博・村井良太『日本政治史』、有斐閣、2020 年、第 3 頁、244-247 頁。

④ 筒井清忠編『昭和史講義 戦前文化人篇』、筑摩書房、2019 年；筒井清忠編『昭和史講義 戦後篇』（上下）、筑摩書房、2020 年。

据，"很大程度上在于，在太平洋战争中失败以及在新的国家体制下实现了独立的日本，在这一时期完成了与苏联恢复邦交、加入联合国以及形成了'1955 年体制'后国内政治对立结构"。[①]此前，围绕实现国家独立和与社会主义国家修复关系的方式，日本国内出现了"全面媾和论"与"单独媾和论"两种不同意见[②]，日本人的对外认识也呈现出多样性。但是，进入 20 世纪 60 年代以后，这种情况发生了变化，自此日本围绕对外政策的讨论都是在国内政治对立结构的前提下进行的。在此意义上，该书的编著者认为 20 世纪 50 年代中期意味着近代日本的终结，是日本历史上的一个分水岭。

上述对于近代日本历史分期的新提法，将近代日本从通常意义上的 100 年左右时间缩短至约 60 年，显示出当前日本学界存在着一种将近代日本相对化的意识。第一，将近代日本的起始时间从 1853 年或 1868 年推迟至 1895 年，这种用甲午中日战争的胜利来冲淡幕末日本与欧美国家签订不平等条约所带来屈辱记忆的做法，意在淡化日本人对近代历史开端的不愉快、不光彩的记忆，也意味着"华夷秩序"在日本的彻底终结。第二，将 1895 年日本占领中国台湾置于帝国主义浪潮席卷亚洲的背景下，不仅意味着回避了日本对朝鲜的占有野心是甲午中日战争爆发的直接原因的事实，也回避了日本要求清政府割地赔款并给中国人民造成巨大损失的事实。第三，按照上述逻辑将近代日本大约 60 年的时间称为"日本历史转折期"，并将其置于大英帝国衰退、美苏崛起等近代国际秩序调整期内来理解的方法，对于日本发动的对外侵略的历史有避重就轻之嫌。

---

① 伊藤信哉・荻原稔编著『近代日本の対外認識 I』，第 6 页。

② 张帆：《战后日本现实主义国际政治思想的原点——日本型现实主义析论》，《日本学刊》2018 年第 2 期，第 139-140 页。

五、结语

日本是对近代中国影响最深远的国家之一。论往昔，中华东瀛为友为敌是非在；望前程，环宇生民是福是祸总相关。①基于这种基本问题意识，本文考察了日本对外认识研究的历史变迁，分析主要论题，揭示最新趋势，发现其中问题，目的是为中国学者提供一个思考的参照物。对于日本而言，在福泽谕吉的"脱亚论"背后，是日本在西洋与东洋、传统与近代、权力与秩序、区域与国别、对外与自我认识之间的诉求与挣扎。无论是从传统的思想史领域或国际政治学领域，还是政治思想史与国际政治学的学科交叉领域，日本如何看待传统中国的资源、近代中国的屈辱与当代中国的崛起，是日本学术界的一个既老又新的话题。

中国与日本是邻国，分别为当今世界第二和第三大经济体。然而，无论是中国还是日本，在以欧美英语世界为主导的西方学术话语体系中，仍然处于"本土"和"周边"位置。②在地缘政治、学术话语与共同价值上，中日在东亚地区可谓命运与共，休戚相关。因此，今后两国学者，特别是科研机构和高校的青年学者，应该本着求同存异、坦诚交流的原则，进一步开展学术对话，以期促进两国社会的相互认知和理解。

---

① 中国社会科学院陈奎元院长为中国社会科学院日本研究所建所 30 周年所写题词。

② 贺平：《国际日本研究的中文译介述略——第三方镜鉴的意义》，《日本学刊》2020 年第 2 期，第 157 页。

"虚""实"并存：日本对华国家形象构建探究

——以邦交正常化至冷战结束为考察对象

北京外国语大学日本学研究中心　张蓓[*]

摘要： 近年来，中国民众的对日好感度有所提升，但历史问题、领土争端和日美同盟依然是引发中国民众对日产生负面认知的三大主因。然而同在三大主因的作用下，20 世纪 80 年代中日两国却度过了一段"蜜月期"，其间中国民众的对日好感度持续处于高位，这主要得益于日本对华国家形象构建的实践举措。但通过对历史的纵向分析可知，"蜜月期"中"虚""实"并存，相关实践举措并未触及"三大主因"的核心问题。日本整体国家战略和对外政策的非自主性是制约日本对华国家形象构建有效运行的主要因素。

关键词： 日本；国家形象构建；"蜜月期"

2020 年"北京—东京论坛"中日关系舆论调查结果显示，45.2%的中国受访者对日本抱有正面印象，这一数据与调查启动以来的峰值 2019 年 45.9%基本持平，日本驻华大使垂秀夫将这一成绩的取得归功于日本政府在健全吸引中国游客制度和切实开展文体及青年交流等方面的努力[①]。仅从近几年的调查数据来看，日本对华国家形象构建的效果确实已逐步显现。然而在关注中国民众对日情感稳步回升的同时还不应该忽视两点：第一，对日抱有负面印象的受访者占比仍超过半数达到 52.9%。第二，历史问题、领土争端和日美同盟依然是

作者简介：张蓓（1985.6—），女，汉族，天津财经大学讲师，北京外国语大学日本学研究中心博士在读。研究方向为日本文化。

① 详见《日本新任驻华大使垂秀夫接受澎湃专访：六提"稳定的中日关系"》，澎湃新闻 2020 年 12 月 28 日，http://m.thepaper.cn/uc.jsp?contid=10525632

引发中国民众对日产生负面印象的三大主因。这表明，日本国家形象尚未在中国民众的认知中得到整体层面的改观，并且战后日本的各项实践举措也未能解决固有的核心问题。

对中日关系的历史脉络进行纵向考察后可以发现，这三大主因早在中日邦交正常化之前就已然存在，并影响着中日两国政府间关系和民众情感的发展走向。但在邦交正常化之后，两国也的确迎来了一段近代以来关系最为友好、融洽的"蜜月期"，在此期间中国民众的对日好感度显著提高。围绕"蜜月期"这一课题，林晓光（2007）指出这是中日媒体制造的"虚假的情侣"①。孙晶（2016）认为这一时期中日间杂音不断，因此存在对"蜜月"的误导误读②。以上既有成果虽为研究的深入搭建了较为坚实的基础，但尚未对以下疑问作出回答，即同在三大主因的持续作用下，何以在这一时期的中国出现了日本国家形象的飞跃式提升，日本政府基于何种战略选择对华展开了何种实践举措，这些实践举措发挥了何种作用，受何影响无法持续。2022 年是中日邦交正常化 50 周年，站在这一重要历史节点对这一时期日本对华国家形象构建进行重新评价，揭示其中的"虚像"与"实像"，将为促进今后两国民众情感的良好发展以及中国国家形象构建提供全新思考角度和有益借鉴。

一、对冷战格局的两种"突破"

1972 年 9 月《中日联合声明》的签订和 1978 年 10 月《中日和平友好条约》的缔结分别从政治上和法律上结束了两国邦交"不正常"的状态，恢复了官方外交关系，开启了一段友好交往的亲密时期。以 1972 年为发端，中日在

---

① 林晓光：《中日关系："和谐"与"对峙"——广外大日本研究中心"2006 中日论坛"国际研讨会上的发言》，《广东外语外贸大学学报》2007 年第 4 期，第 11-14 页。

② 孙晶：《走出不信任与对抗情绪的诡局——从国民感情和软硬实力转化看中日关系》，《人民论坛·学术前沿》2016 年第 5 期，第 84-95 页。

短短数年间完成了两国关系由"战争"到"和平"再到"蜜月"的层层递进，扭转之迅速、改变之剧烈在两国关系史上实为罕见。

剧变的背后隐藏着中国对国家安全与独立发展的深刻诉求。20 世纪 60 年代，中苏边境冲突不断，这标志着东方阵营内部两个大国之间"以意识形态为主的斗争逐步转化为以国家安全利益为主的斗争"[1]。1969 年 3 月，中苏之间更是在珍宝岛爆发了大规模武装冲突。随着双方矛盾的不断升级，中国的外交政策也随之发生转变。中国放弃了原有的"反两霸"政策，转而施行联合美国抵抗苏联的"一条线"政策。东方阵营大国中国与西方阵营霸主美国的战略接连挑动了日本的敏感神经，迫使日本在经历了"尼克松冲击"之后，出于美国因素和本国经济发展的现实需要，先于美国与中国建交。由此，中日合力在东亚对冷战格局做出了一次重大突破。

同为"突破"，但中日两国之间却存在着巨大差异。中国迫于苏联霸权下的"突破"是基于内在自主性对既有不合理秩序的"挑战"。而日本与中国恢复邦交则是在冷战格局下出于日美同盟共同利益对既有秩序和当下趋势的"顺应"，本质上仍然缺乏对国家战略独立自主的把控。因此可以说，日本的对华关系是"美国全球战略中的对华关系"，是"在对美不平等条件下的对华关系"，是"在日美中三角形框架中发展的对华关系"[2]。

两种不同的"突破"说明中日在相同历史条件下做出相似战略选择的内在动因具有差异性，也决定了此后两国双边外交的基本面貌会沿着不同方向展开。

---

① 沈志华：《中苏关系史纲：1917～1991 年中苏关系若干问题再探讨》，社会科学文献出版社，2011 年，第 278 页。
② 細谷千博：『日本外交の軌跡』、日本放送出版協会、1993 年、第 220 頁。

二、告别"战败"——日本对外构建国家形象的底层逻辑

对"战后"的定义之中，隐藏着日本政府及民众对于战争本身和战败结果的复杂情绪。围绕如何划定时间界限，政界和学界产生了多种观点。这些观点虽有不同，但都渗透着日本各界希望尽快在各个方面告别战败的焦急心态。究其原因，一方面，二战在物质层面给予日本以重创的同时，也让日本民众对国家以及自身身份的认同一度处在低谷。日本文学家坂口安吾在《堕落论》一文中描述了战败后日本人价值观和行为方式的激变，曾经誓死效忠天皇的日本兵如今"成了黑市商人"，曾经送恋人上战场的女人"祭拜亡夫的排位也越来越徒具形式"，"日本必须沿着堕落之路继续堕落"。[①]另一方面，悍然发动战争的日本，在战后国际社会中的国家形象被不可避免地贴上了"侵略主义""军国主义"的标签，阻碍了日本的全面复兴和民众自信心的重构。1972 年泰国发生了大规模反日货运动，紧接着在 1974 年田中角荣访问东南亚时，泰国和印尼又爆发了反日游行。这些都证明了，虽然日本已经交出了1964 年成功举办东京夏季奥运会以及 1968 年超越西德成为世界第二大经济体的傲人答卷，可以在国家经济复兴及发展层面宣告与"战败"告别，但在国际社会中的国家形象依然被笼罩在战败的阴影当中，而这些负面因素又会反过来拖累日本全面复兴的脚步。

基于此，1972 年日本政府开始尝试以国际文化交流的方式助力本国文化传播和国家形象重构，国际交流基金随即应运而生。与战时的 KBS（国际文化振兴会）不同，该组织在外务省的直接管辖下着力推动文化外交的民间化。1973年，大平正芳在国会演讲时首次将"文化外交"列为日本外交政策的四大重点

---

① 坂口安吾：《堕落论》，高培明译，新星出版社，2018 年，第 73—82 页。

之一，这一举措"是日本政府对文化外交战略重要性的重新审视"①。几乎同一时期，民众对国家及对自身身份的认同度也随着经济实力的迅速攀升有了大幅提振。突出表现在他们开始将目光投射到本国以外的国际社会，渴望与世界建立更多的联系。日本内阁府于1975年起②，以了解国民对本国外交的态度为目的向国民持续发放问卷调查。其中就"你是否对外国以及国际社会事务感兴趣"这一设问，受访者中给予肯定回答的比例连年超过半数，呈现平稳态势③，这与战后初期"堕落"的日本民众形象形成了鲜明对比。

此时的日本，正处在外向型经济高速发展期，亟需找到稳定的原材料进口国和商品出口国，而地理位置相近、消费市场庞大的中国显然是上佳选择。与此同时，随着经济的迅速腾飞，日本渴望在国际政治舞台发声的欲望愈发强烈，解决好与邻邦大国的关系对日本具有重大战略意义。但聚焦中日两国考察日本国家形象可以发现，中国作为日本侵略战争的最大受害国，对日本的认知最为负面。这种负面认知长远来看必然影响日本经济大国和政治大国目标的实现。虽然在邦交正常化之前，日本民间力量曾致力于两国的友好交流，一定程度上展示了日本对华友好的正面形象，加之中国政府一直采取"区分论"的对日政策，使中国民众逐步意识到战争责任应该归咎于少数军国主义分子而非全体日本人民，但受限于执政党轮换所带来的对华政策的转向，以日本民间力量为主体的各项交流存在着巨大的不稳定性。特别是岸信介当选首相后发生了"长崎国旗事件"，致使中日民间贸易一度中断，中日友好事业屡屡受挫。针对这一现状，周恩来在1960年8月与日中贸易促进会铃木一雄会谈时提到了"贸易三原则"，其中第一条为"政府协定"，即"一切协定今后必须由双方政府缔结，

---

① 丁兆中：《战后日本文化外交战略的发展趋势》，《日本学刊》2006 第 1 期，第 118-128 页。

② 除 1976 年和 2015 年之外，日本外务省连年实施该项问卷调查。

③ 1975 年至 1986 年的比例分别为 49.3%、58.3%、59%、54.3%、56.4%、51.3%、56.2%、56.2%、53.5%、57.8%。

才有保证"①。这说明促进两国关系稳定发展，改善中国民众认知中的日本国家形象最终需要两国政府层面的密切合作。

综上，可以说在国际社会中特别是在中国民众普遍认知中，重塑日本的国家形象是这一时期日本政府和民众必须面对的共同课题，是在综合考虑国际局势和国内现状后以告别战败为底层逻辑，旨在解决国家发展问题和提升民众身份认同的实践活动。

三、官民并举——日本对华国家形象构建的实践举措及效果评价

1972 年和 1978 年，对于中日两国都具有重要的里程碑意义。1972 年，中日两国实现了邦交正常化，同年日本国际交流基金正式成立，标志着日本对外文化交流及国家形象构建事业步入了有组织、有规划、各领域协同的新阶段。1978 年，两国缔结《中日和平友好条约》，同年底中国共产党召开了十一届三中全会，改革开放蓄势待发。至此，两国关系的走向和中国的国家发展进程汇入了同向轨道。

这一时期的日本国家形象构建的举措大致包含以下几个方面。

第一，日本政府开发援助（Official Development Assistance，ODA）的开展助力了中国现代化建设，构建了"援助合作"的国家形象。ODA 是一种发达国家对发展中国家提供的政府开发援助，日本对华 ODA 包含日元贷款、无偿援助和技术合作三大部分，其中日元贷款占比超过 9 成。日本经济腾飞后，政府基于保障原材料市场的能源需要、打开中国消费市场的经济需要、谋求政治大国的战略需要，以及对中国放弃战争赔偿的赎罪心理四个方面的战略动机决定

---

① 中华人民共和国外交部、中共中央文献研究室：《周恩来外交文选》，中央文献出版社，第 289-290 页。

对华开展 ODA。1979 年 12 月，时任日本首相的大平正芳在与邓小平进行会谈时表示将向中国提供日元贷款。当时，中国的全面改革开放已是箭在弦上，正亟须资金和技术支持。于是次年的 4 月 30 日，中日双方在北京正式就首批 500 亿日元贷款协议签字，这一消息也刊登在了《人民日报》等官方纸媒上，一时间日本的友邻形象跃然纸上。除经济援助之外，日本对华 ODA 还无偿援建了中日友好医院、北京日本学研究中心等机构，为中国民众的健康福祉及中日两国间的高水平文化艺术、学术科研交流做出了贡献。截至 2008 年 ODA 结束的 30 年间，日本共为中国提供了 3 万多亿日元的低息贷款。研究指出，从政策目标与实施效果看，日本当初通过对华 ODA 所要达到的诸项目标——提升日本国际地位、促进中国变化、强化对华关系、开拓中国市场、改善日本形象等都基本上得到了实现[1]。1988 年，时任日本首相的竹下登在访华期间表示将再次向中国提供 8 100 亿日元的新贷款，用于运输、电力、农业等 42 个工程项目。《人民日报》刊发署名文章对日本政府的这一举动大加赞许，称"这是竹下首相带来的一份不轻的礼物……人们认为，新的日元贷款以及投资保护协定的签订，将会进一步推动两国的经济技术合作"[2]。可以说，日本在中国改革开放的起步及深化阶段通过对华 ODA 给予中国的各项援助，逐步改变了中国民众认知中"侵略主义""军国主义"的固有印象，一定程度上树立起了"援助合作"的国家形象。

第二，日本主要媒体对侵华战争相对客观的报道对日本民众树立正确历史认识起到了一定的积极作用，客观上减少了由此引发的两国政府间的关系紧张和民众间的互相敌视。这一时期的日本主流媒体不仅不避讳使用"侵略""南京大屠杀"等体现战争非正义性和反人类性的词汇，还积极宣传战争遗孤回国寻亲的相关消息，在战争定性和战后处理方面都起到了重要作用。1984 年 8 月

---

① 金熙德：《日本对华 ODA 的演变与中日关系》，《现代国际关系》2006 年第 11 期，第 30-34 页。

② 孙东民：《寻求日中关系新飞跃的访问》，《人民日报》1988 年 8 月 31 日第 6 版。

5 日，日本"三大报纸"之一的《朝日新闻》一天内在同一版面连发两篇有关侵华战争的新闻。一篇报道了曾经参与"南京大屠杀"的日军军人的日记被发现，日记当中描写了该军人残忍杀害中国平民的具体事实并配有三张现场照片。报道还称当事人晚年悔恨万分，弥留之际说道"这都是杀害无辜之人的报应"。另一篇则报道了原日军战俘在华接受教育改造的过程，当事人表示"正是中国人的温情将我从'鬼'变成人，我把自己犯下的罪过写出来留给后人，是对中国人民的赎罪和对反战、和平的呼唤"①。两则新闻从两个侧面极大程度地还原了侵华战争的血腥，传递了中国政府和民众的宽大为怀，有助于日本民众在历史问题上与中国民众达成统一认识。

第三，日本影视作品的大量涌入以及中日合拍片的出现展现了日本"现代开放""人性温情"的国家形象，也助力了两国民众历史共识的达成。1978 年10 月，日本电影周在中国举办，此次电影周上展映了《追捕》《望乡》和《狐狸的故事》三部日本影片。其中《追捕》以情节的曲折变幻、推进节奏的张弛有度和男女主人公热烈奔放的情感表达深深抓住了中国观众的眼球，成为当时中国民众争先观看的外国电影。究其原因，一是在经历了十年动荡之后，中国民众的真切情感亟待释放。影片中杜丘的男性气概和真由美的爽朗性格，以及他们之间自由的爱情都完全贴合了当时中国观众的心理诉求。许多观众将自身带入影片的叙事中，带入男女主人公的人物形象中，获得了极大的心理满足，不自觉地对演员本人以及他们身处的日本社会产生了极大的情感共鸣和喜爱之情。饰演男女主人公的高仓健和中野良子一时间成为炙手可热的日本演员，直至今日他们在中国依旧拥有极高的声誉。二是影片将主要舞台选在了现代文明高度发达的大都市，影片第一个镜头就展现了穿着时尚的都市白领穿梭在东京新宿繁华街头的景象，这给尚处在改革开放之初的中国观众带来了强大的视觉刺激，引发了他们对日本的好奇甚至是向往之情，构建了日本"现代开放"

---

① 详见「南京虐殺、現場の心情つづる　元従軍兵の日記、宮崎で発見」、「元憲兵が体験つづる　中国での残虐「悔悟の記録」、『朝日新闻社』、朝刊 22 頁、1984 年 8 月 5 日。

的国家形象。

除电影之外，1984 年在央视播放的日本电视剧《血疑》更是风靡全国、万人空巷。剧中男女主人公曲折跌宕的真挚爱情、对爱情矢志不渝的态度以及结尾处催人泪下的情节设计都极具感染力和代入感，更为重要的是，其中投射出的东方世界相通的伦理道德观念也在悄然影响着中国民众对日本国家形象的认知。除影视作品本身之外，播出之后剧中演员山口百惠、三浦友和、宇津井健也成为亿万中国民众挚爱的日本影星，其影响力甚至波及服饰、日用品和学术期刊领域。一时间以剧中幸子所穿的戏服为原型设计而成的"幸子衫"成为年轻女性心目中的时尚象征，印有男女主角剧照的挂历、台历走进了普通家庭，甚至刊登了剧照的学术期刊也迅速售罄，未能购入的民众还致信杂志社询问是否有剩余，杂志社不得不刊登公开信并附上山口百惠与三浦友和的结婚照以示歉意①。可见，以山口百惠为代表的日本影星深入中国民众生活的方方面面，俨然成为日本国家形象的代表符号，而对他们的喜爱之情也会自然而然地转化为对日本的好感。这种非同一般的喜爱之情甚至让日本人也感到吃惊，时任日中友好协会会长的宇都宫德马的办公室曾收到了来自中国的一个包裹，其中有印着山口百惠照片的台历和自传《苍茫时刻》，工作人员表示"虽然也知道中国掀起了百惠风，但没想到居然如此热烈"②。《血疑》对中国人认知中的日本国家形象的改变发挥了积极作用。与以往《地道战》等国产抗日题材影片中邪恶残暴、狡猾愚蠢的日本军人形象不同，《血疑》中的日本人立体真实、情感丰富，且剧情设计贴近中国传统价值观。因此，该剧不仅在中国译制片史上，更在中国的日本国家形象演进史上具有极强的标志性意义。中国民众认知中的日本国家形象在影视作品的加持下，已经潜移默化地融入了"人性温情"的正面因素。

除译制片之外，这一时期还诞生了史上第一部中日合拍片《一盘没有下完

---

① 杂志社编辑部：《致影迷朋友》，《电影评介》1985 年第 7 期，第 21 页。

② 详见「中国の百惠さんブーム」，『朝日新聞』、1984 年 11 月 29 日、第 23 页。

的棋》。该影片由中国导演段吉顺与日本导演佐藤纯弥联合执导，孙道临与三国连太郎主演，讲述了在侵华战争的时代背景下况易山和松波两个围棋家庭的沧桑变故。与同时期以表现中日友好为基调的文艺作品不同，《一盘没有下完的棋》并不讳言日本侵华的历史事实，而是敢于直面残忍血腥的非正义战争，结尾处又能将影片主旨回归到"谨记教训方能避免悲剧"的共识上来，是对史实与未来的双重关照。因此，有学者指出，《一盘没有下完的棋》的上映，对今天两国还没有经历过那个岁月的青少年，或对虽经历过但已忘怀了这段历史的人来说，都是极好的教育①。

第四，日本国际交流基金的正式介入，为该时期的中日高水平文化交流提供了平台。1979 年 1 月为庆祝《中日和平友好条约》签订，日本国际交流基金主办②了歌舞伎访华团公演项目，七世尾上梅幸、二世尾上松绿等一批歌舞伎名家为中国观众带来了《忠臣藏》《镜狮子》等经典剧目。访华团在北京、上海、杭州三城市举办巡演，据统计"观众达一万六千余人次"③，观众反响热烈。虽然此前也曾有二世市川猿之助和四世河原崎长十郎访华演出，但投入成本、演出规模和观看人次都不及此次。演出的成功正是得益于日本国际交流基金的资金支持、巧妙策划和细致运作。《中国戏剧》发文对演出意义给予了高度评价，称本次演出"将继续过去的文化交流，为加强一衣带水的中日两国的友好关系，密切两国之间久已存在的文化联系，作出新的贡献"④。足见演出的意义并不仅仅停留在戏剧本身，还借助演出介绍日本歌舞伎，在全社会掀起讨论日本文化的热潮，借以推动中国民众对日本的正面认知和了解。

---

① 馥泉：《"前事不忘，后事之师"——中日合拍片<一盘没有下完的棋>观后》，《电影新作》1982 年第 6 期，第 73-75＋69 页。

② 日本国际交流基金的文化交流项目大致分为主办（日语：主催事业）和协办（日语：助成事业）两类。对于主办项目，日本国际交流基金将给予全额经费支持，并从项目策划、构成设计阶段就参与其中。参见国际交流基金 15 年史编纂委员会：『国际交流基金 15 年のあゆみ』、1990 年 3 月 15 日、第 129 頁。

③ 宋廷平、李珠：《日本戏剧在中国新时期》，《日本研究》1994 年第 1 期，第 74-79 页。

④ 《热烈欢迎日本歌舞伎剧团》，《中国戏剧》1979 年第 1 期，第 27 页。

第五，积极促成两国青年大型互访活动，展现推动中日年轻一代友好交往的积极态度。1983 年 11 月，胡耀邦访日期间发出次年邀请三千名日本青年访华的邀约，双方还决定为增进相互了解组建专门机构——中日友好 21 世纪委员会。为顺利推进青年访华活动，日本在 1984 年 4 月成立了由 200 多个团体组成的"84 日中青年友好交流日本组织委员会"，形成了官民一体、各界合力的良好局面。同年 9 月 24 日，三千名日本青年从各地出发分成 4 个团队分别到访杭州、南京、西安和武汉，最后在北京集合参加了新中国成立 35 周年国庆大典。访华期间，日本青年参观了中国的工厂、农村、学校、机关、街道等 200 多个单位，与中国民众面对面亲切交流。电视剧《血疑》中大岛茂的扮演者宇津井健、电影《追捕》中真由美的扮演者中野良子以及电视剧《阿信》中扮演阿信的小演员小林绫子也作为访华团成员来到了中国，受到了中国民众的热情接待。胡耀邦还在合影时对宇津井健说"中国人都把你当成理想的爸爸"①。为期 15 天的行程即将结束时，中国民众夹道欢送日本青年返程，双方合唱主题曲《北京东京》，情感达到高潮。次年春天，胡锦涛和刘延东分别带领中国青年访日代表团回访日本，两国青年的面对面交流消除了彼此的隔阂，拉近了彼此的关系，也展现了日本"亲切友好"的一面。

此外，冰箱、彩电等日本家用电器、生活用品进入千家万户，使得中国民众在日常生活中切实感受到日本的"现代"。以 1978 年天津、神户缔结友好城市为发端，两国友好城市缔结进入了快速增长阶段。与政府层面相比，城市间的友好交流具有形式多样、内容接近普通民众的优势，也为中国民众的对日好感提升注入了新的活力。

---

① 张云方：《佳节·礼花·友情》，《人民日报》1984 年 10 月 2 日。

四、结语

总体来说，中日邦交正常化至冷战结束期间的美苏力量对比变化促进了中美接近局面的产生，日本告别"战败"的底层逻辑又恰好吻合了中国改革开放的国家战略，在内外因素合力作用下日本对华国家形象构建的实践活动顺风顺水，出现了战后中日关系的"蜜月期"。中国民众的对日好感度长时间处在高位，日本的国家形象也由"侵略主义""军国主义"逐步向"友好合作""正视历史""现代开放""人性温情""亲切友好"转变。

这一时期日本对华国家形象构建的经验启示在当下仍具有借鉴意义。经过考察梳理，具体可以总结为以下五点：一是巧妙运用文化软实力，通过影视作品本身和演员自身影响力在中国民众中提升国家形象。二是通过政府官方开发援助的方式切实助力中国改革开放，加强与中国的高层次经济往来。三是日本国际交流基金这一专门机构承担了总体统筹安排、具体实施对外文化交流活动的工作，为国家形象构建提供了稳定、高效的渠道。四是对年轻一代的友好交流给予特殊关注，创造两国青年面对面、近距离交流的机会。五是新闻媒体正视侵华战争的客观公正报道有助于两国民众历史共识的达成，减少了由此引发的对立。

但与此同时还应该看到，两国"蜜月期"中掺杂着诸多"虚像"。一是虽然大平正芳、铃木善幸等日本政府高层、主流新闻媒体和一般战争亲历者对侵华战争抱有相对公正客观的态度，日本社会整体上承认侵华事实的存在，但1982年的"教科书事件"也说明日本国内保守派并未放弃利用历史问题达到政治目的的企图。随着这一代人的远去和中日国力的迅速逆转，历史问题又会被裹挟到"中国威胁论"等各种反华论调中。二是为促成《中日和平友好条约》的顺利缔结，中日两国政府在钓鱼岛问题上继承了邦交正常化以来的"搁置论"，有效维持了"蜜月期"的和平稳定。但领土争端并未得到根本性解决，仅仅是被淹没在一片中日友好的声音之中。三是日本的对外政策必须服从于整体国家战略，而日美同盟又是日本整体国家战略中的重要一环。这就导致日本的对华国家形象构建先天缺乏自主性，只能在日美同盟框架下才能顺利运行。这意味着，如果中美关系遭遇重大挑战，日本作为身份不对等的盟友在对华政策上就很难有回旋余地，大部分情况下只能跟随美国。

通而观之，中日的"蜜月期"中"虚""实"并存。日本的各项实践举措虽然成效显著却并未触及两国关系的关键问题。影响中国民众对日印象的三大主因犹如深埋在中日关系深层的沉疴痼疾，一时的"面色潮红"只是虚像，一旦外部气温突变又会卷土重来，显露出本来实像。

赤松经济学的"辩证法"

北京理工大学 朱然

摘要：面对第二国际和苏联哲学教科书的马克思主义体系，马克思主义理论家葛兰西（1891—1937）（Gramsci Antonio）提出用实践哲学来超越唯物主义和唯心主义，赤松要提出用综合辩证法来扬弃唯物辩证法和观念辩证法，直到现在，中国仍然有用实践唯物主义去代表和阐释历史唯物主义和辩证唯物主义的主张。本文指出，"综合辩证法"不是辩证法。实践只是认识的颠倒。实践是对有、无的扬弃，也是存在、本质、概念的概念论的一个契机。面对"教科书体系"的问题，我们不是要退到舒尔茨（Thodore W. Schults）的政策实践上，而是要用历史性和阶级性扬弃李嘉图（David Ricardo）的劳动价值理论。

关键词："综合辩证法"；"实践唯物主义"两点论

一、引言

生活在被称为 G2 的新时代，面对百年未有之大变局，人们发现越来越多的商品进入同质化竞争中，时代仿佛在向一个方向发展。赤松要（1896—1974）关于"同质化"和"差异化"的循环观念，提示我们应看到另一种可能性。

赤松因为"雁形发展"而闻名。实际上，赤松的雄心不止于此，他曾经尝试扬弃黑格尔（1770—1831）的观念辩证法和马克思（1818—1883）的唯物辩证法，构建"综合辩证法"的经济学体系。

但是，和战前其他研究者一样，赤松思想的底色是新康德派。赤松的"综合"超越了"观念"和"唯物"吗？

户坂润（1900—1945）曾经在"'无的逻辑'是逻辑吗？"中批判西田哲

学的观念性，同样对赤松经济学我们也要问，赤松的辩证法是辩证法吗？

二、什么是"综合辩证法"

"雁形发展"不是就事论事的经验总结，它是建立在"综合辩证法"基础上的①。实际上，直到去世前两年，赤松仍然发表了"矛盾及其扬弃"②和"马克斯·韦伯的方法论与综合辩证法"③。但是，与"雁形发展"相比，"综合辩证法"不仅在海外没有影响力，在日本国内也很少有人提及。那么，什么叫"综合辩证法"？

赤松认为，黑格尔的观念辩证法和马克思的唯物辩证法都缺乏指导社会发展中主体行动的价值理论。把握现实与价值相互作用的叫作综合方法辩证法。在综合辩证法体系中，价值观念从现实生活中产生，同时又使现实中的行为与政策成为可能。赤松通过综合辩证法，批判左右田喜一郎（1881—1927）的经济哲学是价值与现实的二元论。

综合辩证法包括了研究社会存在的静态辩证法和研究生活共同体运动和发展过程的动态辩证法。

静态辩证法主张生活共同体是由观念、秩序、实体三个层次构成的统一整体。其中，秩序包括法与政策④。

动态辩证法包括矛盾性原理、同一性原理、整体性原理。矛盾性原理是说生活共同体以对立、阻碍、促进的矛盾为媒介产生运动。矛盾包括发展性矛盾、

---

① 藤井隆至编『経済思想』、東京堂出版、1998 年、第 243 頁。

② 赤松要：『矛盾とその止揚』、海外事情 1972-04、拓殖大学海外事情研究所。

③ 赤松要：『マックス・ウェーバーの方法論と綜合弁証法』、海外事情 1972-08、拓殖大学海外事情研究所。

④ 毛馬内勇士：『経済政策の基本的問題と赤松経済政策論』、政経論叢、1998 年、第 153 頁。

循环性矛盾、结构性矛盾①。同一性原理是说当矛盾得到扬弃时，生活共同体中观念、秩序、实体三个层次相互协调，维持统一②。整体性原理是说部分的同一性建立在社会整体的基础上，意识到这一点的观念带来社会整体的协调和均衡。整体性原理包括进步、安定、整合三个方面的价值③。

以经济社会中发生的经济矛盾为动因，扬弃与克服这一矛盾的政策实践称为经济政策。经济学体系中包括具体把握经济现象的经济史学、把握普遍因果关系的经济理论，以及扬弃历史记述与理论分析的经济政策。

与发展性矛盾、循环性矛盾、结构性矛盾相对应，经济政策包括发展政策、循环政策、结构政策三个类型。经济政策的目标设定是由社会的本质动向（历史必然）规定的，因而具有客观性。

在重商主义出现之后，世界经济交替出现"同质化"和"差异化"的现象，国家间的竞争也随之出现"人无我有"和"人有我多"的策略④。

综合辩证法看起来像是纸上谈兵。实际上，雁形发展说的就是技术进步带来差异化、工业化普及带来同质化的发展过程⑤。这一过程对应着动态辩证法的矛盾性原理，相应的政策是发展政策。

三、"综合辩证法"是辩证法吗

实际上，想要超越唯物论与观念论的不只是赤松要。与赤松同时代的葛兰

---

① 毛馬内勇士：『経済政策の基本的問題と赤松経済政策論』、政経論叢、1998 年、第138 頁。

② 上久保敏：『日本の経済学を築いた 50 人』、日本評論社、2003 年、第 156 頁。

③ 毛馬内勇士：『経済政策の基本的問題と赤松経済政策論』、政経論叢、1998 年、第154 頁。

④ 上久保敏：『日本の経済学を築いた 50 人』、日本評論社、2003 年、第 158 頁。

⑤ 藤井隆至編『経済思想』、東京堂出版、1998 年、第 242 頁。

西明确提出"实践哲学要超越唯物主义和唯心主义"①。

如果我们将生产费用看作赤松提出的唯物论（现实），将效用看作赤松提出的观念论（价值），那么写作《政治经济学批判大纲》时的恩格斯（1820—1895）同样试图"运用辩证法来批判资产阶级政治经济学"，以超越"抽象的唯物主义与唯灵论"的对立。李嘉图和麦克库洛赫（John Ramsay McCulloch）片面地用抽象价值决定生产费用，而萨伊（Jean Baptiste Say）则片面地压宝于效用。他们对价值的看法都脱离了竞争这一资本主义经济客观现实中"主要的东西"的抽象结果，而恩格斯说，"价值是生产费用对效用的关系"，并且，价值实际上是不可能从现实的竞争中抽象出来的，因为在竞争中真实出现的只是价格。所以从现实的存在出发，"作为基本东西和价格泉源的价值倒要从属于它自己的产物——价格了"②。

看起来葛兰西的"实践"和写作《政治经济学批判大纲》时恩格斯的"价值"都是辩证法的合题，实际上完全不一样。如果是为实践而实践，那么根本不需要观念和实际；如果是为了实践观念，那么实践是将观念与实际联系在一起的中间环节，不是对观念与实际的扬弃。为实践而实践是将实践解释为审美的存在主义，背后自然是对认识（逻各斯中心主义）的否定。我们平常以目的为检验标准的实践，是与理论（认识）相对的。尽信书不如无书，理论与实际的差异是实践存在的理由，实践的存在不是去消解这种差异，而是通过把理想变为现实，在现实中调整理论，把理论与实际结合起来。与此不同，完全竞争是写作《政治经济学批判大纲》时恩格斯的"价值"存在的前提。这一点和《资本论》中商品经济是"劳动价值"存在的前提一样，都是逻辑过程，不是历史过程。作为"生产费用对效用的关系"的价值（市场行情），一定是先于个别的生产费用和效用存在的，所以生产者才是 price taker（价格接受者），而不是 price

---

① 胡长栓：《马克思哲学的葛兰西解读》，《哈尔滨市经济管理干部学院学报》2000 年第 4 期，第 44-46 页。

② 张一兵：《政治经济学逻辑中的政治哲学颠覆——青年恩格斯的〈政治经济学批判大纲〉解读》，《求实》1998 年第 6 期，第 12-15 页。

maker（价格制定者）。养猪时不知道能赚能赔，出栏时才知道收入怎样。"感觉到了的东西我们不能立刻理解它，只有理解了的东西才能更深刻地感觉它。"[①]黑格尔已经指出，辩证法就是从已经存在的概念出发，分析出本质和存在。即自、他在、对自不是历史过程，是逻辑过程[②]。黑格尔辩证法同康德（1724—1804）（Immanuel Kant）认识论的区别在于，黑格尔赞成上帝的存在论证明，康德则持反对的态度[③]。也就是说，在黑格尔那里，存在与本质在运动中相互转化，在康德那里，存在与本质的隔绝是绝对的。黑格尔辩证法的正反合，是"一分为二"的"对影成三人"，不是由中间环节维系的"三位一体"。

那么，赤松的"综合辩证法"是不是辩证法？

由观念、秩序、实体三个层次构成的生活共同体的静态辩证法，看上去是由三项构成的，像是正反合的"辩证法"。但是，就像实践不能扬弃观念和实际一样，秩序也不能扬弃观念和实体。在观念、秩序、实体三个层次中，秩序是将观念和实体联系到一起的中间环节。施密特（1888—1985）（Carl Schmitt）将国家看作由国家（静态政治）、运动（动态政治）、民族三个层次组成的统一体[④]。赤松的秩序与观念在施密特这里颠倒了位置，显然是因为日本的天皇制与纳粹德国的体制不同。尾高朝雄（1899—1956）的版本与赤松几乎相同，认为政治、法、社会团体三个层次的有机联系构成国家。尾高的这一思想来源于狄尔泰（1833—1911）（Wilhelm Dilthey）。尾高提出，与政治、法、社会团体相对应的学科是政治学、法学、社会学，在尾高这里的社会学是包括了经济学在内的"社会学"[⑤]。有意思的是，虽然尾高主要受新康德派和现象学

---

① 毛泽东：《实践论》，1937 年。
② 熊野純彦：『日本哲学小史』、中央公論新社、2009 年、第 309 頁。
③ 熊野純彦：『西洋哲学史—古代から中世』、岩波書店、2006 年、第 215 頁。
④ 石田雄：『日本の社会科学』、東京大学出版会、1984 年、第 130 頁。
⑤ 桑原武夫編『日本の名著』、中央公論社、1962 年、第 242 頁。

的影响①，但是由于表面上的三分结构，尾高被当成 20 世纪日本的黑格尔②。就像尾高的政治、法、社会团体不是辩证法一样，赤松的观念、秩序、实体同样不是辩证法。

与静态辩证法对应的同一性原理、整体性原理，同样可以在新康德派影响下的社会科学中找到相似的学说。德国经营经济学家 Heinrich Nicklisch（1876—1946）提出，形成原则是在空间上形成组织的原则，在形成原则下，组织成员间形成分工合作的关系，从这个角度看，个人是组织的手段③。形成原则等同于同一性原理。德国经营经济学家 Johann Friedrich Schär（1776—1841）主张，企业是构成国民经济有机整体的细胞，企业的职能从属于国民经济的需要④。Schär 的观点等同于整体性原理。

德国国民经济学家哥特尔 - 奥特里连菲尔德（Friedrich von Gottl-Ottlilienfeld）（1868—1958）将经济学分为把握经济本质的基础论、把握经济秩序的形态论、把握经济过程和关系的构成论⑤。大体上可以说，是与赤松的矛盾性原理、同一性原理、整体性原理相对应的。至于赤松的经济理论、经济政策、经济史学、经济政策，显然是理论与实证的中间环节，而不是对历史记述与理论分析的扬弃。

赤松主张"同质化"与"差异化"交替出现，从形式上看像是新康德派的二元论。但是，如果我们注意到内容，就会发现实际上赤松说的是量变与质变的关系。我们看到，在"综合辩证法"中，只有矛盾性原理是辩证法，其他的三项都是联结，不是扬弃。

以施穆勒（1838—1917）（Gustav von Schmoller）为首的新历史学派批判古典经济学的唯物主义，主张从应然的角度看经济；批判古典经济学的自由放任

---

① 桑原武夫编『日本の名著』、中央公論社、1962 年、第 239 页。

② 同上书，第 244 页。

③ 岡田昌也：『ドイツ経営学入門』、有斐閣、1980 年、第 63 页。

④ 同上书，第 39 页。

⑤ 上久保敏：『日本の経済学を築いた 50 人』、日本評論社、2003 年、第 198 页。

和社会主义的阶级斗争，主张通过政策具体解决社会问题①。赤松的综合辩证法实际上同样是一种政策理论，赤松用政策把左右田的价值与现实联系起来，而不是扬弃价值与现实。

四、实践与认识的两点论

问题是，为什么在黑格尔、马克思的辩证法以后，还会反复出现要超越唯心主义与唯物主义、超越观念辩证法与唯物辩证法的实践哲学？直到现在，仍然有研究者主张，"改革开放以来的中国马克思主义哲学，正以实践观点的思维方式重新理解和阐释马克思主义哲学，实现了以'实践唯物主义'为标志的'范式转换'……以'实践'为核心范畴和根本理念重新建构了当代中国马克思主义哲学学术体系和话语体系"②。

无论是唯心主义还是唯物主义，是观念辩证法还是唯物辩证法，都是理论。理论必须是普遍的，实践必须是具体的。实践不能离开具体的语境，也就是田边元（1885—1962）的种的逻辑。当实际不能还原为理论，理论不能解决问题时，人自然会转向"实践"。

毛泽东在中国共产党第八届中央委员会第二次全体会议上的讲话中说，"有一些同志就是不讲辩证法，不分析，凡是苏联的东西都说是好的，硬搬苏联的一切东西。其实，中国的东西也好，外国的东西也好，都是可以分析的，有好的，有不好的。每个省的工作也是一样，有成绩，有缺点。我们每个人也是如此，总是有两点，有优点，有缺点，不是只有一点。一点论是从古以来就有的，两点论也是从古以来就有的。这就是形而上学跟辩证法。中国古人讲，'一阴一阳之谓道'。不能只有阴没有阳，或者只有阳没有阴。这是古代的两

---

① 杉原四郎等著：『経済学形成史』、ミネルヴァ書房、1971 年、第 136 頁。

② 孙正聿：《构建当代中国马克思主义哲学学术体系》，《哲学研究》2019 年第 4 期，第 3-9 页。

点论。形而上学是一点论"①。

显然，这里说的是人文、社会科学的事。自然科学无所谓硬搬，相对论在美国成立，在苏联成立，在中国也成立。李森科主义在苏联不成立，在美国不成立，在中国也不成立。

对于自然科学来说，思维和存在只能是一回事，不是一回事的科学命题都被证伪了。如果是人与人或者人与社会打交道的人文科学或者社会科学，思维和存在一致就是把自己、把别人、把自己与别人的关系都看作因果关系。实际上，近代哲学中的主体性就是通过将世界当作可以确认因果关系的客体建立起来的。没有客体不以主体为前提，没有人可以做到只生活在因果关系里，人还有目的—手段关系。那么人只有目的—手段关系，或者只有实践行不行？不明白怎么回事就去实践，那不是苍蝇撞玻璃吗？如果在理论和实践中优先实践，那么如何评价实践？脱离理论从结果看实践，只能退到直接反映论上，事实上与想实证什么就能实证出什么的庞加莱假设没有区别。没有（与实践不可通约的）理论的实践与没有（与理论不可通约的）实践的理论实际上是一回事。目的—手段就是结果—原因，目的—手段关系（实践）就是颠倒的因果关系（理论）。

认识可以把实践作为内容来认识，但是这样的认识本身仍然是认识。"教科书体系"的"真理"显然无法容纳人的主动性，共产国际对国际共产主义运动的领导忽左忽右，甚至像第二国际一样"不许革命"。面对远方的"真理"和革命的现实，各国的马克思主义者都在探索实践的道路。

如同我们分析过的，没有实践的认识是一点论，没有认识的实践同样是一点论。这样实际上是回到了亚里士多德的主张上。按照亚里士多德的主张，灵魂是形式（事物的样子）的形式，也就是说，认识把握到的就是事物自身的本质②。既然灵魂把握到的就是事物本身的形式，那么通过将认识到的形式赋予

---

① 《毛泽东选集》第五卷，1977 年，第 320 页。
② 熊野純彦：『西洋哲学史—古代から中世』、岩波書店、2006 年、第 48 頁。

质料，人就能够再现出同样的事物。这一点和自然科学中的实验可重复性是一样的。马克思曾经指出，实际上这就是造物主的观念，把人当成了社会的造物主。"蒲鲁东先生主要是由于缺乏历史知识而没有看到：人们在发展其生产力时，即在生活时，也发展着一定的相互关系；这些关系的性质必然随着这些生产力的改变和发展而改变。他没有看到：经济范畴只是这些现实关系的抽象，它们仅仅在这些关系存在的时候才是真实的。这样他就陷入了资产阶级经济学家的错误之中，这些经济学家把这些经济范畴看作永恒的规律，而不是看作历史性的规律——只是适于一定的历史发展阶段、一定的生产力发展阶段的规律。所以，蒲鲁东先生不把政治经济学范畴看做实在的、暂时的、历史的社会关系的抽象，而神秘地颠倒黑白，把实在的关系只看作这些抽象的体现。这些抽象本身竟是从世界开始存在时就存在于天父心怀中的公式。"①

存在不是本质，否则就没有矛盾。不论从认识还是实践的角度，我们都能够确认这一点。

从认识的角度看，人文科学和社会科学都不是放之四海而皆准的科学。无论是文学、历史学，还是哲学、人文科学，都是人在说自己。没有人会认为《罗马史》得诺贝尔奖是因为罗马的历史好，我们都知道是蒙森（1917—1903）（Theodor Mommsen）写得好。至于是不是真的好，就是"仁者见仁，智者见智"了。社会科学是人研究社会。一个人对社会来说也许不重要，但对他提出的理论很重要。在"理发师悖论"中，为男人刮脸的理发师自己也是男人。多一个理发师少一个理发师，都改变不了"男人"这个概念。但是，对于"我将为全城所有不给自己刮脸的人刮脸"这个命题来说，理发师自己的定位是不能省略的。正如费希特（1762—1814）（Johann Gottlieb Fichte）指出的，自我指涉（Self reference）会造成悖论。人研究社会的社会科学恰恰只能是自我指涉。

从实践的角度看，人文科学可以"文人相轻"，社会科学可以将计就计。人不能骗自然，人可以骗人。人不能说"我不遵守牛顿定律，苹果往下掉，我往

---

① 《马克思恩格斯选集》第 4 卷，人民出版社 1995 年版，第 536-537 页。

天上飘"。亚当、夏娃可以吃完苹果后，骗上帝说没吃苹果。假如人没有骗人的可能性，诚实就不是美德了。

黑格尔辩证法很容易被当成形式逻辑那样的东西，可以套用到任何地方。仿佛我们有了无所不及的"上帝视角"，想怎么看就怎么看，无所谓看问题的立场和视角。"对他们来说，黑格尔的全部遗产不过是可以用来套在任何论题上的刻板公式，不过是可以用来在缺乏思想和实证知识的时候及时搪塞一下的词汇语录。"①在日常生活中，我们经常会遇到"辩证地看待问题"。日常的"辩证法"实际上只是一种A、B、A，"欲扬先抑"的修辞方法，反过来说，换成B、A、B同样成立，没有进行任何判断。黑格尔辩证法是对康德认识论的发展，不是否定康德认识的边界。康德认识中作为公理的存在，同样是黑格尔辩证法的基础。如果没有自我的同一性，认识的连续性和实践的自由都不存在了；如果没有世界的可探索性，科学就不存在了；如果没有必然性的存在，世上一切就都是过眼云烟了。

所以，我们不能止步于存在论与本质论，或者是存在与本质一致的"教科书体系"和"实践唯物主义"。我们需要用概念来扬弃存在与本质。概念不是生成的存在，概念是由存在的即自和本质的他在两个方面构成的对自。存在的生成（实践）和本质的指认（认识）都是时间（历史）过程。肯定性的存在和否定性的本质是概念中相反相成的矛盾。概念论就是两点论。赤松要曾经指出，不只是日本的经济，日本的经济学同样会经历"雁行发展"。普遍理论不可能被政策理论超越，只会与政策理论经历质量互变的交替。在这里赤松已经超越存在论（有、无、生成）到达概念论（存在、本质、概念）了。只有在这个意义上，赤松超越了政策理论，触碰到了辩证法。

---

① 《马克思恩格斯选集》第2卷，人民出版社1995年，第40页。

五、结语

　　赤松要的"综合辩证法"是综合理论、政策、现实的政策理论，不是作为逻辑过程的辩证法。今天我们重新探讨综合辩证法，不是为了考订赤松经济学，是为了探讨日本哲学中将康德认识论与马克思主义结合的可能性，避免不知不觉中把自己放到"上帝视角"上，重新堕入"以素朴实在论为基础的直观反映论"①。

---

　　① 孙正聿：《从理论思维看当代中国哲学研究》，《哲学研究》2020 年第 1 期，第 3-10 页。

译文之窗·日本学术纵横

日本江户时代"家老""年寄役"的
使命与骄傲（其一）

日本鹿儿岛大学　　　种村完司 著*

北京第二外国语学院　张晓明 刘晓婷译①

摘要：《叶隐》是记录锅岛直茂、胜茂、光茂等活跃在战国后期到江户中期的历代主君们的言行录，是一部探讨幕藩体制下武士道与理想的为臣之道的文献。山本常朝主张"死的觉悟"以报答君主的御恩。本文围绕谏言详细论述了"家老""年寄役"的使命与骄傲，对明确日本江户时代武士的思想动态具有重要意义。

关键词：《叶隐》；家老；年寄役；武士

* 种村完司，鹿儿岛大学名誉教授，主要研究领域为日本思想史、日本历史。

① 张晓明，北京第二外国语学院副教授，硕士生导师，主要研究领域为日本思想史、中日儒学交流史、《孟子》研究。刘晓婷，北京第二外国语学院硕士研究生，主要研究领域为日本思想史、中日儒学交流史。

一、绪论

一方面,《叶隐》是一本尝试探讨幕藩体制下武士道与理想的为臣之道的书籍,同时它也是一本记录锅岛直茂、胜茂、光茂等活跃在战国后期到江户中期的历代主君们的优秀言行录。读者从中可以学到他们在佐贺土地上所展示出的富有人性的统治理念、政治姿态以及英勇的武士气质;另一方面,《叶隐》也是一本重要的历史文献,它生动地告诉我们侍奉、支持历代藩主的"家老"[①]"年寄役"[②]所持的态度、想法以及所采取的行动等。

在《叶隐》中直茂、胜茂、光茂等人不断出现,为口述者山本常朝等佐贺藩藩士们所尊崇,但是像"家老""年寄役"等也不断被山本常朝所提及,这在《叶隐》中是一个相当明显的特征。特别是如中野内匠茂利、中野数马政利、相良求马及真、中野将监正包、中野数马利明等都可以作为"家老""年寄役"的典型代表。那么,我们很容易提出这样一个问题,山本常朝为何如此重视并列举"家老""年寄役"的言行呢?

对此,我认为有以下几点原因。

第一,实际上他们做了值得关注的有意义的工作,向世人展示了符合时代价值的思想和行动。

伴随着安土桃山时代的织丰政权向江户时代德川政权的过渡,全国各地的战国大名都在各自的领国中形成了以"近世家产官僚制"为特色的集权式藩组织。在藩内部,以藩主为首的武士团构建了上传下达的封建秩序。在幕藩体制下,交换藩、交换领地的事情时有发生,因家督[③]继承产生的纠纷也屡见不鲜。因此,与前一个时代相比,坚持对主君的绝对忠诚(根据需要谏言、呈报)并且能巧妙地统御家臣团的重臣(佐贺的"家老"和"年寄役")所发挥的作用

---

① 家老:藩邦家臣之长。

② 年寄役:比家老低一级,辅助家老治理领地的官职。

③ 家督:指日本在传统父权制度下,家族权力最大的领导者。

更为重要。无论是从谱代大名①中选拔，还是从其他国家中选拔，"家老""年寄役"都必须是拥有极高才干和见识的人。

在佐贺藩（其他藩也是这样的），无论是与幕府的关系，还是与藩内领民②的关系，或是在武士阶层内部，都有产生冲突和对立的危险。正因如此，"家老"和"年寄役"不可或缺。他们除了能够毅然且准确地应对各种重大危机，还能够进行日常化稳健的藩经营，从而避免政治、经济上的危机。佐贺藩的"家老""年寄役"的才能以及他们的工作态度确实让人刮目相看，这部分将在本文中介绍。

第二，常朝对于"家老"和"年寄役"非同寻常的关注与常朝的人生目标和个人经历密切相关。

常朝曾担任藩主光茂的近侍，其大部分的人生都在服侍光茂中度过，但是，成年后，在担任御书物役时，因为惹光茂不高兴而被撤职。常朝一时间心情非常低落，每天闷闷不乐、无所事事，不久就被叫到请役所③再次出仕。基于这种掉队又复活的生活体验，常朝作了如下思考，并得出了结论。这诞生了其著名的"奉公名利"思想。如果是对《叶隐》有兴趣的读者，一定会在文章中有种恍然大悟的感觉。因为是重点，所以笔者将其引用到这里。

既然如此，被地位低的人和外人看不起就太疏忽了。我白天和晚上都在想怎样才能心情舒畅地奉公。那时候，每晚都出门去听山本五郎左卫门的训诫。有一次，山本五郎左卫门说："在老人的话里有'光追逐名誉和利益的不是真正的奉公人。但是，不追逐这些的也不是真正的奉公人'的说法。因此，要充分考虑周围的情况。"我想来想去，突然有了如下的理解。在奉公中，最高的忠节是向主君谏言以治国。居于下位无所作为是没用的。那么成为家老就是奉公

---

① 普代大名：又称世袭大名，可以直接拜见将军的拥有一万石以上的知行者，多为 1600 年关原之战以前一直追随德川家康的大名。

② 领民：相对于领主概念的居民。

③ 请役所：佐贺藩家老处理藩内一般政务的最高衙门。

的极致。我认同不为自己的名利而是为了奉公的名利这种说法。如果真是这样的话，我一定要做一次家老。（闻书二·一四〇）

作为近侍的常朝认为对御国（藩）最好的奉公是向主君谏言，实现并维持牢固的藩内统治。但是，并不是谁都有资格谏言。和其他藩一样，佐贺藩也只允许"家老"和"年寄役"谏言。这样的话，只有成为"家老"（或者"年寄役"）才能实现最有价值的、真正的奉公。确实，表面上看，出人头地成为家老是常朝自身追名逐利的宣言。但是，他将奉公的名利作为自己的基点，也做好了被周围人误解的心理准备，将获得家老这一职位作为自己的人生目标（但是众所周知，因光茂去世，常朝选择了出家、隐居之道，不得不放弃这一目标）。

从"奉公名利"的角度出发，藩中远远近近被观察过的"家老"以及"年寄役"等重臣（也包括通过文书和口传所知道的以前的"家老"以及"年寄役"）对于以家老这一职位为目标的常朝来说，是他山之玉，有时也是极好的反面教材。"现在，主君需要以……为主旨的谏言""如果我是家老的话我会提出并实行……的政策""某某采取的……的态度才配得上我藩的家老这一身份（或者配不上）"等，他观察家老的言行，并逐一对他们进行了或是批判的、或是好意的评价。遇到重大的危机该如何判断、如何行动，如何统率家臣团，如何运营藩，如果将来自己能登上家老这一位置，这些都可以成为参考。读《叶隐》就会知道一言及当时的"家老"和"年寄役"，在职期间的常朝就是这样充满紧张感地以敏锐的视角观察他们（对于过去的"家老""年寄役"以实践的观点评判是非，作出评价）。

许多在《叶隐》中登场的"家老""年寄役"的言行令人印象深刻，这也证明了他们是富有个性和魅力的人物。与此同时，有一点值得注意，居于"家老"或"年寄役"位置上的人有着共通的性格和价值观。所有"家老""年寄役"都具有这样的"独特性"和"共通性"双重性格。这种双重性格是受他们的地位、家职和他们所生活的那个时代的影响和制约的，这一点不容忽视。

二、何为"谏言的奥义"——作为谏言达人的"家老"

如前所述,要想在治理国家方面达到奉公的最高境界,就必须向主君谏言,但只有"家老"(或者"年寄役")才有谏言的资格和权利。这是常朝立志成为家老的第一大原因。

为藩内特定的武士所认可的可以实现真正奉公的"谏言"必须合乎时宜,不允许有过失,因此执行起来是极为困难的。常朝十分清楚这一点,所以必须上谏时,他反复说明内情。

总而言之,没有达到可以谏言的地位却去谏言反而是不忠的。如果有诚之志,就去找一个符合谏言身份的人并将自己的想法与此人秘密商量。此人就会像阐明自己的想法一样去向主君谏言,这样事情就会得进展顺利。而这就是忠节。(闻书一·四三)

首先必须严格区分可以谏言的职位和不能谏言的职位。在不可谏言的职位上直接上诉会被判为不忠。但是,并非完全排斥来自下级的意见。可以把自己的想法传达给具有谏言资格的人,通过这种方式,意见就会被符合谏言身份的人呈报给主君。在上传下达、制度严格的幕藩体制内,只要不无视应该遵循的规则,下位的意见就会被相应地采纳。

谏言最注重的是其方式方法。即使因君主完美无缺直接提出意见、建议,不被采纳反而有害。(中略)谏言和劝诫是求和之道,不好好商量的话就没有效果。说话咄咄逼人最后就会变成争吵,对事情的改善没有丝毫帮助。(闻书一·一五三)

即使谏言的内容很好,打动不了主君也是没有意义的。为了能让主君采纳谏言,上谏时有必要多加考虑。同时谏言时的说话方式和措辞也是非常重要的。

因为对主君的谏言如果是单方面的控诉或者"说话方式咄咄逼人"，就会变成"争吵"，这样的话，即使最简单的事情也得不到解决。

文章中出现了"谏言和劝诫是求和之道，不好好商量的话就没有效果"这样一句话，对此我很感兴趣。无论是谏言，还是劝诫，最重要的是双方的一致和协调，因此也就提倡要"好好商量（即充分地交谈）"。

谏言大抵是指对主君阿谀奉承的家臣为了建功所行之事，或者是监护人才为之事。忠义的谏言大都经由主君常常接受谏言的途径，私下里被提出。如果主君不采纳，就要将此事隐匿，并越发地支持主君，给主君留下好名声。（闻书二·一一三）

这里简洁、准确地说明了"忠义的谏言"的本质，这与善于阿谀奉承的家臣所提出的谏言完全不同。他提到，要通过主君能够接纳的最有效的途径私下进谏。如果主君不能接纳，自己就要隐藏起来，继续支持主君，努力维护主君的名声。"私下的谏言"，没有被接纳也能够"继续支持主君"，让主君"免遭恶评"等都是其精髓。

这里强调提出意见的主体不应该到台面上来。这是对彻头彻尾隐藏自己的奉公，也就是"隐藏式奉公"的提倡。而且，正因为基本上包含了这些要素，所以常朝才称之为"诚之志的谏言""忠义的谏言"。

以上部分对常朝强调的理想的"谏言"的方法和态度进行了详细说明。但笔者想指出的是，佐贺藩历代"家老""年寄役"正体现了这种谏言的奥义。换言之，"家老""年寄役"等人是谏言达人，反过来说，如果不是谏言达人的话，就不能胜任"家老""年寄役"这样的职务。

三、中野将监的谏言论

提到佐贺藩的"谏言"，笔者首先想列举的就是中野将监的事例。

《叶隐》第五（闻书·四六）中，对有名的"三家不熟"（本藩和三支藩的不和）问题进行了相当详细的记述。当时担任"年寄役"的将监针对此问题所采取的行动，就是告诉大家如何谏言的范例。

（一）"光茂与将监的谈话"启示

佐贺藩除本藩以外还有小城、莲池、鹿岛三个支藩，当时幕府直接任命三个支藩主为幕府御役，有关贡物也要像普通大名一样上交，并获得与其他大名同等的待遇。当时纲茂未继承家业，居住在江户的他听到这一消息后，便强调本家和分家的格式。这件事传到了本国后，光茂公对三位支藩主表示了异议。但是，三位支藩主表示不能接受，事态就发展到非常严重的地步。家老们聚在一起，夜以继日地讨论着，但最终还是得不出结论。这时，中野将监一个人走到殿前，进行了"忠义的谏言"。

将监的谏言主旨如下。

我承蒙主君好意，至今仍为其效劳，我的孩子们也知道蒙恩就会享有俸禄。从亲子之道来看，比起自己，我更愿意让我的孩子们蒙恩，为主君效力，这一点是极为难得的。那么再想一下三位支藩主的事，幕府的御三家①和其他藩的支藩在俸禄的分配上是不同的。胜茂公的孩子们都在担任幕府的御用，所以主君（光茂先生）也应当将三位支藩主视为胜茂公的孩子，与亲生儿子纲茂公做同样的考虑。如果是这样的话，主君您高兴，同时也可以得到幕府的宠爱。得到幕府的宠爱就会增加御家的威望。幕府宠爱三位支藩主，而主君却对此事愤

---

① 御三家：尾张家、纪伊家、水户家。

怒，他们也会因此而觉得主君无情，愤愤不平，最后互相谩骂、针锋相对。

胜茂公之世，支藩派来的人能够直接到御前。在新年和节日时也会被郑重地招待，但是近年来被差别对待，派来的人感到不快后就离开了佐贺。这样一来，支藩主们也愤愤不平。这样看来，做事不合理是从我们这边开始的。所以主君应当招来加贺守直能，面对面地说："我做了不合理的事情，真是对不起。老年人也跟着年轻人说这说那，双方恶语相向，造成了这样荒谬的局面。这是我一个人的错。我知道错误了，今后将同等对待纲茂和三方，也希望你们能和谐共处，藩国的长治久安就拜托你们了。"

光茂听了将监的谏言觉得很有道理，说道："所言极是，吾之过矣。"于是立刻命人出使小城去了。之后，光茂对登城的加贺守说："近日，佐贺与三藩争执甚，至今仍未果。细思，实则吾之过与。"（最近，三支藩与佐贺藩争吵得不可开交，现在仍然没有结果，仔细想想，实则过错在我身上。）加贺守听了之后，感激涕零，接受了光茂谢罪的同时，也承认了自己的错误，并且双方为藩国的长治久安交换了誓约。

以上光茂和中野将监的对话，给了我们很多启示。

将监通情达理、谆谆教诲，其叙述就如同小说一般条理清晰。听完这番话后进行口述的常朝，为了使这段话具有逻辑性，一定下了很多功夫整理。另外，不难推测，实际上两人之间进行了尖锐的问答。但是，光茂领会了将监的苦心并接受了其谏言，开始着手解决这件事。

作为藩的"年寄役"这样的组织者，为了使御家得以存续，将监通过提出意见改变了主君固执于主观感情的基本姿态。而且，和对待嫡子纲茂一样对待三个支藩主，这样基于感情处理事情也很有意思。在这里可以看到理性上的组织论和情感上的人际关系论的融合。

笔者每每读到此处，都会感叹将监出色的谏言以及他的满腔热情和坚定意志。同时，我也想高度评价在闻书中藩主光茂所展现的宽容度和灵活性。本藩和支藩，御家的"格"是不同的。在以封建制度为基础的阶级社会中，幕府同等地待本藩和支藩，光茂和纲茂对此持有异议和不满也是正当的。尽管如此，光茂还是改变了自己的主张。光茂强大的自我反省能力和宽宏大量的胸怀，使他能够接受将监提出的"诚之志的谏言"。

（二）中野将监谏言行为的新境界

我还想补充一件事情。这与之前提出的"谏言和劝诚是求和之道，不好好商量的话就没有效果"这一主张有关。

从结论上看，光茂、将监的谈话，并不是单方面的呈报，而可以认为是一种"商量"。也就是说并不像历史剧题材的电影中所呈现的那样，将监滔滔不绝地阐述自己的意见，而光茂只是一味地听着，最后回答说"知道了"。

闻书的这部分内容涉及佐贺藩家臣的俸禄分配与继承、佐贺本藩与支藩关系的特殊性、幕府与三支藩的关系以及支藩所肩负的御役、胜茂公时代和光茂公时代家臣待遇的差别、三支藩的家臣们忠诚之心发生变化等各种各样的事情。但是，对于这些问题和形势的认识，光茂和将监并不是从一开始就一致的。或许谈话中也曾产生过分歧或对立，但两人通过问答解决了各种异议，协调了彼此的意见，最终达成一致。光茂对加贺守说："细思，实则吾之过与"，事实上这就是光茂对此事所得出的苦涩结论。可以认为二人推心置腹，诚实、热情地进行了谈话，最终达成了一致，并以此为基础推进了重大危机的解决。

在双方的谈话中还可以看到另一个侧面。

在封建制度下，主君和家臣的关系，是一种绝对不能被颠覆的严格的上下等级关系。但是，需要谏言时，自然而然，家臣就必须发挥出他们的自律性和主体性，事实上家臣们也发挥了这样的作用。虽然下级不能越位，但是在交谈中也部分地表现出了"对等、平等性"。即使主君短暂地容许这种对等、平等性，家臣们也会因为主君的度量尊敬、信赖他。

在封建等级制社会，很容易让人认为上传下达的体制将一切、将每个人束缚在一起。但是，不容忽视的是，为了使藩国的政策具有合理性和有效性，必须根据需要来保证家臣的自律性以及主从关系的对等、平等性。

话说回来，如果就此结束对中野将监谏言行为的记述，对将监来说未免太过失礼了。如前所述，忠义的谏言不仅需要方法，也需要态度。即便上谏了也不能因此沾沾自喜，必须从根本上采取谦逊、自重的态度，贯彻保密原则，避免暴露主君的过错。

将监所采取的态度正是如此。闻书中是这样记述将监谏言后的状态的。

在此次事件中，将监从未对他人说过此事，只是说顺从了主君的意思，这才是忠臣的用心啊。不过将监在安住暗地里将此事告给了常朝，时值正德三年十二月七日。（闻书五·四六）

将监从未向周围的人说起他和光茂的谈话内容。况且，他认为自己的提案是主君自己想出来的。常朝认为这就是"忠臣的用心"，对此深感敬佩。的确，在这里我们可以看到绝无仅有的、彻彻底底的"隐藏式奉公"态度。

这秘密他只暗地里对常朝说过。虽然这并非完美的秘密，但也证明了将监对常朝的信任之深。另外，在光茂去世后，这件事只在《叶隐闻书》中有记述，光茂并没有由此受到伤害。因此，指责将监隐藏式奉公、言行不一的言论实在是有失妥当。

将监忘我的实践以"隐藏式奉公"为核心，在将监之后出现了一个非常有名的"谏言"论，听过这个言论的人，都对他言论的彻底性产生强烈共鸣，有所领悟。

将监常说，谏言一词本身就含有私情。谏事本来就不存在，一生中并没有人知道我给主君提过意见。我也没有给主君讲过大道理。只是悄悄一提，主君便了然于心。（闻书二·一二八）

一般情况下，对主君的谏言行为会使谏言主体的理智和决断力变得引人注目。虽然这可能成为此人的功劳，但也极有可能暴露主君的错误，让主君蒙羞。这样的谏言行为在"有才干之奉公人，智慧且常抒己见者"（闻书五·四六）（有才干的奉公人，智慧且经常陈述意见的人）中有很多。但将监认为，这样的谏言既没有"诚之志"，也没有"真正的忠义性"。因为追求功名的心在前，从不断的"我……我"这种表述中就可以看出。因此，将监要求谱代家臣也要提出"主君容易接受的内部意见"，切勿泄露到外面"使主君遭受恶评"，即使主君没有接受，也要"继续支持主君"。

【追记】答福永弘之先生——"义祭同盟"和《叶隐》

本杂志第八十六号中刊登了关于拙著《〈叶隐〉的研究》的书评。该书评由兵库县立大学名誉教授福永弘之先生创作。福永弘之先生虽然以"选读"为主题，但文中列举了拙著中很多重要的部分，对笔者所主张的《叶隐》中的各个方面和主干进行了详细的分析、整理，并以通俗易懂的方式进行了介绍。拙著并不易读，但福永弘之先生给予了它充分的耐心。我想借此机会，衷心感谢福永弘之先生的辛苦付出和充满诚意的批评。

书评中提到了"义祭同盟"，确实笔者只是知道这个团体的名字，对于这个活动的内容、历史意义等并不了解。在先生的指点下，笔者借来《佐贺县史》阅读，浏览了《佐贺县近世史料》第八篇第一至第三卷。通过阅读，笔者虽然对其理解还只是停留在表面，但也掌握了一定的知识。在此感谢福永先生给予笔者这样的激励和机会。

通过阅读，笔者明白了在幕末的佐贺藩义祭同盟的年轻武士们提出了重要的改革提案，虽然并没有成功，却在藩内引起了强烈反响，也明白了与"义祭同盟"相比《叶隐》的影响是相当有限的。福永先生指出："因为直正时期在倒幕、佐幕的思想上二分为国论、藩论，叶隐读书会只能通过佐贺藩第一书《叶隐》来营造这种归属感。这并不是继承武士道那类的高尚行为，只不过是维持藩政权的一种穷途末路罢了。"的确，这种说法有一定的合理性。

但是，紧接着福永弘之先生记述到："而且，《叶隐》视'楠木'的楠公精神为眼中钉，楠公精神通过义祭同盟潜行于世，这是《叶隐》没有得以渗透的最好的证据。"虽然这里福永弘之先生将《叶隐》与楠公精神对立，但在"夜阴的闲谈"中只提到楠木和武田家风不同，并没有提及两人是敌人。

《佐贺县近世史料》第八篇第二卷中指出，在光茂公时代（宽文二年），"楠祠记"中楠正成、正行的功绩得到了称赞，并规定应当继承他们的忠孝精神。由此可知，佐贺藩从当时开始接受和继承楠公思想。以二代藩主光茂为首、三位支藩主以及"家老""年寄役"等藩内达 207 位重要人物都对此表示赞同。在"楠祠记"的叙述中就可以找到其原因。"……因为他是一位精明强干的名将，所以既不造寺，也不建堂，也没有人诵经、念佛，就这样度过了三百多年，实在是太浅薄了。"为了缅怀他们的遗德，发扬忠孝精神，他们发誓制作灵像，建造寺庙和佛堂。

山本常朝当时才四岁，也没有出仕。常朝从九岁开始成为光茂的进侍。光茂推行文治主义，重视忠孝精神。常朝一直是光茂的进侍，受光茂的影响，可以推测他知道"楠祠记"的事情。即使不知道，也不能认为他与崇拜楠公的主君光茂分道扬镳，形成了与楠公精神敌对的思想。

另外，笔者对福永先生的主张持很大的疑问。因为他认为属于义祭同盟的年轻武士与"叶隐"乃至叶隐武士道毫无关系。

在《佐贺县近世史料》第八篇第一卷中附了六百多页的"叶隐闻书校补"史料。在第一卷的"解题"部分，如小义睦之先生所指出的那样，主张制作叶隐校补的人物是义祭同盟的指导者枝吉神阳。有人评价说，以人物考证为主是叶隐校补的特征，其详细地叙述了各家的族谱和履历，具有浓厚的叶隐人物辞典色彩。有识之士认为"这是为了在集体谈论叶隐时更好地理解叶隐而编纂的"，笔者认为这一意见很有价值。

可以看出，枝吉神阳非常了解《叶隐》的内容，他倾心于叶隐思想，拼命地钻研和体现这种思想。他确实是一位站在楠公精神上的"日本一君论"者，但他无意将楠公精神与叶隐思想对立起来。确实，前者将天皇或皇室作为最高的尽忠对象，后者则将藩主或御家作为最高的尽忠对象。虽然有这样的区别，但除此之外，在枝吉来看，两种思想没有矛盾地并存着，甚至可以说融合在了一起。

不仅枝吉是这样，著有《美欧回览实记》的久米邦武也有同样的想法。在《佐贺县近世史料》第八编第二卷中，有提取《叶隐》中的重要部分并加以评注的《叶隐卷首评注》，作者是久米邦武。久米在年轻的时候以久米丈一郎的名字参与了义祭同盟。他对《叶隐》有着深切的关注。和枝吉一样，他从义祭同盟的精神和叶隐的精神两方面发现价值，是试图使两者共存、统合的志士之一。这些如实地证明两种精神并不相悖。

正如福永所言，幕末佐贺藩的叶隐热潮是有限的，要谨慎地对其评价。但毋庸置疑，它在年轻的志士中产生了影响，并且通过他们这种思想被继承了下来。山本博文先生认为幕末志士与《叶隐》并无关系，且断言"叶隐是孤立的"。基于历史事实，笔者认为有必要重新审视山本博文先生的主张（《叶隐武士道》）。虽然不是大河之流，但是叶隐精神如同清冽的地下水脉源源不断、流淌至今。

日本江户时代"家老""年寄役"的
使命与骄傲（其二）

日本鹿儿岛大学　　　种村完司 著*

北京第二外国语学院　　张晓明 刘晓婷 译**

摘要：《叶隐》是记录锅岛直茂、胜茂、光茂等活跃在战国后期到江户中期的历代主君们的言行录，是一部探讨幕藩体制下武士道与理想的为臣之道的文献。山本常朝主张"死的觉悟"以报答君主的御恩。本文通过"家老"多久美作守茂辰的思想详细论述了"家老""年寄役"的使命与骄傲，对明确日本江户时代武士的思想动态具有重要意义。

关键词：《叶隐》；家老；年寄役；武士

一、著名"家老"——多久美作守茂辰的思想与行动

在进入江户时代的几十年里，德川政权日益强大，地位逐渐稳固。在此情况下，保持日本各地大小不同的藩国对幕府的尊崇，巩固封建体制，以及维持藩内秩序、保证领民的生活安定成为重要的政治目的。各大名必须谨慎而合理

---

* 种村完司，南京大学马克思主义社会理论研究中心兼职研究员，主要研究领域为日本思想史、日本历史。

** 张晓明，北京第二外国语学院副教授，硕士生导师，主要研究领域为日本思想史、中日儒学交流史、《孟子》研究。刘晓婷，北京第二外国语学院硕士研究生，主要研究领域为日本思想史、中日儒学交流史。

地管理藩政、治理领土，以免因对内或对外造成重大失误而被勒令分家、改国、改地。虽说一个优秀的主君来担任藩政的核心很重要，但既然御家重视世袭制，就未必随时都会出现一个有能力、有智慧、能满足期望的藩主。因此，即使藩主没有能力，为了支撑他以确保御家的长治久安，作为藩政管理中心的"家老"和"年寄役"，就要起到至关重要的作用。

在德川幕藩体制的初期至中期，时代瞬息万变。《叶隐》中出现的"家老"和"年寄役"，都是顺应时代动向，为佐贺藩的存续而抛头颅、洒热血的人们。上一篇我讲述了代表之一——中野将监[①]的故事，这次我想要稍微追溯到过去，介绍一位名为多久美作守茂辰的请役"家老"[②]。在第一代藩主锅岛胜茂的领导下，他将令人刮目相看的行为和思想铭刻在了历史上。

多久家是战国大名龙造寺隆信的弟弟——长信攻克了多久后，嫡子家久（即之后的安顺）以多久的名义于 1608 年（庆长十三年）建立的家族。多久茂辰为第二任家主。正因为他继承了名门龙造寺家的血统，所以在锅岛藩中具有举足轻重的地位，在藩内拥有明里暗里的影响力。《叶隐》中对多久美作守茂辰的人品、言行的具体描写，很好地展现了山本常朝是如何被茂辰吸引，从其身上探求"家老"的原型以及理想形象的。

（一）翁助继承家督的问题与美作守的大显身手

要说多久茂辰最突出的功绩，还是在发生家督继承这一大问题时，他背负着家臣团的意志，堂堂正正地与藩主胜茂对峙，并说服他的事情。他的这一壮举说来话长，我根据《叶隐》书中的内容做一下介绍。

忠直公逝世时，嫡子翁介殿下（光茂）年仅四岁。嗣国主尚幼，胜茂公就

---

① 中野将监：光茂时代的"年寄役"，因伤主君之德被罚。元禄二年（1689）九月，被命切腹，是个被称为忠臣之鉴的人物。
② 请役"家老"，一国宰相，责任在众"家老"之上。

想让莲池藩主甲斐守直澄代之。胜茂公夫妇商量之后，就让忠直公的遗孀惠照院与甲斐守直澄结婚了。可这时，惠照院夫人身边有一位身份高贵的宫女小仓君对此深感不平，绝不再做惠照院夫人的侍女，而是留在翁介殿下身边，不分昼夜，专心照看殿下，片刻不离左右，对食物警觉异常，饮食除榨汁儿、木鱼片或木鱼末外，什么都不给他吃。

其间，让甲斐守直澄嗣国一事，家臣上下都不赞成，经过多次讨论，结果多久美作守君特地去了一趟江户，向住在江户的胜茂公汇报："对于抛开翁介殿下不理，而把家督让于甲斐守殿下一事，家臣一致反对。"胜茂公听了，答道："我也是余命不长之身啦，忠直的嫡子年少，能胜任长崎警护役吗？"对此，美作守君说道："因翁介殿下未成年而让于甲斐守当然是可以的，但家臣们反对，不管怎样都不好吧。"胜茂公也就理解了。可夫人却想请教一下幕府老中，看看动向再说。（中略）第二天，以酒井赞岐守君（一说土井大炊头君）为首的几位幕府老中也来了，胜茂公夫妻举行酒宴款待。就在主君夫妇互相敬酒，赞岐守君刚放下杯子，就要召唤甲斐守殿下时，纪伊守殿下打出了信号，小仓宫女抱着翁介殿下来到御座前，胜茂公看到了翁介殿下，纪伊守殿下上前说道："这是肥前守忠直殿下遗子，请赐一杯酒吧。"诸位幕府老中都很高兴，说道："还不知道有这样一位公子，哎呀呀，真是可贺呀。胜茂公有如此优秀的嗣孙呀。"于是赐酒，宴会就这样结束了。这样一来，胜茂公夫妻也只好定了翁介殿下为家督。（闻书五·五三）

藩主和家臣团对家督继承人持有相左的意见。如果对立愈演愈烈，就很有可能引起御家骚动。为了解决这个问题，多久茂辰来到江户，和胜茂谈判，说服了主君。茂辰之所以能采取如此坚毅的态度，大概是因为平日里藩内的重臣与家臣对他的能力极为信任。此外，多久家第二代城主的地位之重，也是人们寄予厚望的原因。

话虽如此，从《叶隐》的记述来看，茂辰虽然是解决问题的重要人物，但并不是他一人解决了难题。虽然他说服了胜茂公，但也还未让作为家督继承人的翁助得到大家的公认。从这个意义上来说，小城藩①主元茂和宫女小仓两人的助推作用也不可忽视。两人的深谋远虑和巧妙策略，使老中们心领神会，开辟了翁助得到公认之路。如此看来，在佐贺藩家臣团的全体意向下，茂辰、元茂、小仓三者合力，改变了藩主胜茂夫妻的基本态度，这个说法才妥。

记载表明，胜茂夫妻邀请幕阁中掌权的老中们，让甲斐守等待与他们见面。如果元茂和小仓没有采取这胆战心惊的行动，老中们就会接受甲斐守，认定他成为下一任藩主（酒杯仪式是为了让甲斐守得到公认而举行的，这一点老中们事前就已经知道了，这样说更自然）。然而，却上演了一部逆转剧。由于这个大逆转，藩主胜茂作为主君的颜面扫地，毫无辩解的余地。然而事已至此，即便他内心很痛苦，也预料到事情再无挽回的余地。虽然是不情愿的，但胜茂最终还是同意翁助继承家督。他并没有惩罚任何反抗主君的人，反而以其作为藩主的宽宏大量给家臣们留下了深刻的印象。

（二）家督继承问题上体现出藩主胜茂的技量

胜茂硬要阻止嫡子继承，而把忠直的弟弟甲斐守直澄作为继承人。他之所以这么做，是因为忠直的儿子翁助太年幼，佐贺藩在执行幕府任命的长崎警护役等重任时，必定会产生问题。考虑到复杂而烦琐的藩政管理，胜茂认为应选出一位拥有强大统治能力的藩主。可以说胜茂很清楚这一点，做出了顺应时代潮流的合理判断。比起血统主义、传统主义，他更推崇能力主义、功绩主义价值观。

然而，佐贺藩内部的家臣们却并不这样认为。即便是选定新藩主，他们也希望注重龙造寺和锅岛的传统血统以及嫡子继承。这是一种将主君与家臣的情谊放在首位的价值观，正是基于这种传统，家臣才从心底为佐贺藩与锅岛家奉献终身。

人们常认为领国统治中的能力主义与功绩主义的势头是步入江户时期后

---

① 小城藩：佐贺斜岛支藩之一，二代藩主胜茂的长子元茂于元和三年（1617）分封于此。

才逐步增强的，但事实并非如此。早在各地战国大名的统治下，这种趋势便清晰可见。在拙著《〈叶隐〉之研究》中，基于丸山真男的研究，我叙述了近代家产官僚制下，战国大名家法《朝仓敏景十七条》和《信玄家法（甲州法度之次第）》对能力主义和功绩主义的重视程度。只注重传统和身份的态度（谱代主义）遭到排斥，出现了根据行动和成果测定忠诚度的态度（功绩主义）。

第一代藩主胜茂的行为就印证了这一点。他曾以日本各地政治权力不断增强的战国大名们为对象，研究他们的统治能力和政治手段。虽然他并未完全否定谱代主义，但在战国时期之后的德川泰平时期，他发现藩主和干部重臣们展现出的能力、实力和功绩才是最重要的。

让甲斐守直澄而不是过于年幼的翁助继承家督，可以说是胜茂重视能力主义与功绩主义的一种表现。更值得一提的是，他重用了并非谱代家臣①的相良求马，还将他提拔为了加判"家老"。②这可以从以下两则闻书内容里得知。

老师石田一鼎的评价："相良求马，是胜茂公向神佛祈求来的人，那真是出类拔萃！"

相良求马死后，每当岁暮，胜茂公都要写祷告文，他去世前一年的祷告文，应该还留在宝殿里。（闻书一·八）

相良求马是胜茂公之妻高源院夫人的手男津留源兵卫的儿子。（中略）高源院夫人又特别加以关照，把一个叫宫内的女官下嫁给他，生了孩子助次郎，就放在高源院夫人身边，由高源院夫人养育，是光茂公幼年的玩伴，后来逐级拔擢，终被提升至一千二百石、加判"家老"。（闻书六·一九）

相良求马从小就因聪明能干而受到胜茂公夫妇的关注，在被寄予厚望的同时，也在藩内逐渐担负起了重任。藩主胜茂积极启用优秀人才，而不是谱代家

---

① 谱代家臣：世代为家臣者。
② 加判"家老"是指作为藩干部在重要文件上加盖公章的一代"家老"。

臣参与藩政。这件事也能证明他推崇能力主义和功绩主义。

然而，如上所述，藩内家臣团要求尊重谱代之士（山本常朝也是其中一人），希望主从这种情谊方面、人格方面的关系能够存续下去。可以说胜茂虽然知道佐贺藩内部这种顽固而专一的传统主义之症结所在，但还是理解家臣对主公情谊上忠诚的重要性。正因为如此，胜茂展示出了他的大度，即便他秉持着顺应时代的合理精神，但他并不否定家臣在情谊上、传统上的忠心的意义，他接受并包容了这一点（即便是家督继承问题上也是如此）。

二、美作守与"臣服后继藩主"的问题

（一）多久美作守茂辰与志田吉之助对谈

在巩固佐贺藩内御家长久地位方面，历代的"家老"们为了家督继承圆满进行，即新旧藩主的顺利更替，呕心沥血。臣服的主君去世（或隐居）后，后继者的确定决定了藩的未来。这时最重要的是，一定要避免藩内产生意见分歧，引发御家骚动。正是在这种不安、动摇的过渡期，才更能完成家臣、"年寄役"等干部重臣的重大使命，发挥其非同寻常的作用。

多久美作守茂辰亦不例外。正因为深知事情的严重性，他才在忠直去世后，为了帮助翁助继承家督，来到江户，说服胜茂。此外，《叶隐》还从多角度对请役"家老"多久美作守茂辰的活跃表现给予了关注。因为山本常朝相信茂辰的言行是个优秀的例子，可以一直为之后的"家老"们所参照。

在此，列举几例其著名言行。首先是发生在同代友人志田吉之助与多久美作守茂辰之间围绕藩主继承问题展开的对谈。

光茂公御代之际，美作守殿下对吉之助说："御代初期，尤为重要。胜茂公写了政治遗言留给我，你怎样想呢？希望听听你的想法。"说着，读了两三条给他听，吉之助说："我该回家了。"美作守殿下生气了，质问他为什么。吉之

助说："我想你真是个平腐的'家老'、一个没用的'家老'。'家老'是干什么的？就是想着让家臣追随主人。如果你把遗书给家臣们看，家臣们会一如既往地想念胜茂公，还会赞美你。胜茂公仙逝不久，家臣眼泪未干，看了遗言会越发追慕先主。而光茂公呢，他与佐贺藩的关系还不够亲密，在江户生在江户长的主人正当孤困之际，舍命去追随他的人恐怕现在还不会有吧？忠义的'家老'，此时应该对自己只字不提，而将遗书作为新主人的政见来发表，这样一来，家臣们就会确信，在御代之初，新主人比胜茂公还要值得敬仰和追随。"美作守殿下说："就照你说的去办，所以才让你看这份遗书。"据说，立刻把那份遗书撕了。（闻书八·六八）

（二）家臣们"自发顺从"后继藩主的问题

关于多久美作守茂辰想听取意见而与之商谈的志田吉之助此人，有必要在这里提及一下。

闻书的前半部分记述了吉之助的经历和人品，暗示了对吉之助的评价：如果他有意服务于御家，应该会大有作为。最重要的是，美作对他的才能评价很高，每次遇事都想提拔他。但吉之助早就让出了家督的位置，成了隐居的闲人，丝毫没有奉公的意愿。他时而卖愚，时而装作贪婪的样子，时而装作胆小鬼，直到最后都不愿接受美作的邀请。

志田吉之助不认为出人头地有价值，他想彻底脱离权力和富贵，潇洒地活着。作为这个时代的武士，他是罕见的、纯粹的自由人。表面上，或者用世俗眼光来看，他是个奇人，也是个怪人。但是，和美作的对谈中，在新旧藩主的继承一事上，吉之助一针见血地提出了见解。从某种意义上说，他的见解十分正统。当然，与此同时，慧眼识珠的美作也很出色。美作说："就照你说的去办，所以才让你看这份遗书。"言毕，当即撕毁丢弃了文书。他之所以会这样做，也是因为一开始他就意料到了吉之助的回答，倒不如说是"吉之助正合他意"的心情吐露，绝不是因为不服输。美作想要贯彻吉之助所指"家老"应有的作为，他一开始就期待吉之助的支持，预料到他与自己想法相同。

那么，两人都赞同的是什么呢？

也就是家督继承之际，家臣们对前藩主的臣服和对新藩主的臣服两者不能分裂开来。再进一步就是说，家臣们对已故藩主的敬慕之情不会永远持续下去，要将其尽快转移到新藩主身上。简单来说，就是要让家臣们只忠于一位主君。小池喜明称之为"忠诚对象的一元化"。如果忠诚对象多元化，即家臣效忠的主人不止一人，那么藩内必定会产生舆论分歧，政治难以统筹。在全国各地藩国内发生的御家骚动就证实了这一点。一元化，才是所有藩国在家督继承问题上的最高目标，也是一大课题。

然而，我想强调一点，两人的对话已超越了"忠诚对象的一元化"这一层面，提出了更为先进的藩主继承论。正如闻书最后的记述所示，忠义的"家老"，应该将遗书作为新主人的政见来发表，努力让家臣们确信新主人比胜茂公还要值得敬仰和追随。说得难听点，可以说这是一种故意的阴谋论。哪怕是使用各种狡猾的诡计，当务之急都是要建立起家臣们对新藩主的亲近感、信任感以及敬慕之情。

正因为佐贺藩的前藩主胜茂是一位伟大的统治者，获得了家臣团全体的信赖，所以胜茂死后新藩主对藩内政治的管理从一开始便路途坎坷。因此，无论是多久美作还是志田吉之助，都感到了强烈的危机感，认为胜茂和光茂之间的权力继承伴随着艰难与困苦。两人都深刻认识到：光茂成功继承的关键在于培养家臣们的赤诚忠心，以及主君能拉拢多少家臣团的心。"忠诚对象的一元化"不仅意味着对后继主君一人的忠诚，还意味着家臣们内心忠诚之情的产生、收敛和放大。由此可见，美作和吉之助都非常期待家臣团对后继藩主的"内在同化"或者"自发顺从"。

三、御家之长久与多久美作的言行

（一）美作晚年的无情与无理

从美作与志田吉之助的对话中，可以看出他的信念和行为。这还体现在其他场合中。

《叶隐》中曾介绍过美作晚年无情、无理的行为。

多久美作守领主老了以后，故意对家臣们无情，还有些无礼的行为，不知谁刚一提醒，多久领主遂回答："我是为嫡子长门才这样做的，我死了以后，可以高枕慢寝了。"多久领主在隐居前突然无理起来，是为了让家臣们很快寄心于新主。有人说这是不太公开的秘密。（闻书二·三）

如上所述，多久美作守茂辰是一位杰出的人才，他在初代藩主胜茂统治时期，担负起佐贺藩请役"家老"的重责，发挥其过人的才干。同时，他也是历史悠久的多久家的第二代城主，继承了名门龙造寺家的血统。作为多久家的当家之主，嫡子（长门守）茂矩继承家督时，他正处于当事人的地位。为了达成先前与志田吉之助对话中的"家臣团对后继藩主的内在同化（或自发顺从）"，他在晚年身体力行。为了切断多久家的家臣们对旧主君的信赖和敬慕，让他们尽快对新主君产生亲切感和敬爱之情，多久美作守茂辰故意多次做出蛮不讲理的举动。他的这份努力令人感到心酸。

担任"家老"时，多久美作得到了很高的评价，曾多次获得武士荣誉。那么该如何评价美作通过对家臣们施加无情、无理的言行，遭到他们嫌弃、疏远，风评变差，故意伤害自己的名誉这一行为呢？

一方面，美作超越了个人的利害，尽全力保证家督继承的顺利进行，不惜做出有辱晚节之事。比起个人的名誉感情，他更优先考虑藩和家。换言之，他很大度，能够置个人利益于后。

另一方面，新旧主君的继承是政治上的大事，而且绝非易事。无论是藩还是家，都有必要采取这种人为的策略。如上所述，这种策略原本主要是"家老"和重臣的工作，而这里，御家的当家之主（美作）自愿实行了这一策略。这就让这一事实有了分量。正因为如此，给人一种身临其境之感，对周围的人也有很强的说服力。

（二）"御家衰落"理由的问询以及美作的遗言

下一段轶事含蓄隽永，与上述故事相关联，虽然是一篇简短的记述，但也充分体现了江户初期的武士统领——多久美作的深谋远虑与慧眼识珠。

多久美作来小城探望纪伊守元茂，说话时随口问道："未来，您觉得锅岛的御家会因为什么事情而衰落呢？"元茂稍作考虑，说道："恐怕我们的子孙会使之衰落吧。"之后就把话题转移到别的地方，回去了。在那之后，元茂赞扬了美作："多久美作是位无人能匹敌的'家老'。今天他来看我，是意在一针见血地提醒我注意大事。"（闻书九·二二）

在此，闻书主要写了多久美作探望小城藩主元茂时，有关佐贺藩或小城藩前途的简短对话。然而，若要掌握这云淡风轻的问答其中的意味并非易事。表面上可以理解为两人表达了对锅岛家未来会因子孙而走向衰落的担忧和哀叹。但是，若仅仅如此，就只能表明对御家未来的认识，或者说是两人的悲观预想。

我认为，美作在这里的目的是让元茂对御家的未来产生危机感，让他意识到自己具有义务和责任，即不能做一个旁观者，采取措施迫在眉睫。为了避免藩祖直茂和初代藩主胜茂一手建立起来的锅岛家在后人手里衰弱，必须切实地教诲子孙藩主、"家老"、家臣，让管理者明白在管理藩政时应该具备怎样的智慧与勇气。美作想让元茂了解这一点，而元茂想让美作注意这一点。美作听完元茂的回答后，明白了两人意见一致，感到已无须多言，便安心地离开了元茂的处所。这份闻书体现的内容无不是多久美作作为"家老"的英明之举，通过一个一个问题抓住了本质，让贤君元茂对他刮目相看。

我对美作与元茂对话的解读绝非牵强附会，因为元茂本人对上述教训深以为然，就在他去世前，他确确实实采取了以下行动。

参觐途中，听说纪伊守元茂殿下病危，光茂公马不停蹄，饿了就吃盒饭，而且很满足。

大石小助很惊讶，说："很难想象这是平时食不厌精的殿下呀。"虽然紧赶慢赶，但还是没能在纪伊守临终前赶到。纪伊守殿下的儿子加贺守直能殿下在纪伊守临终前赶到了。当时，纪伊守殿下很高兴，说道："没别的，从前几天起，我就在没日没夜地等待，想看到你与丹后守光茂殿下同心同德，共存共荣，因此，我要你在我的眼前写下誓约，画上牛王宝印，烧成灰喝了，让我看到，我就希望看到这个。"加贺守殿下答道："这事儿请放心吧，我平时就已经下定决心了。"说着立刻按血手印、写誓文、烧符咒，在纪伊守枕边喝了下去，纪伊守看着这一切，说："哦，我安心了，没有别的可说了。"不一会儿就闭上了眼睛。（闻书五·五七）

众所周知，佐贺藩由本藩和三支藩组成，统治体制独特。

三支藩中最大的支藩——小城藩对本藩采取何种态度，是决定未来佐贺藩盛衰的一个重要原因。初代支藩主元茂在位期间就一直很在意这件事。只有三支藩同心协力、互相支持，佐贺藩才能得以发展。其中，在共同支持本藩这件事上，小城藩有责任积极发挥主动权。

正因为如此，元茂在死前向嫡子直能吐露了自己的心声，将自己的想法传达给了他。他让继承人立下誓言将与本藩共命运。如果要联系上述美作同元茂的对话，就可以解释为元茂吸取了美作所注意到的实践教训，尽到了应尽的责任。

（三）贯穿三则对话的核心

元茂去世后过了二十八九年，出现了"三家不熟"的问题，即本藩与三支藩之间的对立问题。之前已经提到过：那时，"年寄役"中野将监不顾生命危险，向藩主光茂谏言，解决了严重的事态。光茂听取了将监的劝说，叫来直能（加贺守），为自己的错误向他道歉。直能听后屡屡流泪，回答道：

您都这样说了，还要解释吗？已经不需要了。您宽厚的心，如此体贴和理解我们，而我作为您的家臣，却让您如此这般地对年轻人说话，再也没有比我还过分的人了。我保证，今后绝不让您操心。（闻书五·四六）

从双方的语言交流中，我们能产生强烈共鸣。尤其从直能回答的话语中，我们可以感受到他强烈的决心，那种想要贴近对方的真心实意的情感。

当时，直能（加贺守）已年过六十。那么，他同光茂面对面交谈之时，他的脑中是否再次浮现出同死前的元茂订下的约定呢？是否再次想起父亲的遗言：支藩（分家）要永远支持本藩（本家）呢？①对于本藩的差别对待，直能等三支藩的藩主的确暂时抱有极大不满，表示了强烈的反对。然而，对佐贺藩来说，这种不和与对立是致命伤，绝对不是祖先所期望的。双方都进行了自我反省，宽容了他人，而这些都是未曾有过的。因此，危机就此消除。在佐贺藩主光茂面前，小城藩主直能曾发誓要对本藩忠诚。约三十年过去了，他一直信守着对先父的承诺。

这样看来，光茂与直能围绕"三家不熟"问题的谈话、元茂死前与直能的谈话、元茂与美作围绕未来"御家衰败"的谈话超越了时间限制，密切相连。而御家长治久安这一至高目的正是谈话的核心。过去，直能因光茂的谢罪之言

---

① 奈良本辰也的现代语译本中记述了加贺守直能和纪伊守（元茂）一起去佐贺，然后独自和光茂对话的场景。但是，锅岛元茂在很久以前（大约三十年前）就去世了。因此，这里提及的纪伊守应该是直能之子元武。

感动落泪。而追溯其基本态度和根本理念之源，举世无双的"家老"——多久美作守茂辰最初"未来，您觉得锅岛的御家会因为什么事情而衰落呢"这一意味深长的质问，令人震惊。

大村"马克思口述恩格斯笔记说"的问题点

北海道大学 中野英夫 著

湖州师范学院 邓习议 译

摘要：大村泉编著的《唯物史观与新 MEGA 版〈德意志意识形态〉》第五章"唯物史观的第一发现者"主张"马克思口述恩格斯笔记说"，提出"恩格斯是疑似作者"来批判广松涉的"恩格斯主导说"。较之于大村泉的这一观点，本文提出"四阶段说"的设想，认为它比逻辑不连贯的"恩格斯主导说"更有说服力，这也正是采用左右分栏编排底稿和誊写稿的编辑方针的广松版《德意志意识形态》的学术贡献。

关键词：广松涉；大村泉；恩格斯主导说；马克思口述恩格斯笔记说

令人期待的新 MEGAI/5（《德意志意识形态》部分）已经出版。关于新 MEGAI/5 的著作也在日本登场了。这就是大村泉编著的论文集《唯物史观与新 MEGA 版〈德意志意识形态〉》。在这部论文集中被认为最为独特的，是大村所写的第五章"唯物史观的第一发现者"。从标题就可以看出，这是批判广松涉的唯物史观的"恩格斯主导说"的论文。

当然，以前就有很多广松的"恩格斯主导说"批判，大村的论文在其中之所以"独特"，是因为作为证据，其复活了最初由梁赞诺夫提倡而此后一般被忘记的"马克思口述恩格斯笔记说"。

"大村说"——基于"马克思口述恩格斯笔记说"的"恩格斯主导说"批判——可以概括如下：唯物史观思想原本还是出自马克思，若根据在写作《德意志意识形态》时马克思口述其思想恩格斯进行笔记来推测，虽说几乎是恩格斯写作的手稿（这是无可否认的事实），但很难断言当中反映了恩格斯的独特想法，"恩格斯主导说"当然不成立。的确，这一逻辑的走向是正确的。但条件是"马克思口述恩格斯笔记"是事实。可是，这真是"事实"吗？至少，根据以往梁赞诺夫的"马克思口述恩格斯笔记"，可以说其是颇为薄弱的"事实"。

本文拟通过探讨"大村说"的问题所在，阐明更合理、更具说服力的《德意志意识形态》的写作过程。

一、恩格斯是疑似作者

大村这样谈到：

"可以说，若是底稿几乎 100%出自恩格斯（之手——笔者），那么第一章'费尔巴哈'的真正作者，以及发现唯物史观的第一人应该说是恩格斯"[1]。

"既然作者写了唯物史观，那作者就是唯物史观的第一发现者"。因而，广松说的彻底批判者大村，首先有必要论证"恩格斯并非真正意义上的作者，即恩格斯是疑似作者"。

那么，"疑似作者"是什么意思？那就是"在写作中不允许反映本人的主观性思考"的单纯记录者。最适合这种印象的，是记录者及誊写负责人，换句话说，有真正的作者，由誊写负责人把他的手稿誊写清楚。

还有一种类似的情况。那就是真正的作者口述，记录者做笔记。在这种情况下，因为不存在真正的作者的手稿，所以记录者看起来就像真正的作者，即原本应该是疑似作者的记录者变身为真正的作者。

虽然梁赞诺夫的提倡后来被遗忘，但最近大村突然提出的"马克思口述恩格斯笔记说"，确实是这一事例的典型。

至于再次发现"马克思口述恩格斯笔记说"的契机，大村这样说道：

---

[1] 大村泉：『唯物史観と新 MEGA 版「ドイツ·イデオロギー」』、社会評論社、2018年、第 77 頁。

　　"恩格斯自身，在与马克思共同写作的《反杜林论》（1877）中谈到'剩余价值和唯物史观的第一发现者是马克思'。若说恩格斯的这一立场终生不变……这是矛盾的。之所以矛盾，是因为如果从手稿同章的笔迹来假定作者是恩格斯，那么恩格斯理应自主而自发地按他的意思（在他的头脑中）来撰写手稿同章遗留的唯物史观的诸定式，可是后来，却有着否认这一点的证言"①。

　　也就是说，若恩格斯是创作者＝唯物史观的第一发现者，那就与其晚年的表述相矛盾。由此，大村强烈坚持"消除这一矛盾的唯一方法是，通过论证手稿同章是根据马克思口述恩格斯笔记而形成的"②，即"恩格斯疑似作者说"。

　　但是，为何现在重提迄今为止一直被无视的缺乏根据的学说？并且，更重要的是，马上会产生大村自己也说"那样的事情真的可能吗"③这一疑问。

　　为了回答这一问题，大村提出了确定是否口述笔记的"判断标准"这一一般人不曾发现的全新视角。

二、书写习惯才是重要的

　　大村作了如下极为新颖的指摘。

　　"根据问题的出发点涉及笔迹的整个手稿文本，而无关手稿文本的理论内容的情况，故验证的判断标准，也涉及整个手稿文本，而无关其理论内容（不排除论者之间的'解释的分歧'的标准），因而可能涉及笔迹本身。在此情况下，着眼点应是，比对第一章'费尔巴哈'手稿和之前所写的马克思和恩格斯的单独稿，特别是两人的底稿在形成过程中其刻印的修正多寡等相关

---

　　① 大村泉：『唯物史観と新 MEGA 版「ドイツ・イデオロギー」』、社会評論社、2018年、第 77 頁。

　　② 同上。

　　③ 同上书，第 83 页。

书写习惯"①。

在大村看来，所谓"书写习惯"即作者写作过程的个性，大致可分为仔细思考之后所写的类型（因而修改的地方较少）和反复写作的类型（因而修改的地方较多）。而且，在口述笔记的场合下，比起记录者＝伪作者的书写习惯，在笔记中更多地反映着口述者＝真正的作者的书写习惯②。

因此，若说《德意志意识形态》"费尔巴哈"底稿的书写习惯接近马克思的写作习惯，那么这种书写习惯，就不是"在写作中不允许反映主体性思考"的记录者恩格斯的东西，而应视为真正的撰写者——马克思的书写习惯，这印证了"马克思口述恩格斯笔记说"。

首先，大村分析了马克思、恩格斯各自的"在此之前完成"的单独稿的书写习惯。这时，他列举了马克思有关《1844 年经济学哲学手稿》的"异化劳动及私有财产"的片断，恩格斯关于"普鲁士出版法批判""海盗的故事""科拉·迪·里恩齐"等。并且，其最终的分析结果是马克思是类型二，恩格斯是类型一。③

那么，"费尔巴哈"章的底稿是怎样的呢？大村的分析结果如下：

"H^{5c} 的即时异文（底稿写作中的修改——中野）每页出现的频率，与恩格斯的单独稿的 7 倍（17.3÷2.5＝6.92）相比，较马克思手稿平均出现的频率高，接近 2 倍（17.3÷9.2≈1.88）。不可忽视这一差异"④。

所谓 H^{5c}，就是所谓"大束"第三板块。总之，从"大束"第三板块来看，记录者应是类型一的恩格斯所写，但这一书写习惯却变成像是马克思的类型二。并且，这一"矛盾"只有通过假定"马克思口述恩格斯笔记说"才能解决。

但是，以此为"'马克思口述、恩格斯笔记说'是唯一正确的假定"，却不

---

① 大村泉：『唯物史観と新 MEGA 版「ドイツ•イデオロギー」』、社会評論社、2018年、第 83 頁。

② 同上。

③ 同上，第 86-89 頁。

④ 同上，第 96 頁。

能不让人怀疑。也就是说，以此为"唯一"的，不管怎么说，我们感到缺乏"事实"根据。这是因为，既可能存在"马克思口述恩格斯笔记"之外的假定，也可能发生"与马克思的书写习惯相似的情况"。

三、这种设想也有可能

例如，若设想这种写作情况，如何？如上所述，这是基于"马克思主导的共同写作说"的一般认识。

第一阶段：马克思和恩格斯之间的洽谈→基本上以马克思的想法为基础来写作，写作本身为恩格斯所确认。

第二阶段：恩格斯的写作。

第三阶段：恩格斯写作中的研讨→根据马克思的要求，恩格斯删除、修改、追加，也存在马克思自己的删除、修改、追加。

第四阶段：马克思主导下的最终定稿→手稿的编排、附页等。

这样看来，大村所发现的书写习惯的问题也就得以解决。盖可以按照以下方式进行解释：

（1）在第二阶段恩格斯单独写作的过程中，恩格斯事前确认抑制按照自己的想法而必须符合马克思的思想，因此内心发生了纠葛，书写习惯变为不像恩格斯自己的，结果增加了修改的地方。

（2）第三阶段两人讨论的过程，这是理所当然的，又增加了不少删减、修改、追加的地方。

当然，笔者丝毫无意以这一"假设"为"唯一的东西"。但是，笔者相信较之于将拥有独立头脑的恩格斯这种思想家假定为"在写作中不允许反映主体性思考"之人物的"马克思口述恩格斯笔记说"和像"记录者＝作者＝唯物史观的第一发现者"那样，存在着逻辑的不连贯的"恩格斯主导说"则更有说服力。

四、广松版《德意志意识形态》^①的学术贡献

大村泉编著的《唯物史观与〈德意志意识形态〉》一书收录了"广松涉的恩格斯主导说批判""广松版《德意志意识形态》在中国的影响"（这亦与拙译张一兵《回到马克思》^②相关），甚至还收录了"不存在'德意志意识形态'一书"这类冲击性的论文。

广松版批判者的批判的最大根据是，广松版没利用新 MEGA 版，广松自身利用被断定为伪书的阿多拉茨基版。因此，广松版仍沿袭了阿多拉茨基版的谬误。

确实，在一定程度上，广松版或仍沿袭了阿德拉兹版的错误。但是，笔者认为所谓错误，终究是"部分语句上的错误"，在某种意义上可以说是细枝末节的问题。与这一问题相比，对笔者来说，广松版的最大学术贡献，是左右分栏编排底稿和誊写稿的编辑方针。由此，很容易理解马克思恩格斯的思想在执笔过程中有着怎样的变化。

笔者正是一边依照广松版比较底稿和誊写稿，一边阅读《德意志意识形态》，发现在底稿中频繁出现的出自莫斯·赫斯的"共同活动"一词，在与该底稿对应的誊写稿（印张{5}）中，完全不再使用。并且，这一变化可理解为旨在摆脱费尔巴哈—赫斯式的人本主义。

笔者的解释或许是"揣测"，不过，后期看不到使用"共同活动"一词，是无可置疑的"事实"。

如果不借助广松版的话，也许无法发现这一"事实"。涩谷^③版（可谓比广

---

① 广松涉：《文献学语境中的〈德意志意识形态〉》，彭曦译，南京大学出版社，2005 年。

② 張一兵：『マルクスへ帰れ——経済学のコンテキストにける哲学の言説』、中野英夫訳、情況出版、2013 年。

③ 涩谷正、大村泉、平子友长：《MEGA2〈德意志意识形态〉之编辑与广松涉版的根本问题》，《学术月刊》2007 年第 1 期。

松版更为精致）的异文处理极为复杂，由新 MEGA 版很难发现这一"事实"①。

基于上述情况，笔者愈发感受到广松版的学术贡献之大。

（本文经作者授权，首次翻译为中文发表）

---

① 张一兵：《文献学与马克思主义基本理论研究的科学立场——答鲁克俭和日本学者大村泉等人》，《学术月刊》2007 年第 1 期。